QUICK SHORT SHOTS

JUB MONSTER

Viel Spaß,

[signature]

2022

Die Frage: »Darf ich Ihren Hinterkopf fotografieren?«, wäre vermutlich nicht positiv aufgenommen worden, also entschied ich mich, die Künstlerpersönlichkeiten aus allen vier Himmelsrichtungen aufzunehmen.

GÖTTINGER **VERLAG DER KUNST**

QUICK SHORT SHOTS
Jub Mönster

Elizabeth Peyton, 1998

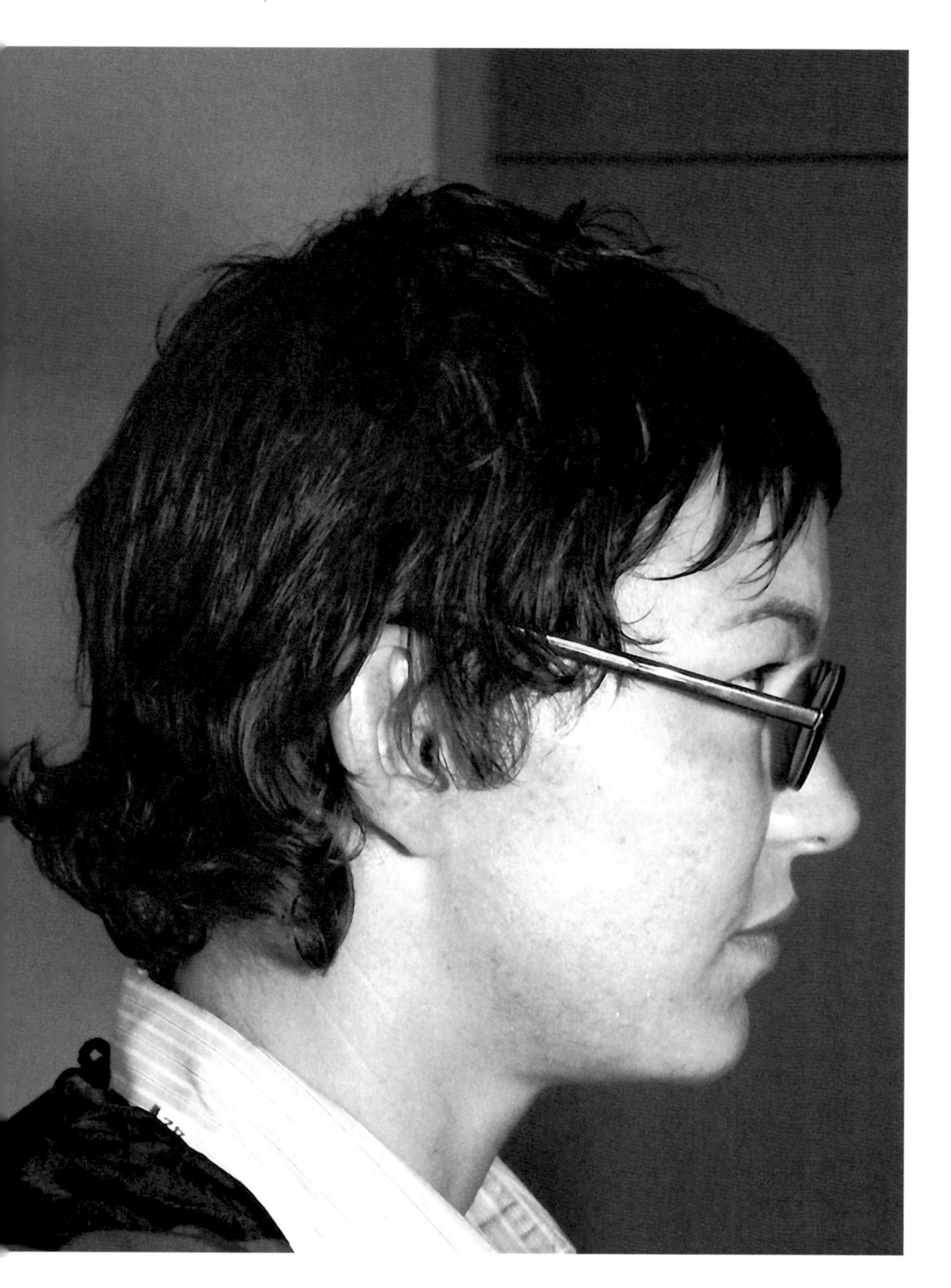

7

8

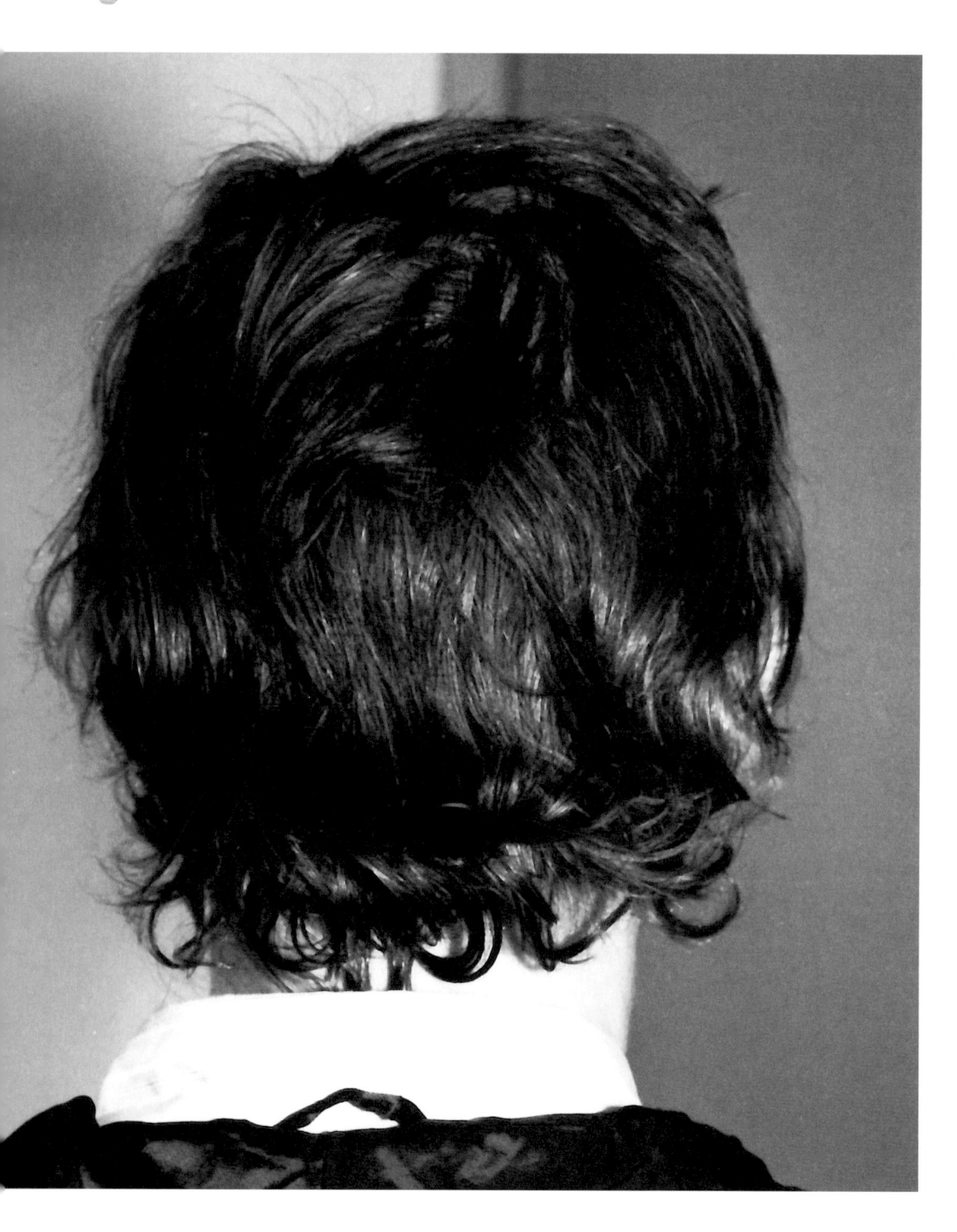

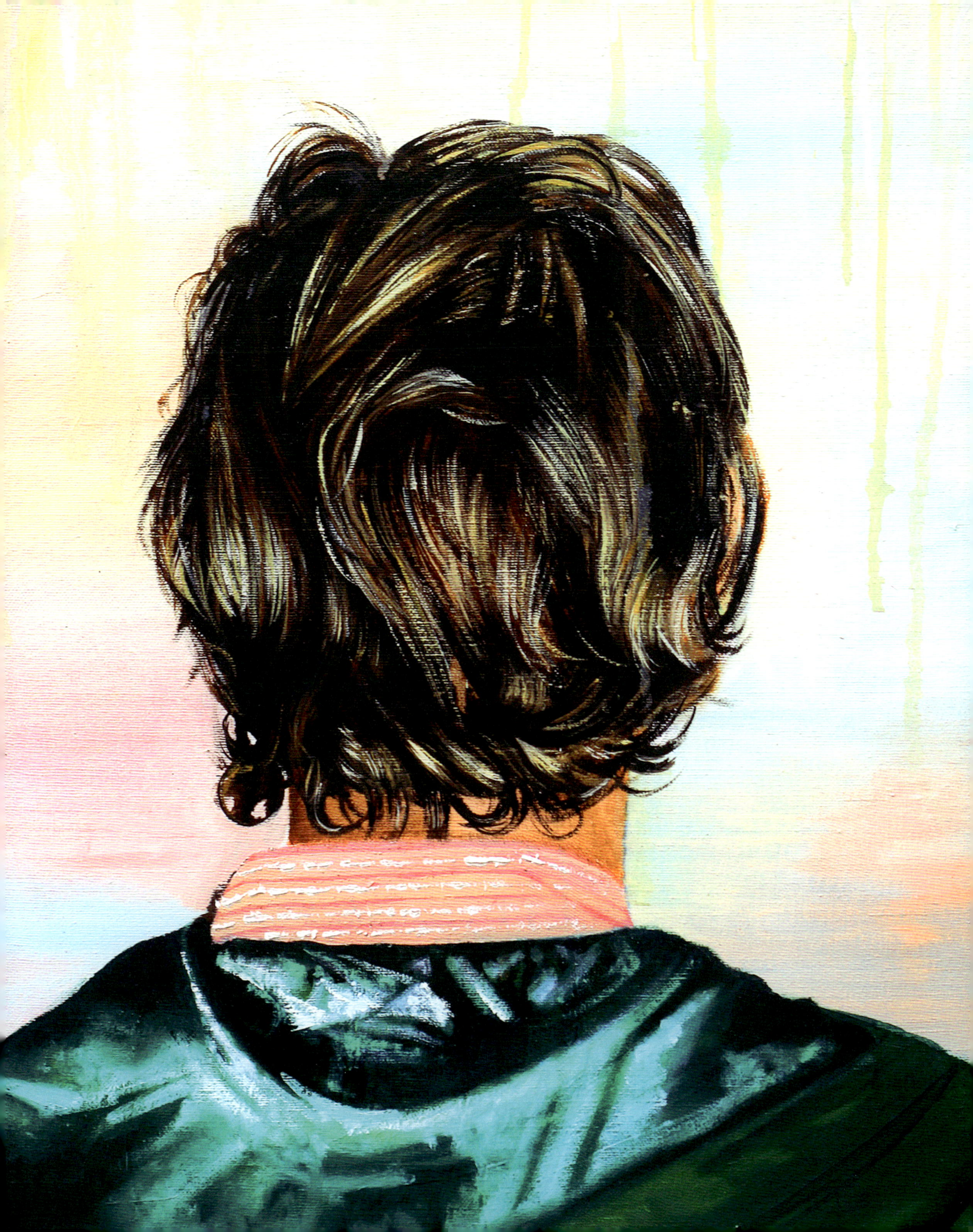

Gerd Garbe, 1997

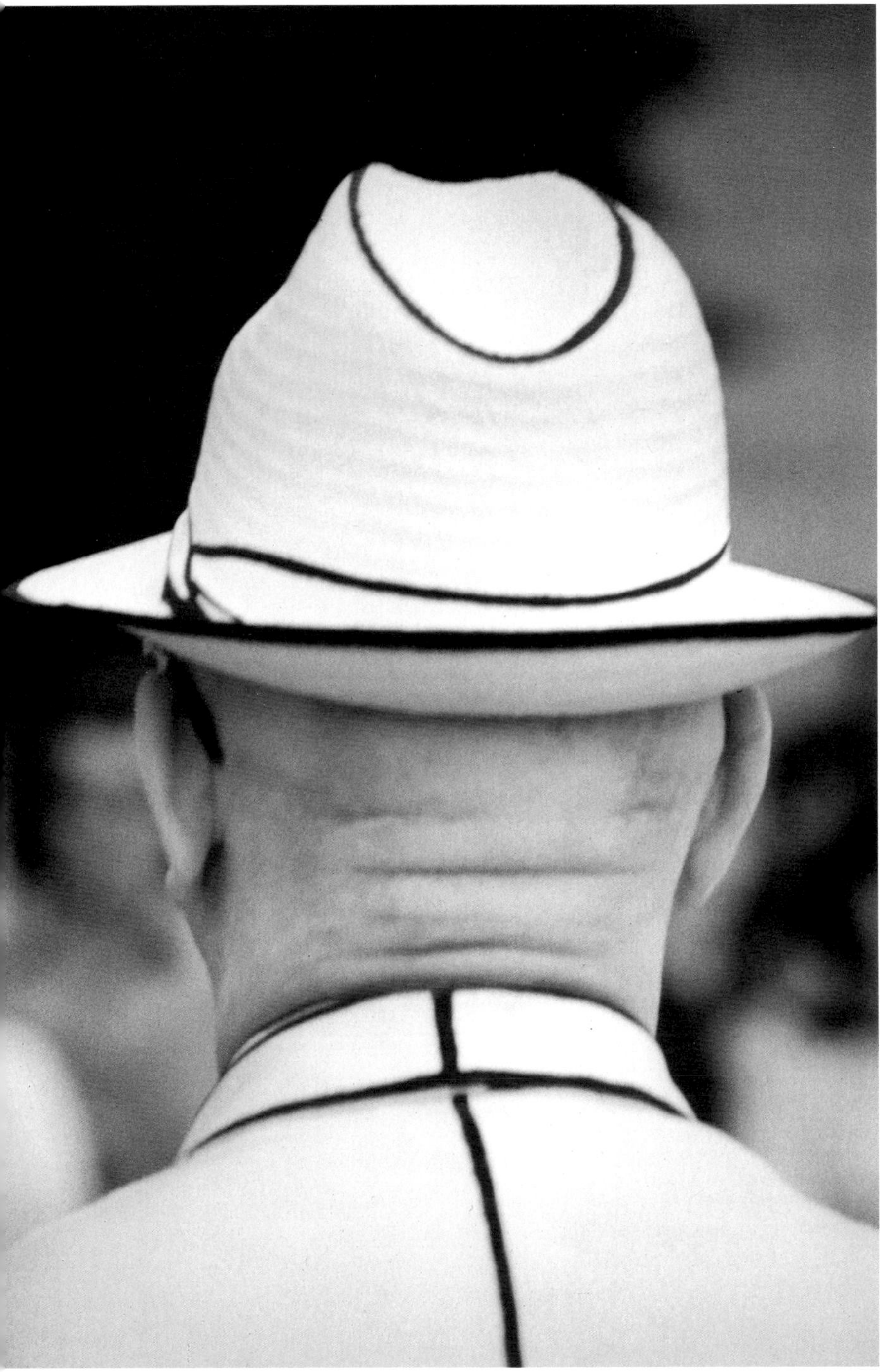

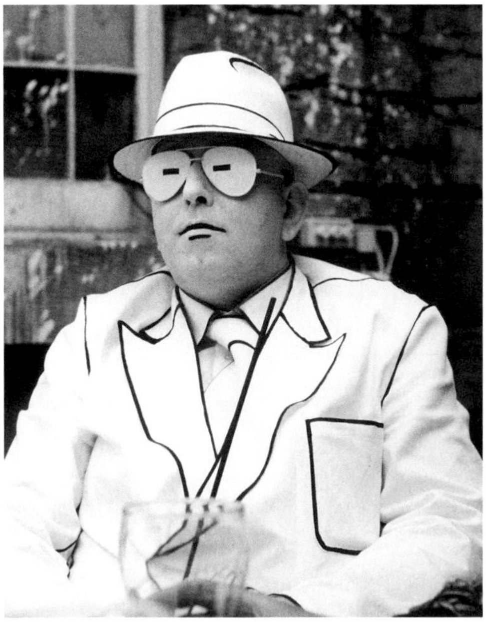

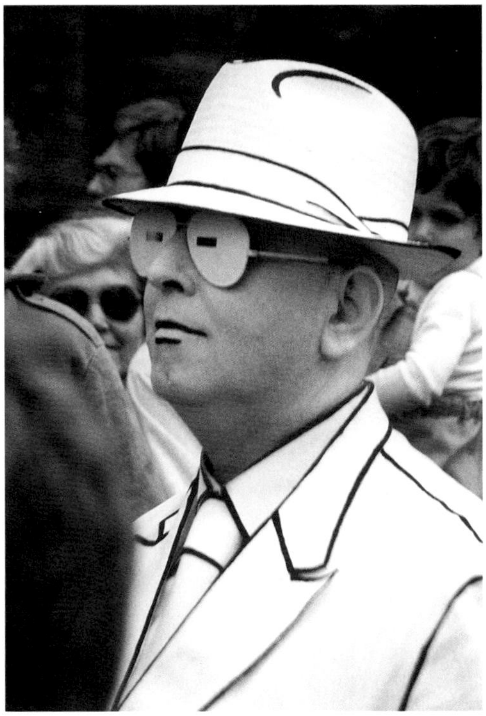

Armin Müller-Stahl, 2002

13

Willy DeVille, 1996

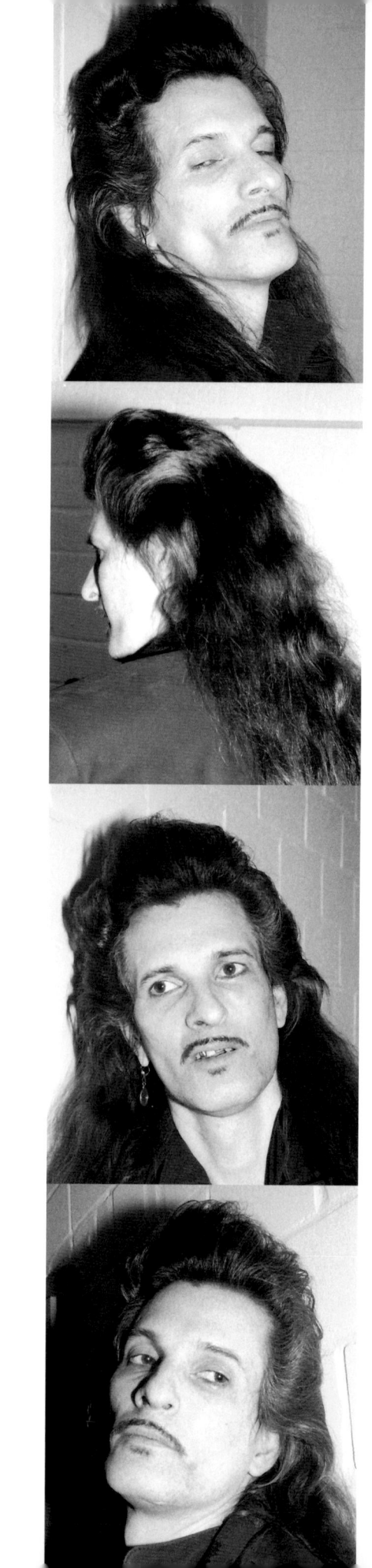

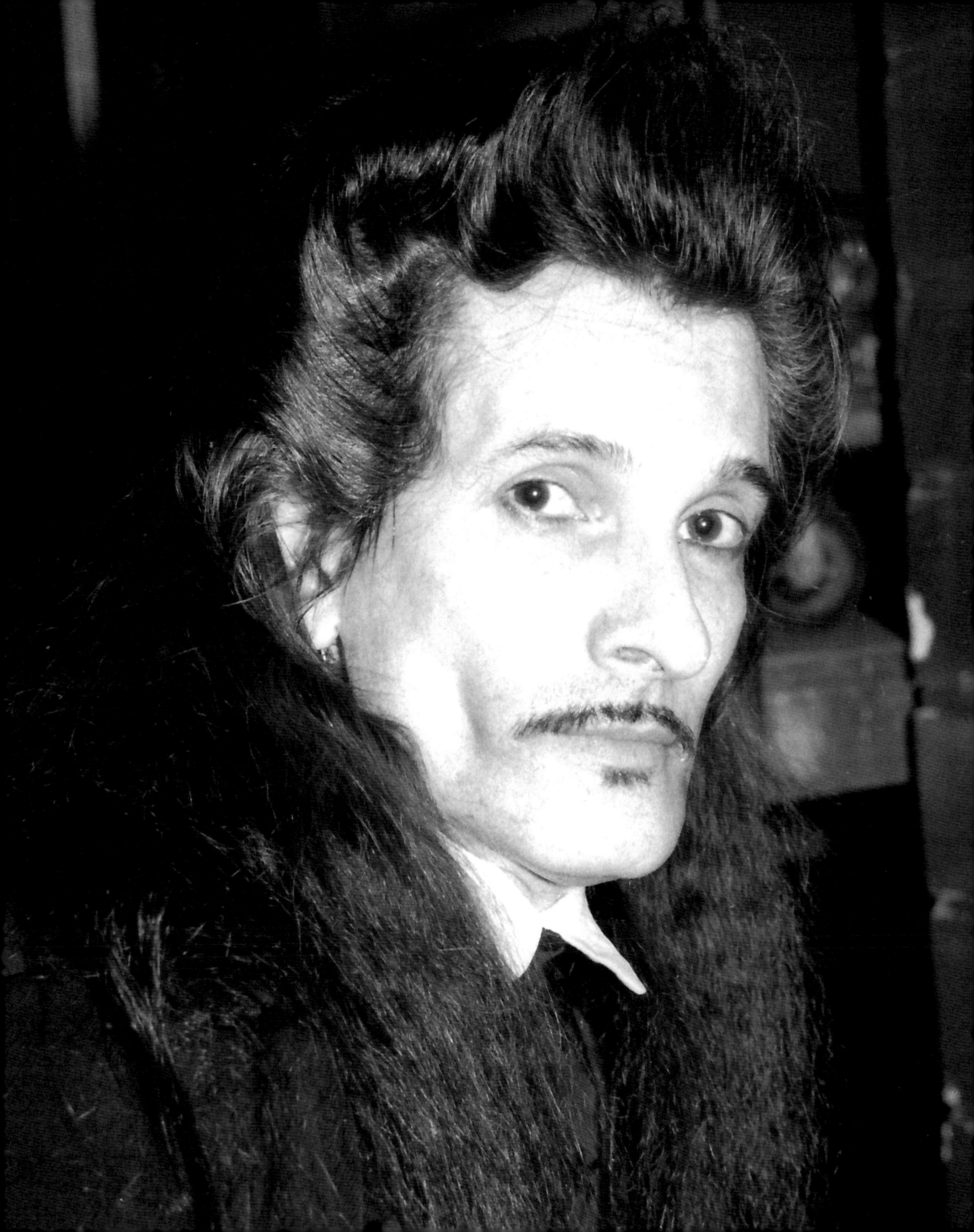

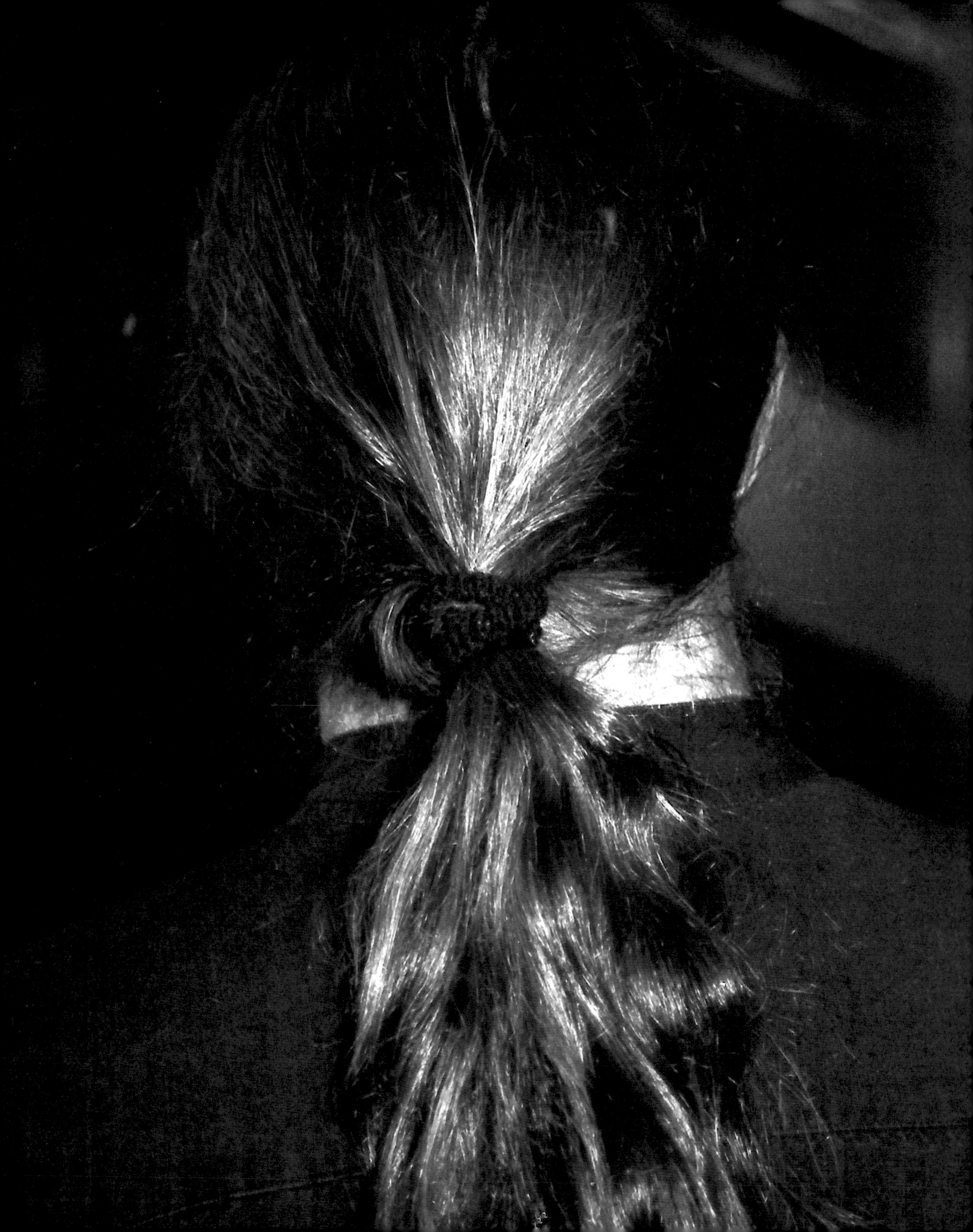

Robert Longo, 1997

Thomas Ruff, 2003

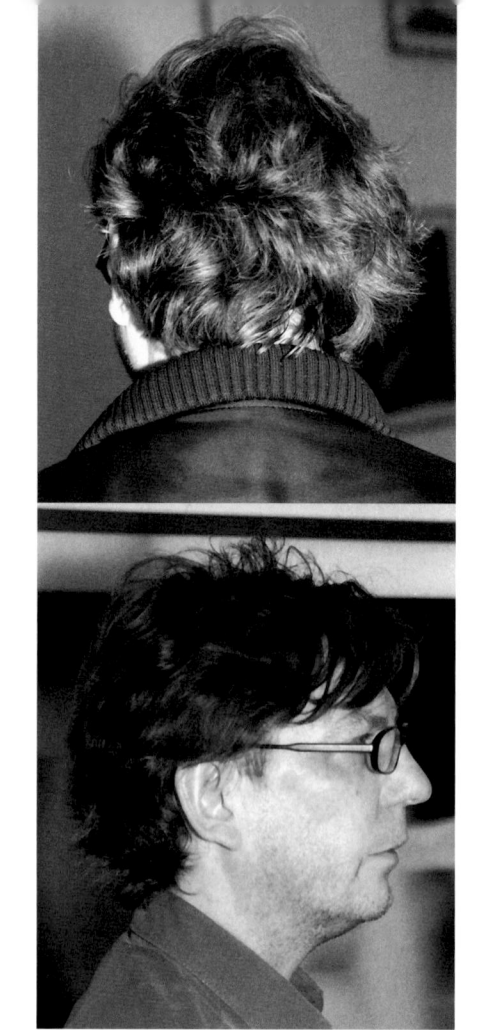

Ich war, wie sollte es anders sein, im Hotel Rembrandt in Tangier untergekommen – mit Blick auf die Pension El Muniria, in der William Burroughs sein Meisterwerk *Naked Lunch* geschrieben hatte. Mein erster Weg führte mich unweigerlich in die gegenüberliegende legendäre Buchhandlung von Rachel Muyal, der »Bonne Fée« der *Librairie des Colonnes*. Madame Muyal schien mich zu beobachten, als ich mir die ausgestellten Fotos von Burroughs, Tennessee Williams, Jean Genet, André Gide und Truman Capote ansah, und fragte mich dann, ob ich womöglich auf dem Weg zu Paul Bowles wäre, dann, ja dann könne ich auch seine Post mitnehmen. Ich gab zu, dass ich ihn gern besuchen würde, allerdings hätte mir die postalische Wegbeschreibung des in Rom lebenden Fotografen Simon Bischoff wenig Hoffnung gemacht.

Einige Telex später und mit einem besseren Lageplan machte ich mich auf den Weg, fuhr mit dem Fahrstuhl zur angegebenen

[Handschriftliche Postkarte:]

Rom 13.4.96

Sehr geehrter Jens Meister,

ich bin erst vor kurzem noch Rom zurückgekehrt + finde erst jetzt Ihren Brief. Wahrscheinlich ist meine Information inzwischen überflüssig geworden: Adresse: Paul Bowles, 2117 Tanger Socco, Tanger/Marokko. Aber er wird Ihre private Anfrage nicht beantworten. Tel. ist nicht vorhanden. Sie können bei ihm anklopfen, gehen Sie ums Eck neu San Francisco bis zum neuen Moschee + fragen Sie nach dem Itesa-building, laßt Stock. Er wird Sie kaum einlassen.

Viel Glück
Simon Bischoff

Flurebene, klingelte und erwartete – nach der Prognose Bischoffs –, abgewiesen zu werden.

Doch ich hatte Glück: Ich solle nur kurz warten, bis ein amerikanisches Fernsehteam die Wohnung verlassen habe, so lange könne ich im Wohnzimmer Platz nehmen. Unzählige Musikkassetten, ein Tisch voller Bücherstapel und ein schöner Ausblick auf das Mittelmeer sind mir in Erinnerung geblieben – dann wurde ich ins Schlafzimmer von Paul Bowles geführt und war mit ihm sowie seinen auf dem Nachttisch abgelegten Briefen von Gertrude Stein, Juan Goytisolo usw. allein.

Die hätte er stets parat wegen der Journalisten, erklärte er. Es täte ihm leid, mich liegend empfangen zu müssen, aber die Beine wollten nicht so recht – mit 86 Jahren!

Er bedankte sich überschwänglich für die noch rasch erworbenen Blumen, und wir unterhielten uns über seine in frühen Jahren zusammen mit Brion Gysin auf Tonbändern aufgenommene Trance-Musik indigener Ethnien, insbesondere der Jilala. Nachdem uns sein Diener einen Minztee gebracht hatte, schimpfte Bowles auf den nervigen Capote, dem hier eigentlich nichts gefallen hätte, »… aber was hätte Truman überhaupt mit all dem zu tun?« Mit den Beatniks hätte er ohnehin wenig gemein – was ich seiner Wohnung auch ansehen könne, die sich zwar in einem äußerst hässlichen Haus befinde, aber zum Glück müsse er ja nur rausgucken – wie wahr!!!

Da ich nicht vorbereitet war auf einen liegenden Bowles im Bett bei vorgezogenen Gardinen, hatte ich kein Blitzlicht dabei – trotzdem löste ich zweimal aus, bis Bowles zart anfragte, ob denn das Licht ausreiche und auf die über dem Bettrücken an der Wand befestigte Leselampe hinwies. Diese Fotos waren die einzig brauchbaren!

Links Librairie des Colonnes
Unten Fotografische Fehlversuche
Seite 19, oben ›Paul Bowles‹ | Kugelschreiber auf Englisch-Pergament | 20 × 30 cm | 1997
Seite 19, unten Postkarte von Simon Bischoff wegen Paul Bowles

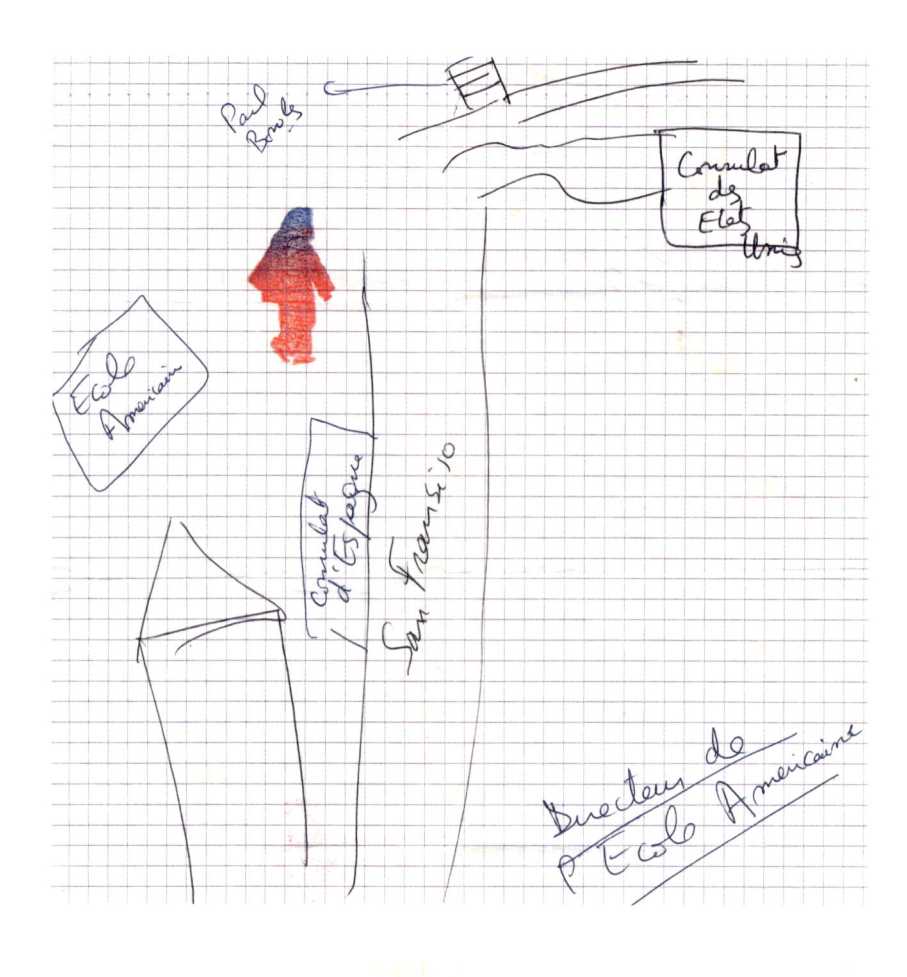

Paul Bowles Privatwohnung, Tangier, 22. April 1997
Rechts oben Wegskizze zur Wohnung von Paul Bowles
Rechts unten Telefax

François Morellet, 1996

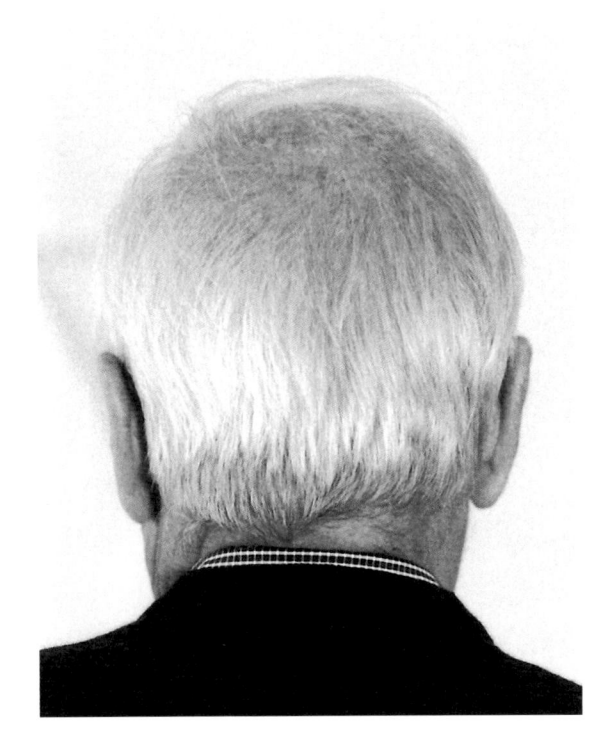

Eva (rechts) & Adele (links), 1996

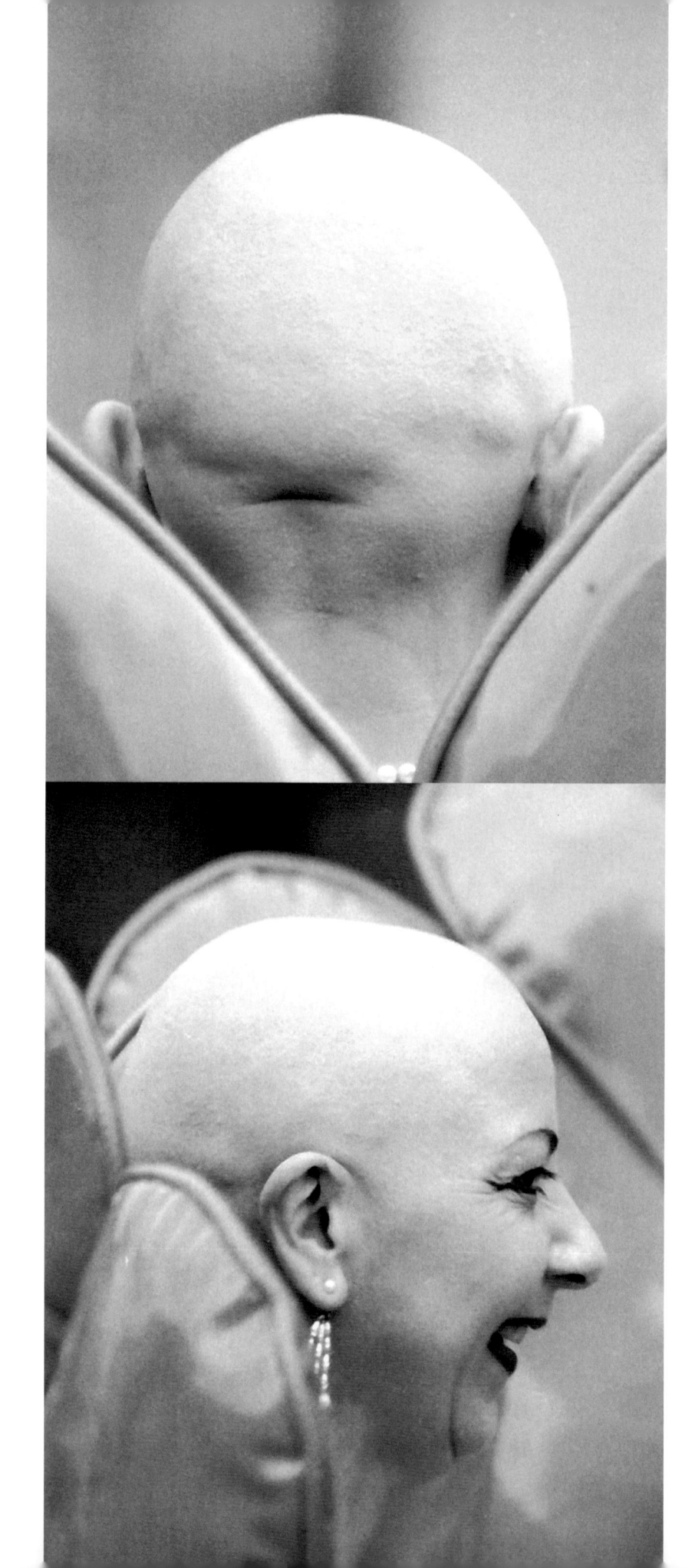

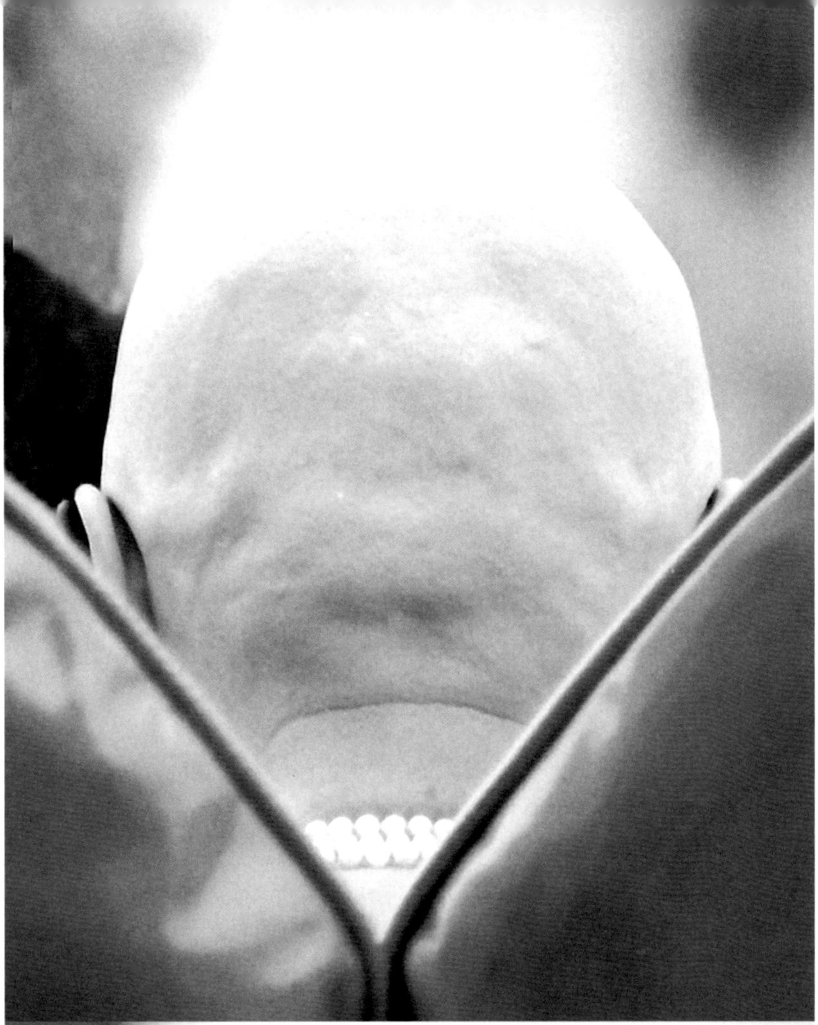

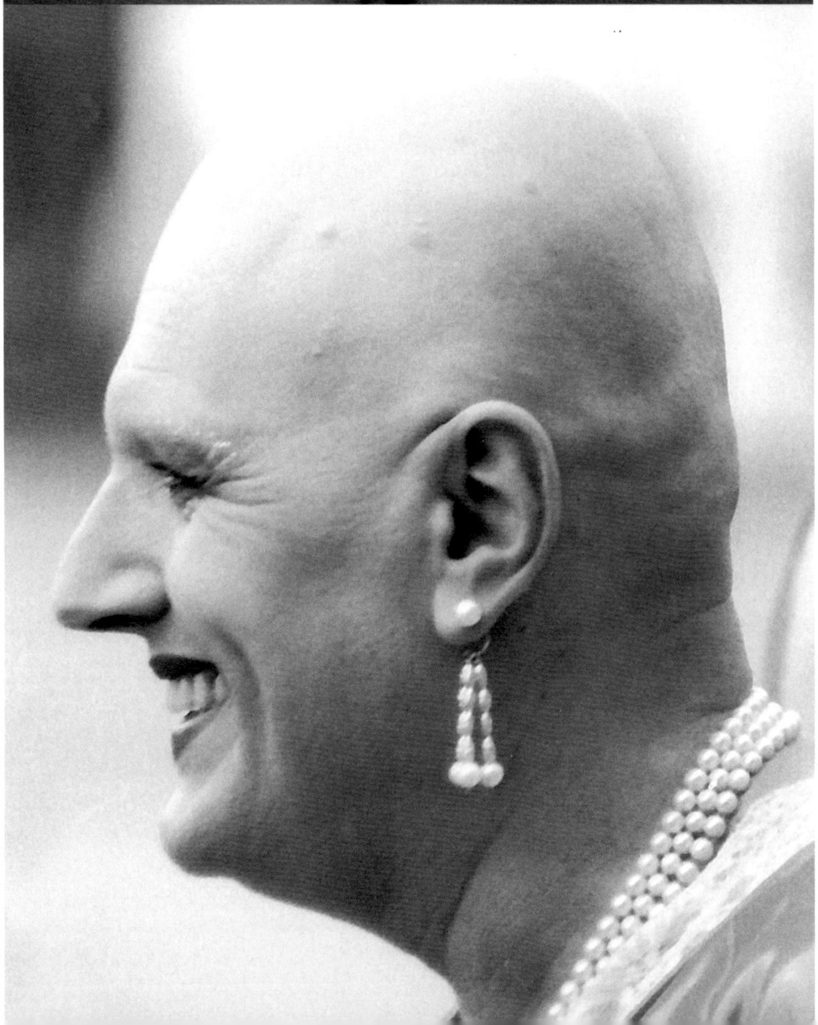

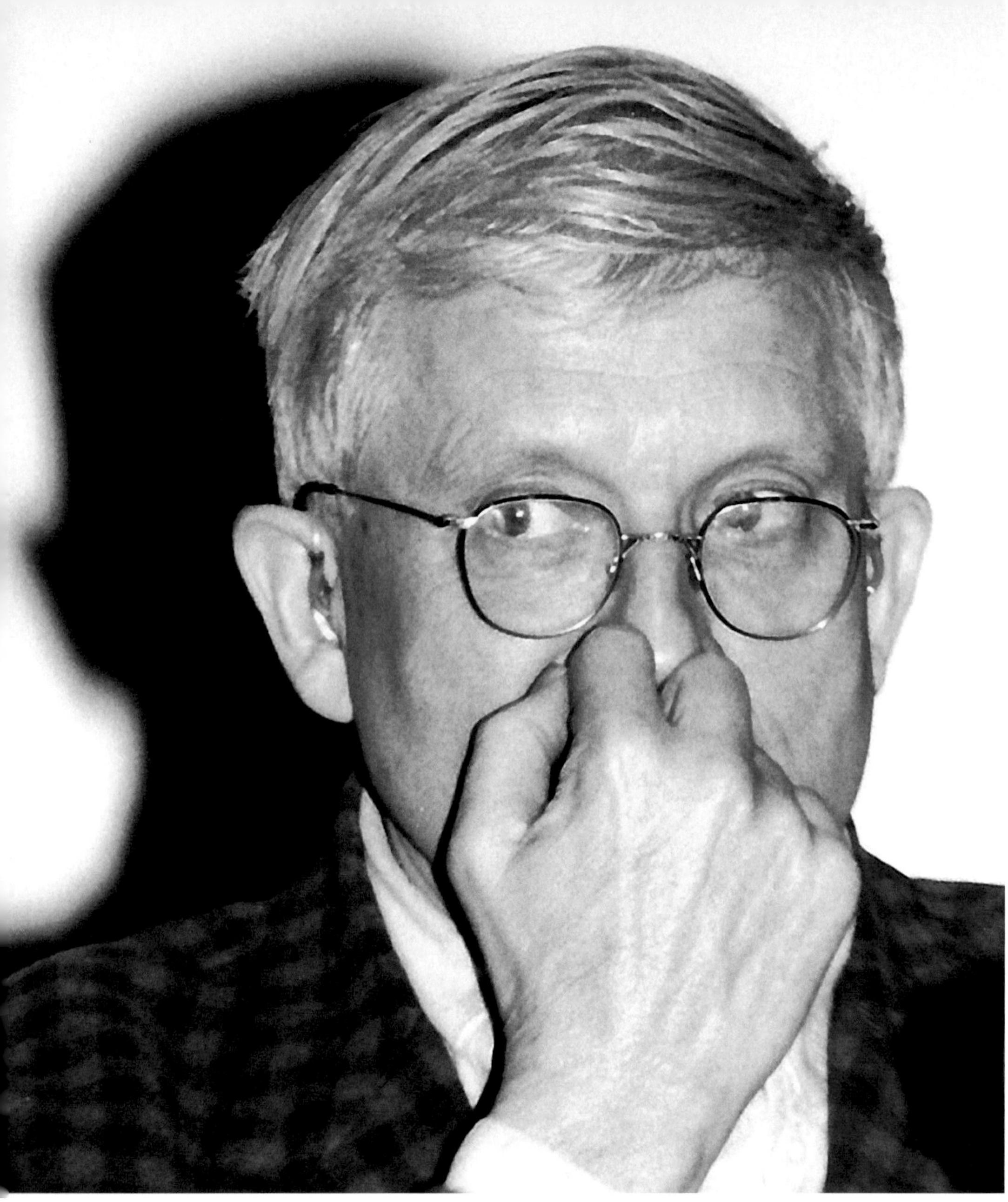

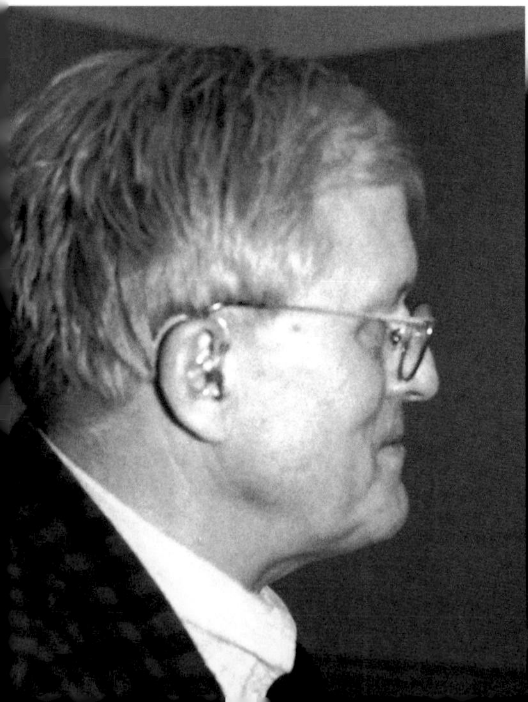

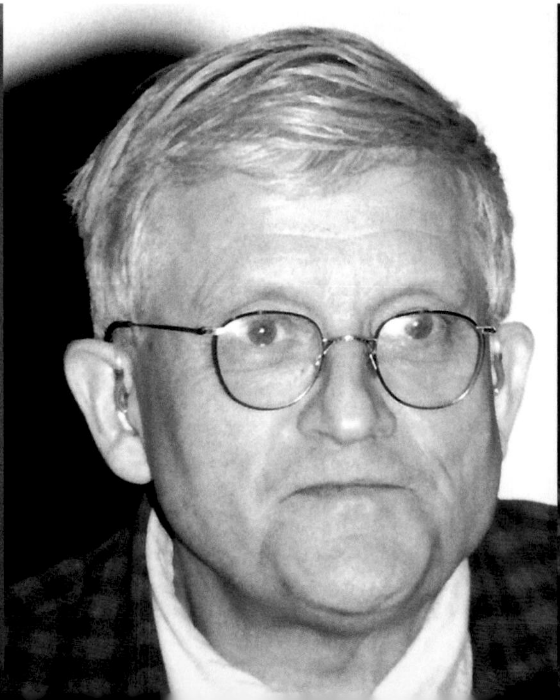

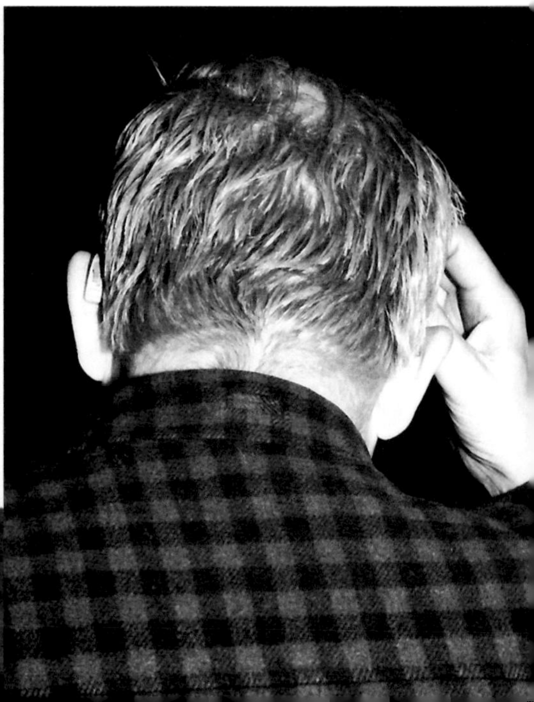

David Hockney, 1997 (links) und 2001 (rechts)

Kati Outinen, 2004

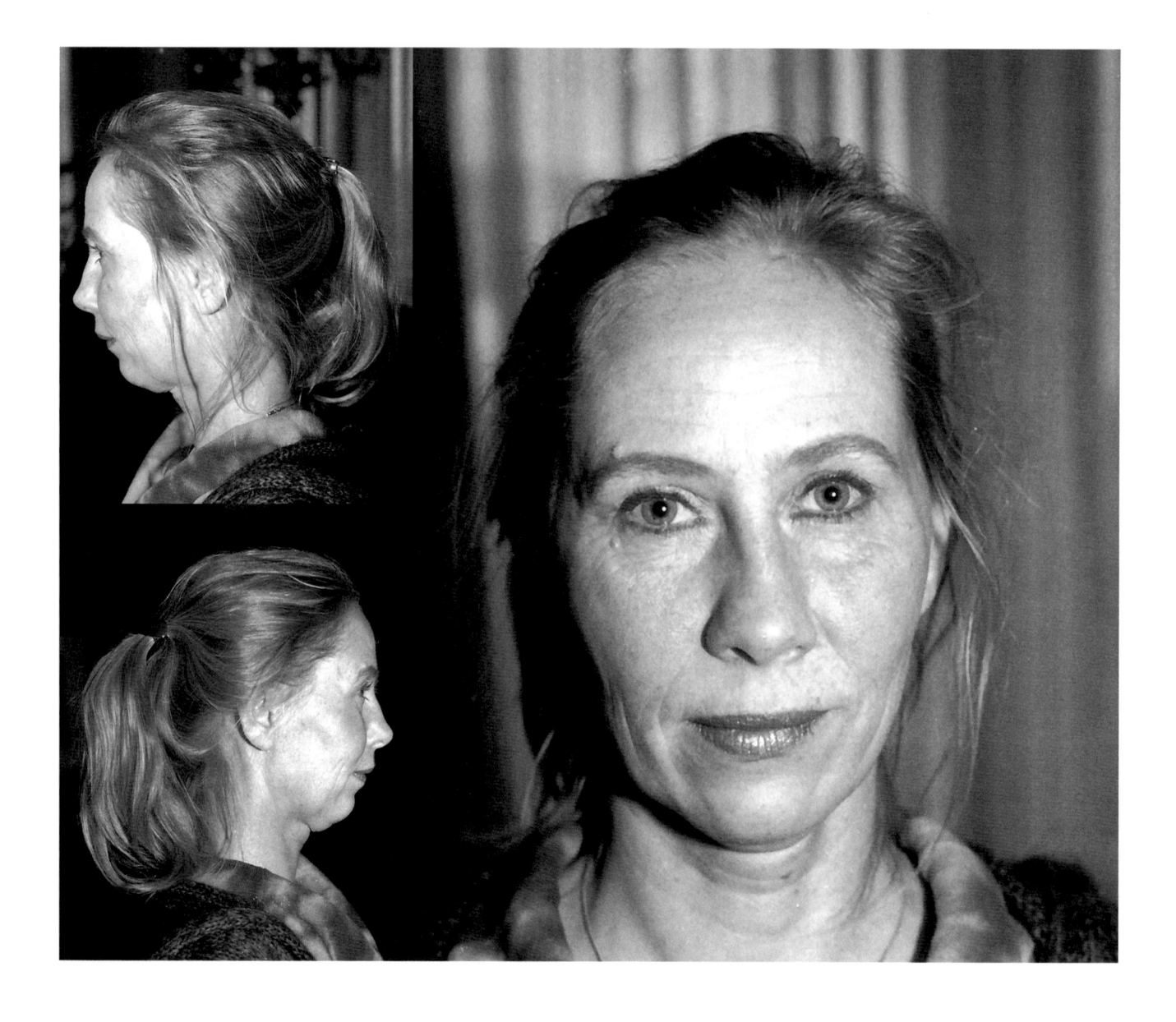

29

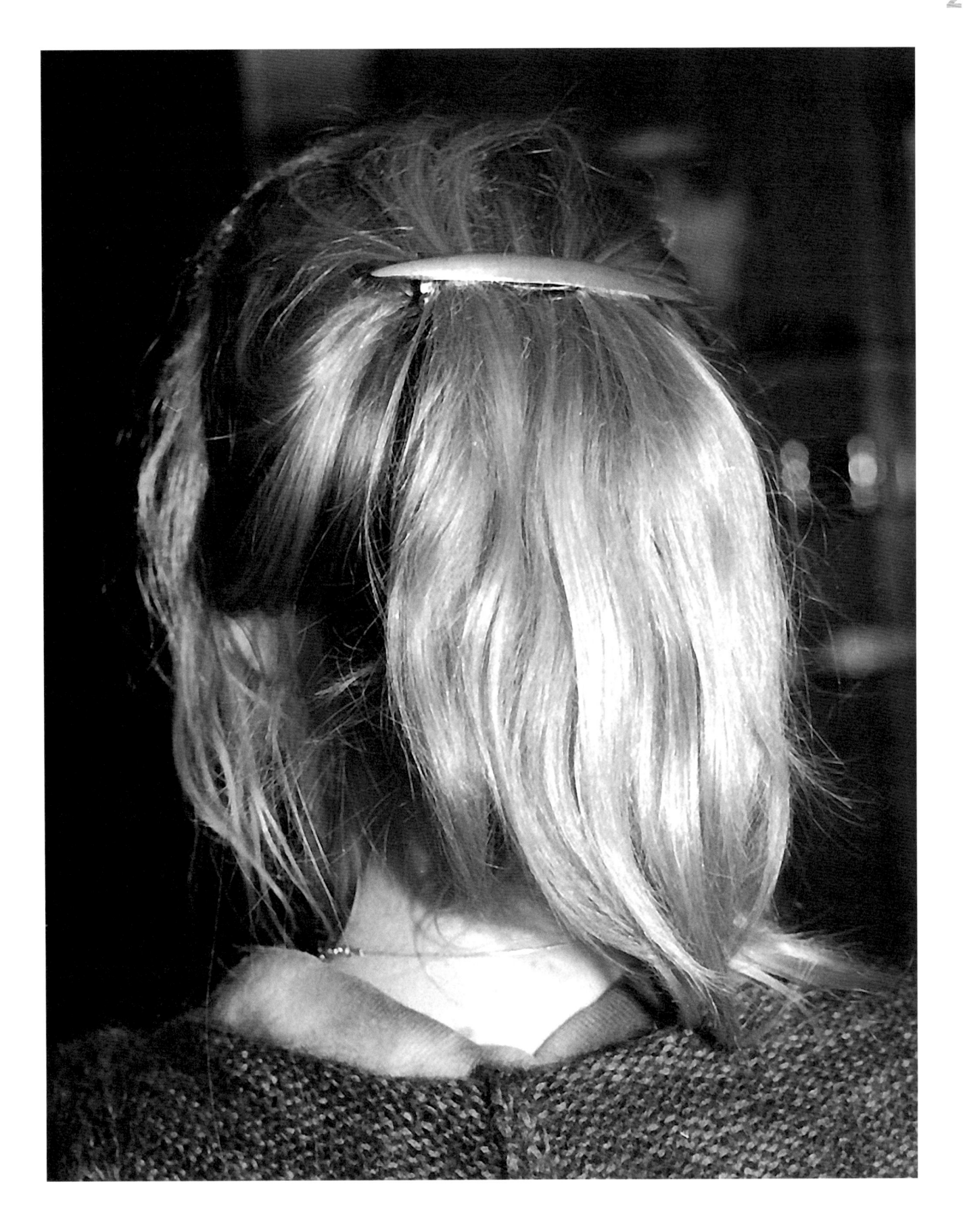

André Villers, 1997

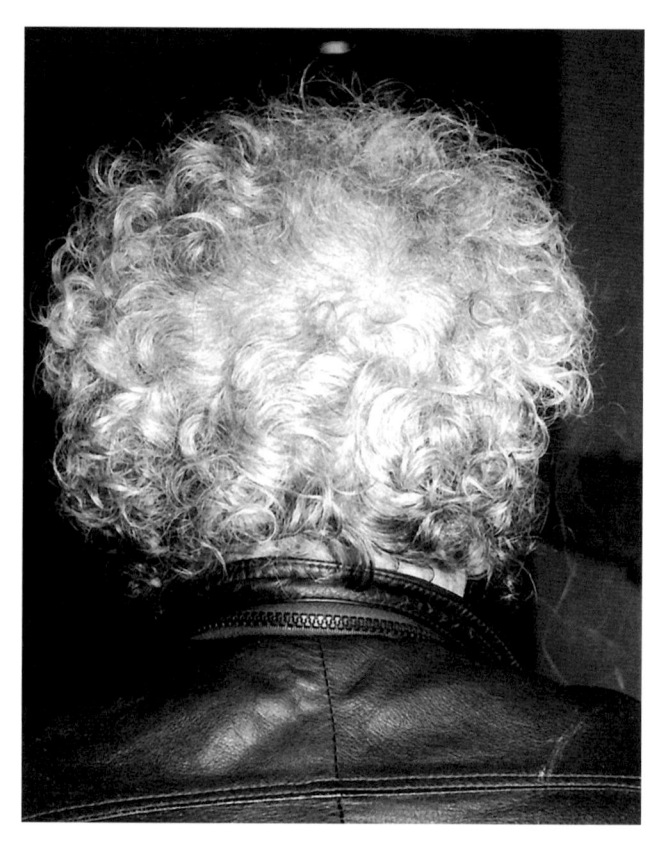

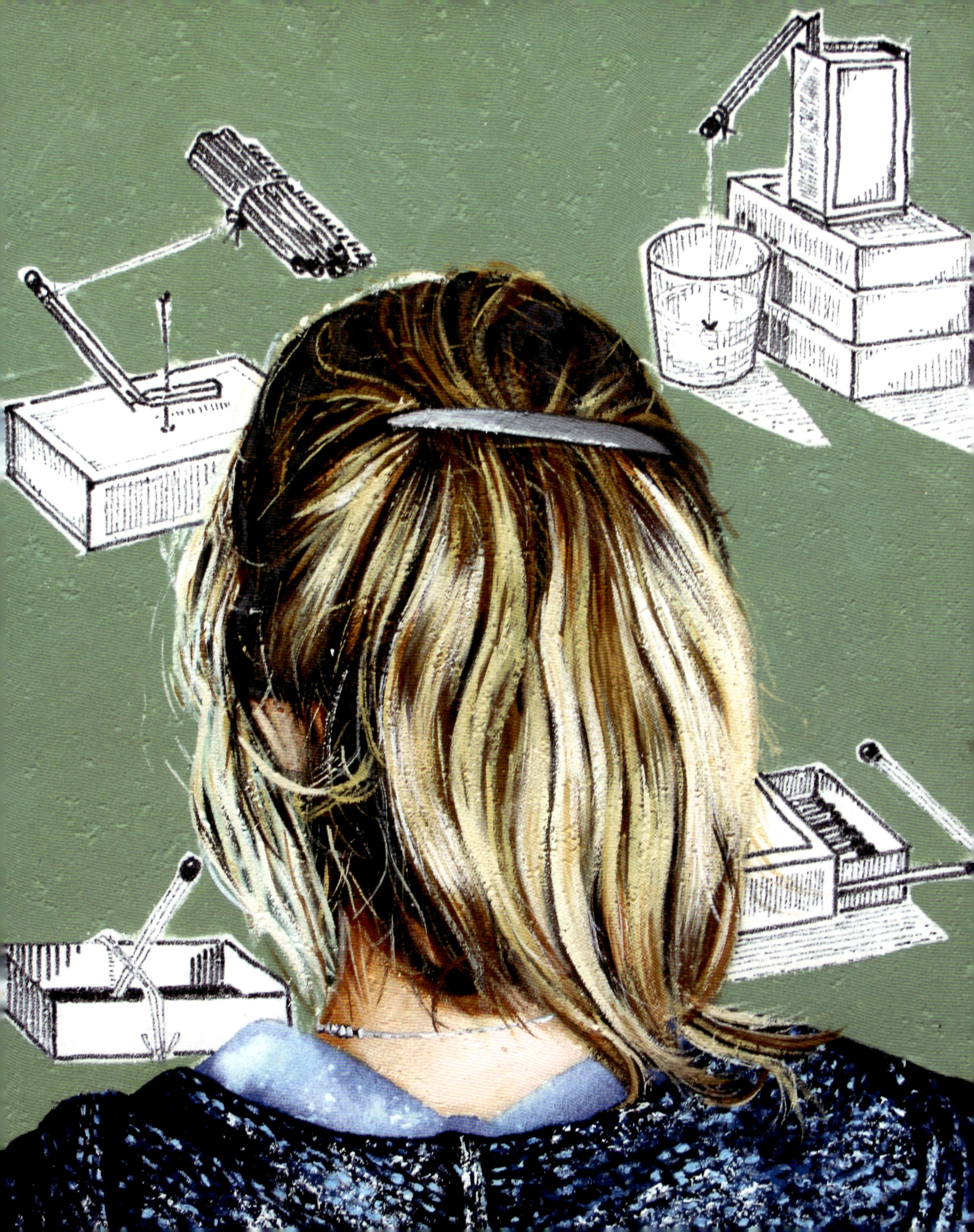

Robert Crumb, 2004

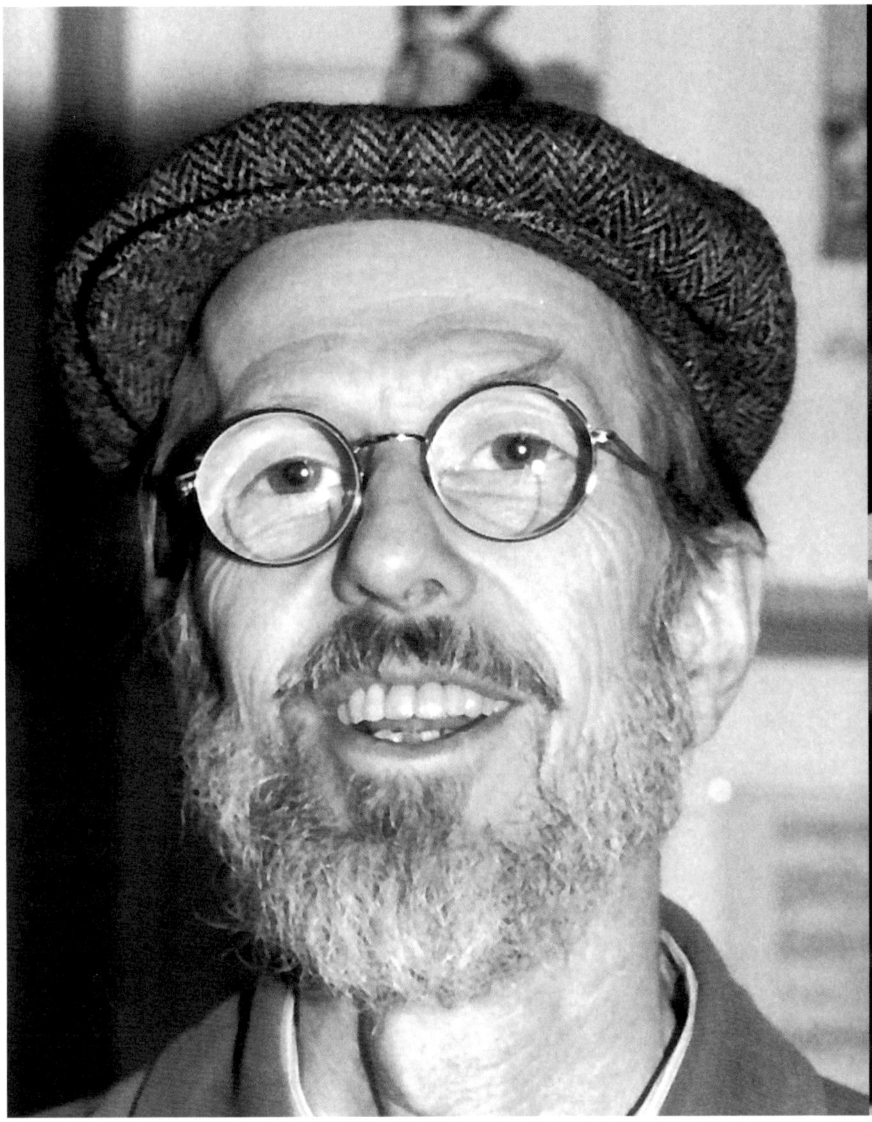

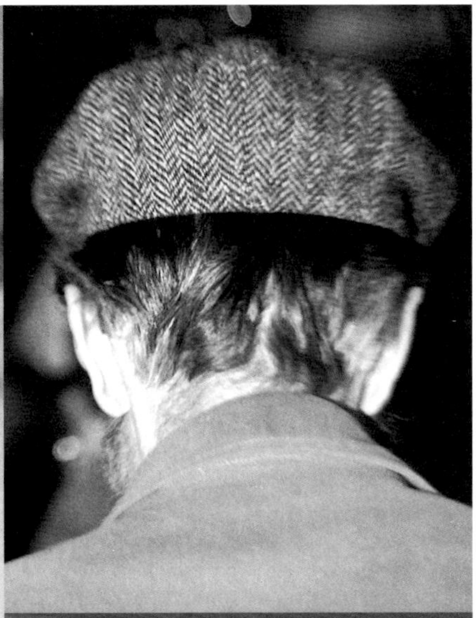

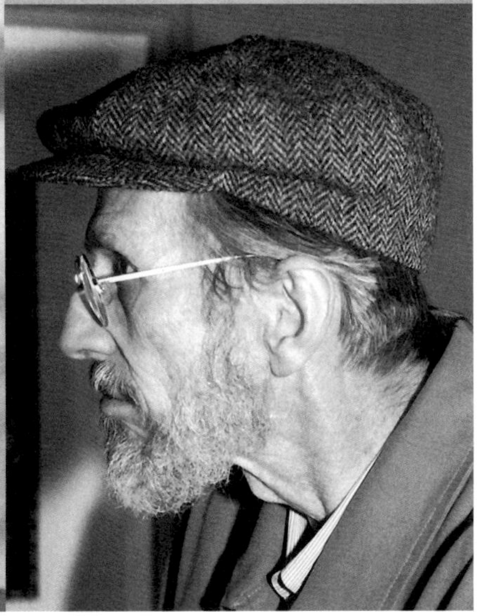

Die Wettervorhersage für diesen Tag klang gut: leicht bewölkt bis heiter. Die etwa 50 Teilnehmer:innen der Pressekonferenz am Nachmittag hatten eher mit drückender Schwüle und trockenen Kehlen zu kämpfen, zumal ihnen der Zutritt in das aufgebaute Catering-Zelt verwehrt wurde: »FOR ARTISTS ONLY«.

Die »Mitspieler« des Superstars Hancock – Jack DeJohnette, Dave Holland und Michael Brecker – weckten bei den Journalist:innen erstaunlicherweise kaum Interesse, so dass ich genügend Zeit hatte, mich um den gleichfalls auftretenden Gitarristen John Scofield zu kümmern, der auf meine Bitte um vier Porträtfotos sehr freundlich, fast dankbar überrascht reagierte. Wir sprachen über seine letzte CD, New York und mein Porträtvorhaben; dann lud er mich in das Künstlerzelt ein – nicht ohne Vorwarnung: Herbie Hancock sei wegen seiner auf dem Flug verloren gegangenen Gepäckstücke heute äußerst angespannt und schwerst verärgert.

Mit einer halbstündigen Verspätung trat dann Hancock sichtlich verstimmt vor die Pressevertreter:innen, um ihnen sofort und unmissverständlich das Fotografieren zu untersagen: Das könne man am Abend während der ersten beiden Titel des Konzerts ja nachholen. Enttäuscht, aber wegen der bereits gelungenen Scofield-Porträts halbwegs getröstet, ließ ich meinen Blick über den Deichtorhallen-Platz schweifen.

Und dann sah ich sie: die Banner der aktuellen Ausstellung von Zdenek Felix »Home sweet Home«. Hinter einem davon stand der sehr schlicht gehaltene Garderobenwagen von Herbie Hancock; ich machte ein Foto des vielsagenden Ensembles.

Indem ich mich wieder dem Podium zuwandte, staunte ich über die plötzliche Ruhe: Hancock sah mich an – dann den Campingwagen, davor das Banner – und begriff sogleich den ironischen Zusammenhang. Sein befreiendes, glucksendes Kichern löste die Spannung: »Oh, man, that's it, – you're right, man, hehe, what's your name?« Ich antwortete: »Joseph.« (Den Namen benutze ich immer bei fremdsprachigen Gesprächspartnern, schon um mir längere Erklärungen von wegen *Jub* und *Job* etc. zu sparen.)

»OK, Joseph, we both can make photos when I've finished here, hehe ...«

Und so geschah es.

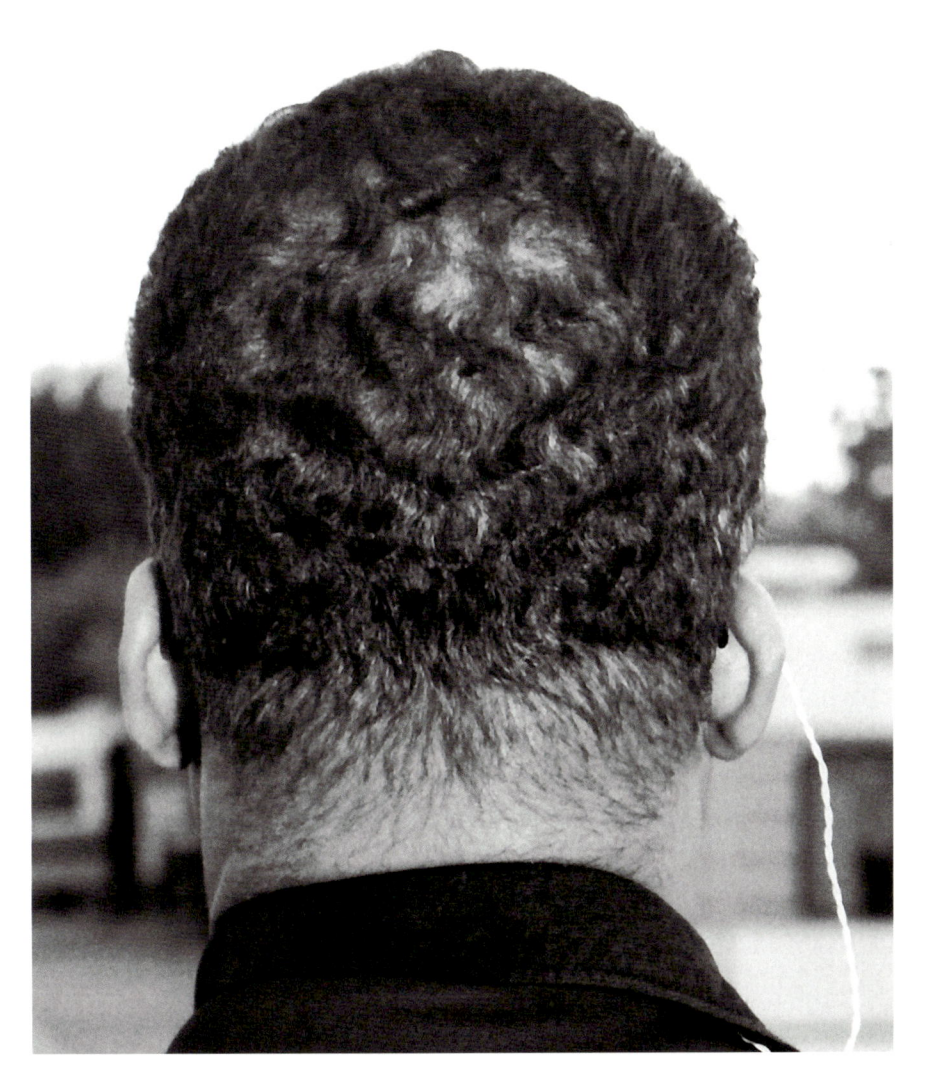

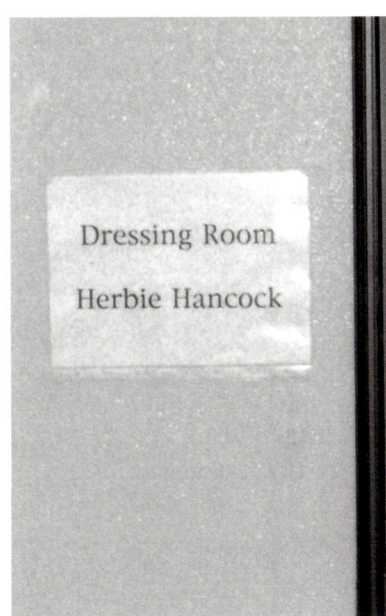

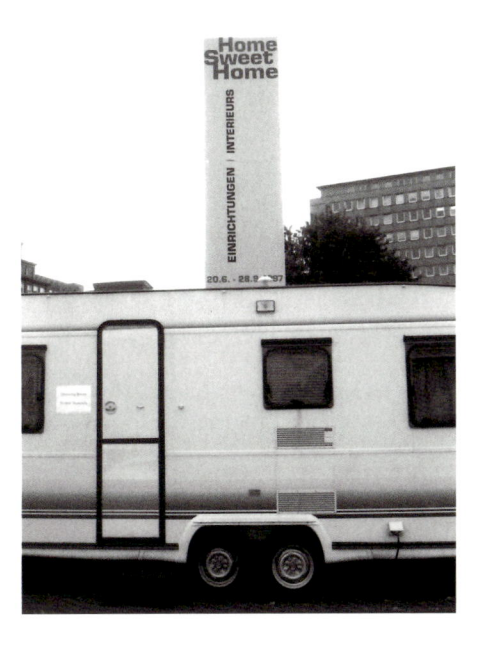

Herbie Hancock
West-Port-Festival, Deichtorhallen-Platz, Hamburg, 9. Juli 1997

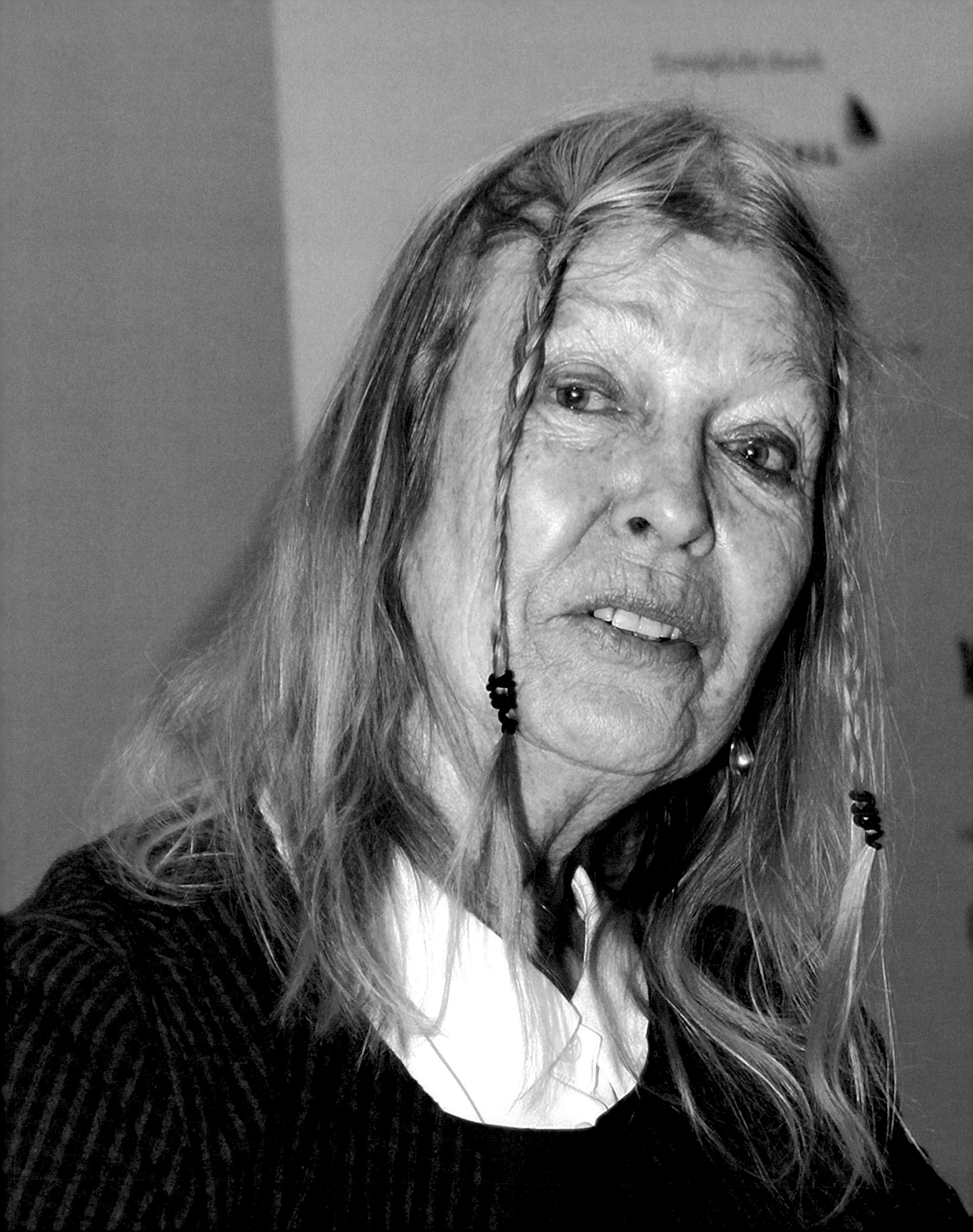

Sylvette David, 2014

Peter Greenaway, 1998

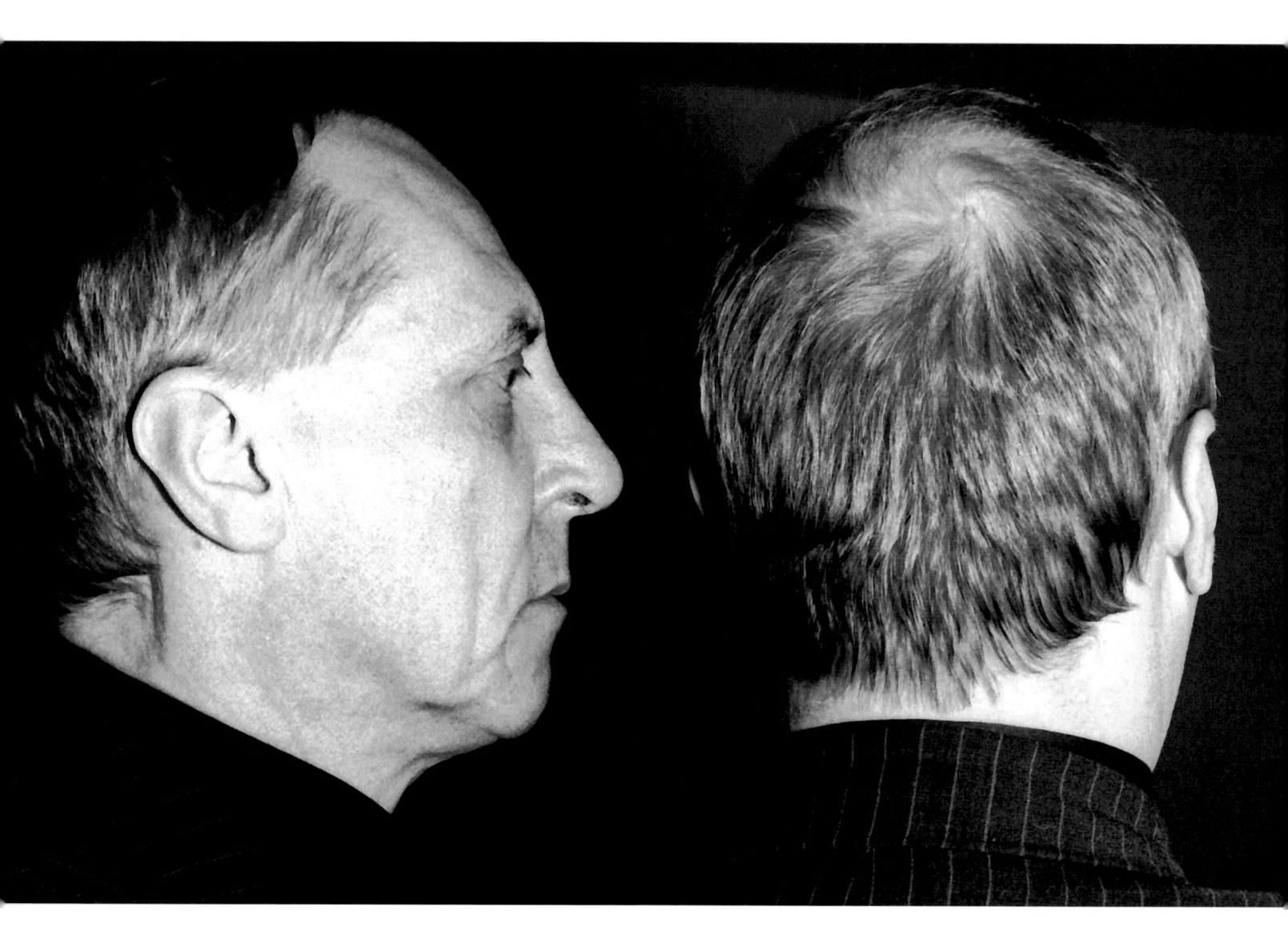

39

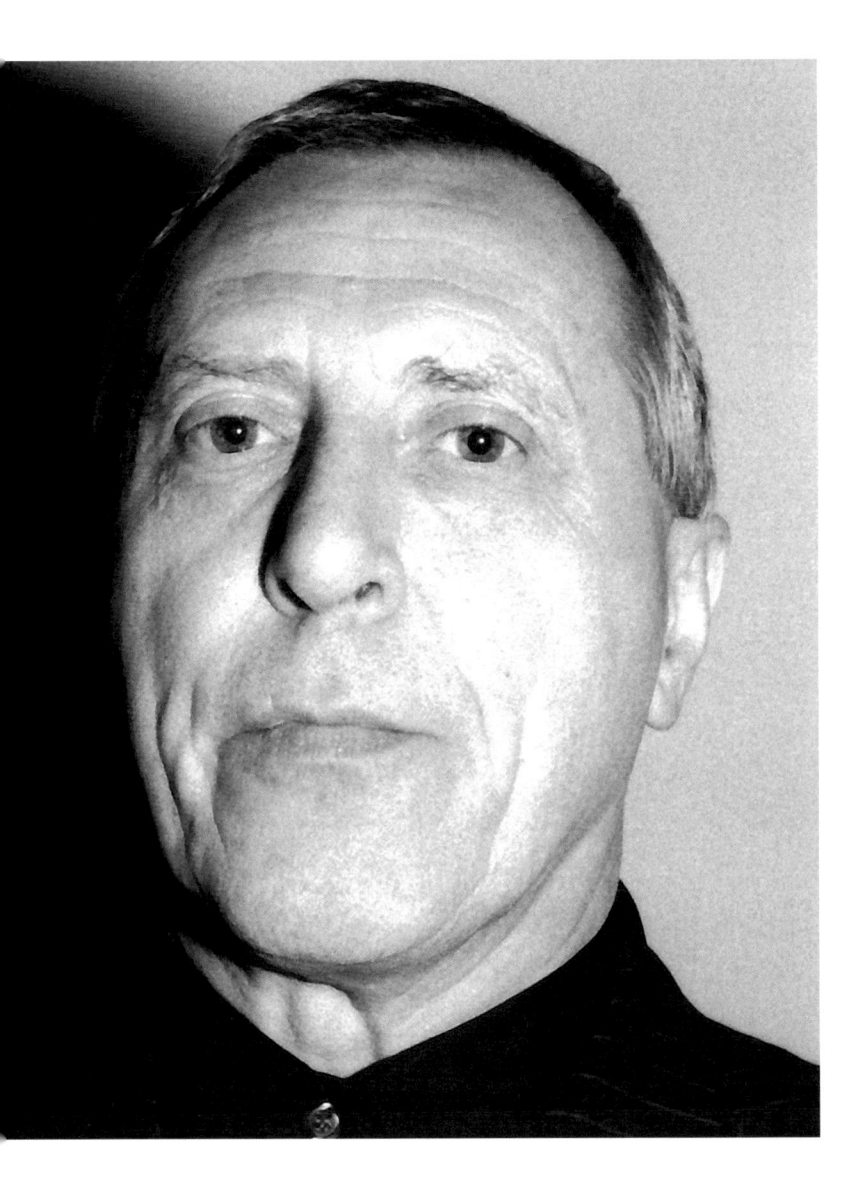

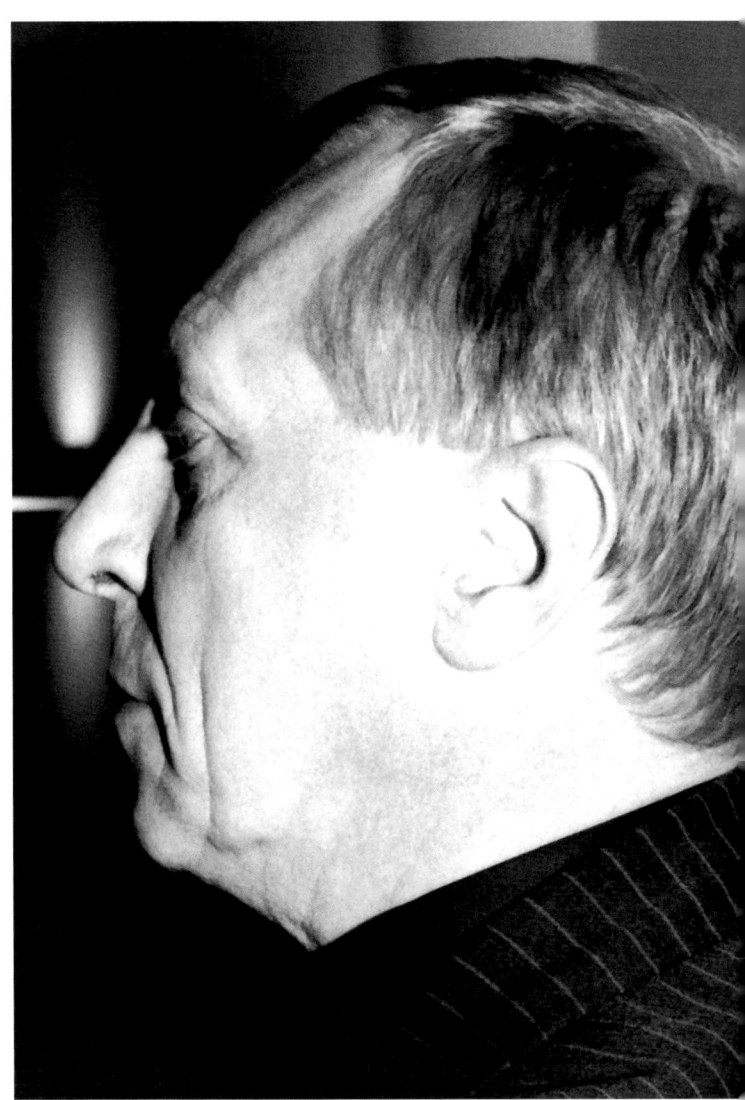

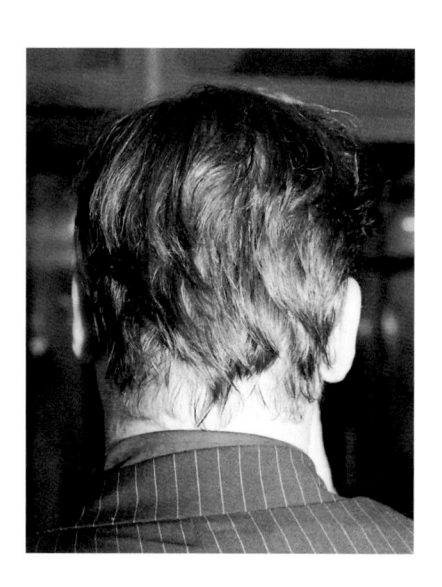

Jürgen Tarrach, 2003 (links) | Isaac Julien, 2006 (rechts)

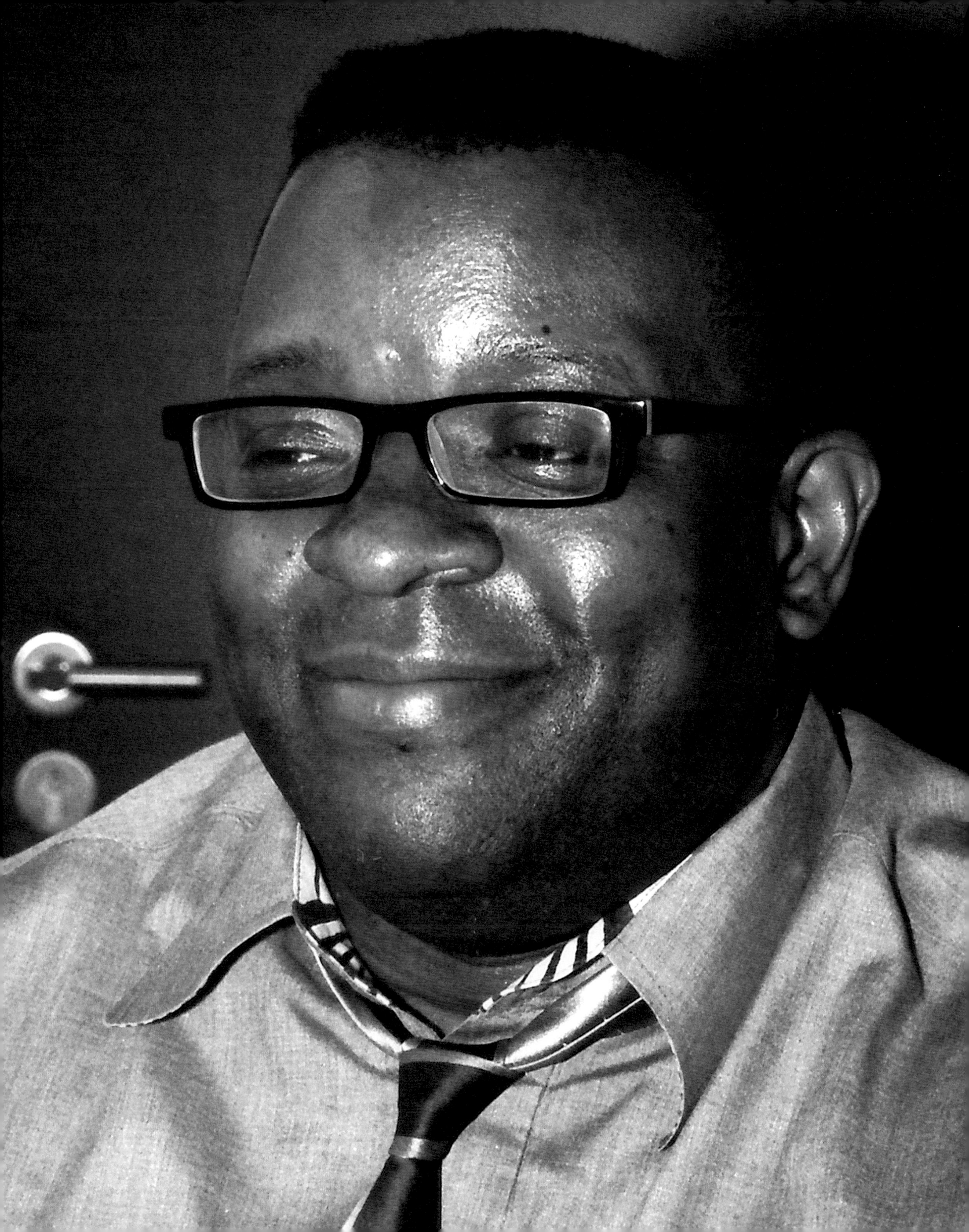

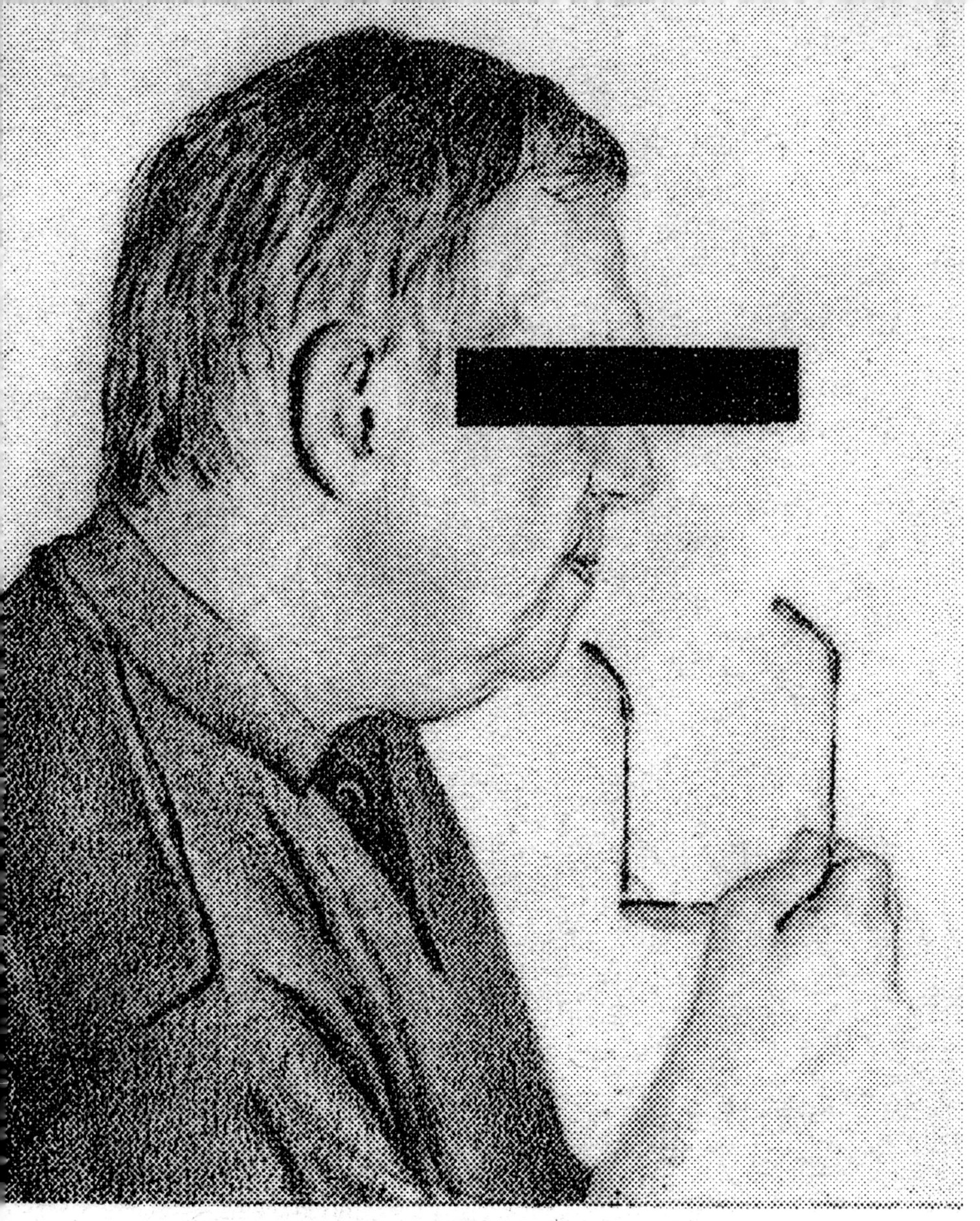

Robert G.: »Salzuflen, Bad.«

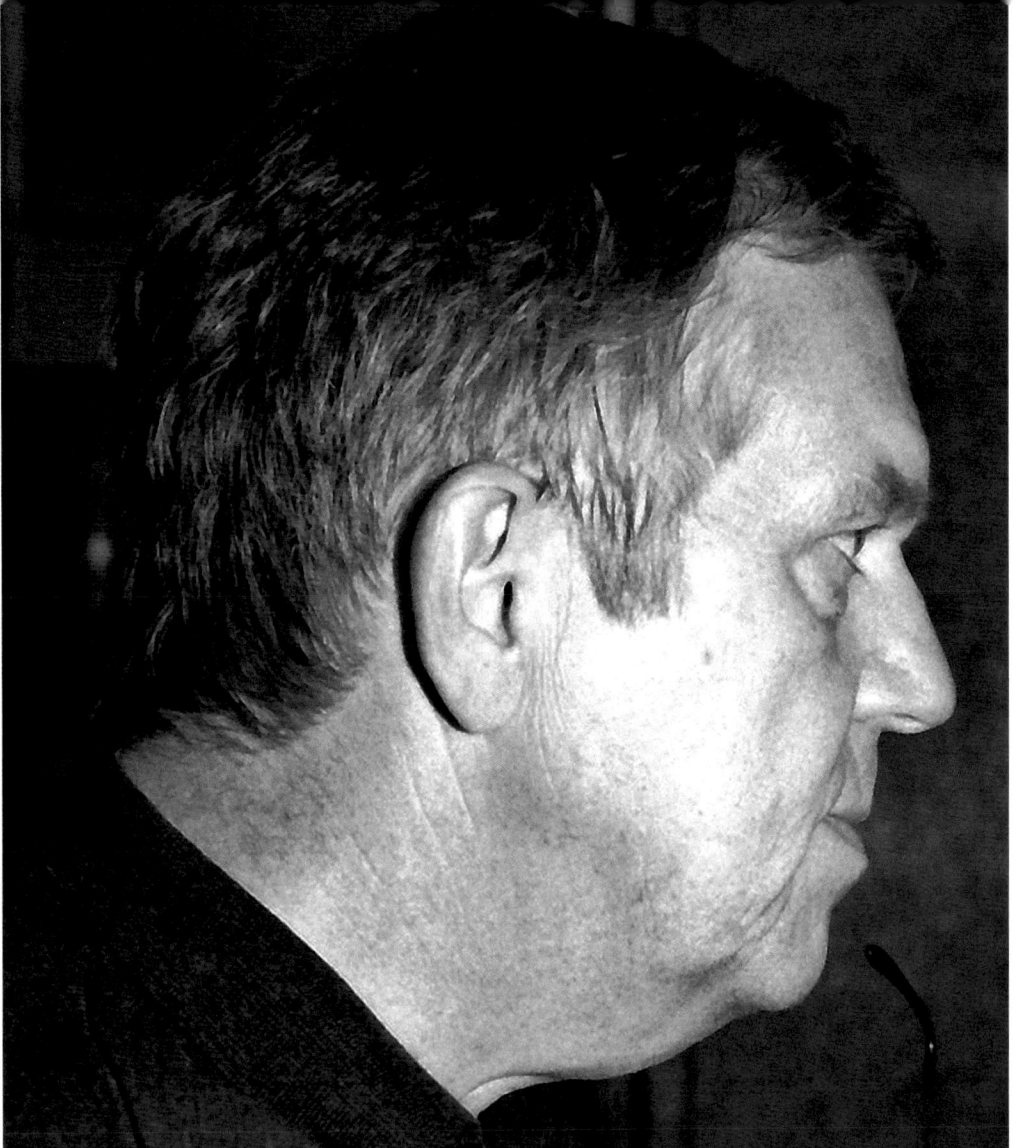

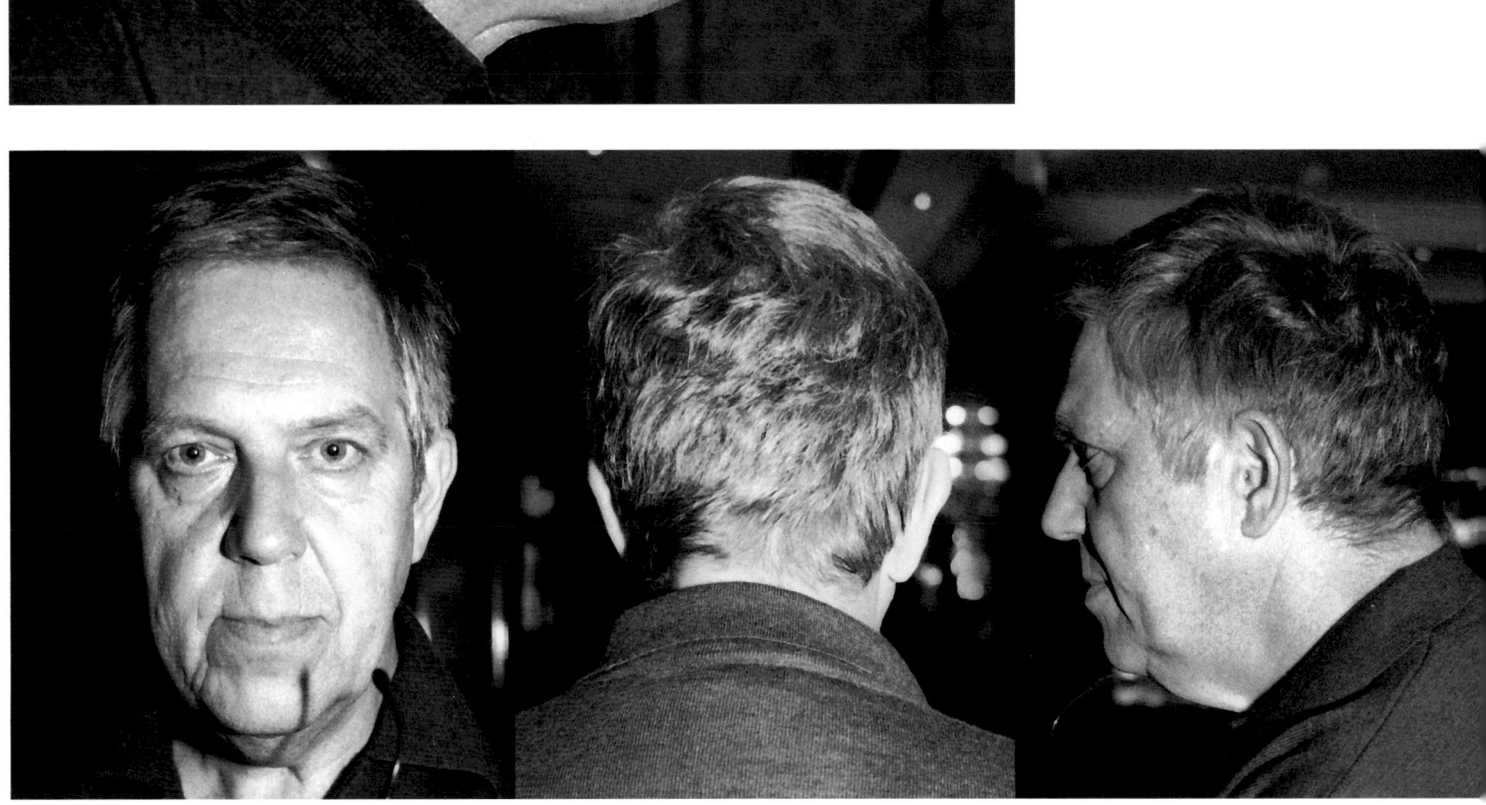

Robert Gernhardt, 1998

Wir waren uns schon einige Jahre zuvor anlässlich einer Hochzeit im Bremer Viertel begegnet und hatten uns dabei »näher getrunken« – jetzt las Harry abwechselnd mit dem Autor Robert Gernhardt und dem Schauspieler Josef Bilous den alkoholreichen Roman *Die Reise nach Petuschki* von Wenedikt Jerofejew im Rahmen einer Marathonveranstaltung im Literaturhaus Hamburg.

In einer Pause, nach kurzer Begrüßung, kam es rasch zu den vier erbetenen Fotos – »alles Weitere dann per Fernkopierer«. Einige Faxe später – ich hatte ihm einige meiner Kataloge zugeschickt – erreichte mich folgende unvergessliche Nachricht: »Lieber Jub: Wie geht denn das? Kugelschreiber auf Resopal? Bleibt das denn dran?« Harry ersparte mir die Antwort, indem er fortfuhr: »Auf dem S-Bahnhof Sternschanze oben gibt es einen kommunistischen Kiosk, dessen Besitzerin mal zwei Kokser anherrschte: ›Runter mit eurem Stoff von meinem schönen Resopal!‹ Also irgendwas bleibt anscheinend doch haften.«

Harry Rowohlt	Literaturhaus Hamburg, 27. Januar 1998
Rechts	Harry Rowohlt
Oben	›Hinterkopf / Harry Rowohlt‹	Öl auf Leinen	50 × 40 cm	2000
Links	Robert Gernhardt

Harry R.: »›Stella Artois‹ *und* Matterhörner.«

Harry Rowohlt, 1998 (oben) | Elvira Bach, 1996 (unten)

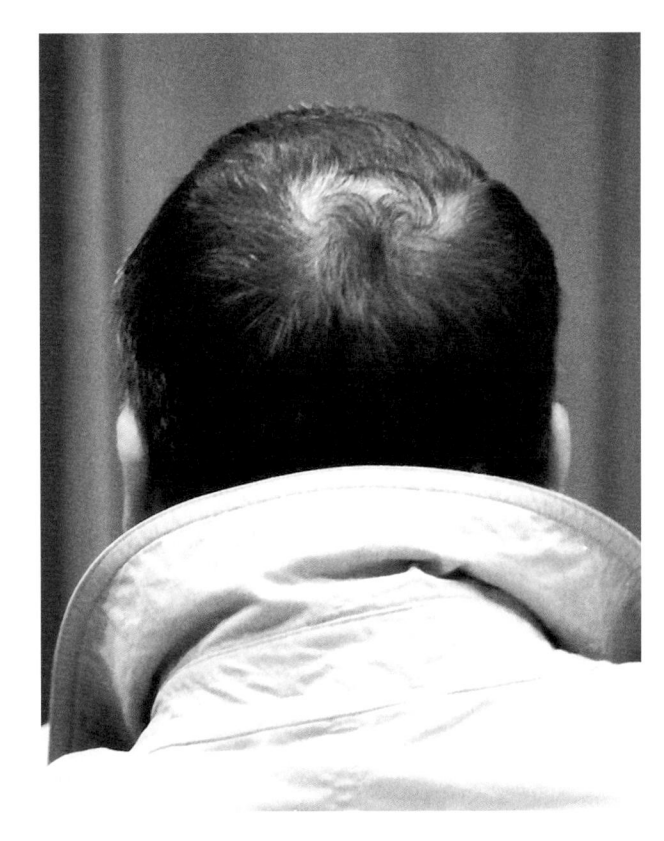

Günter Lamprecht, 1998 (oben) | Elvira Bach, 1996 (unten)

Günter Lamprecht, 1998

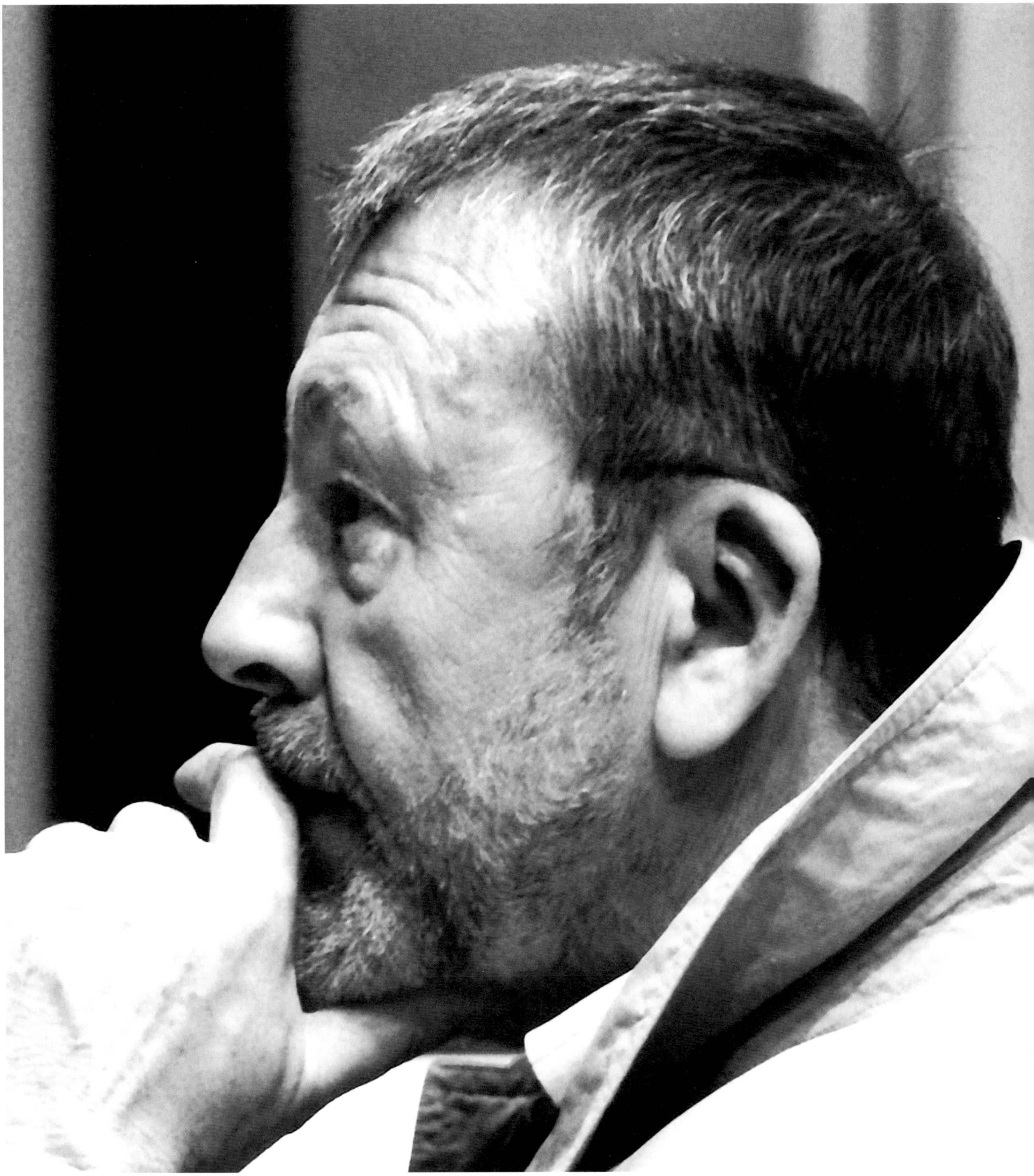

Carl Verheyen, 1998

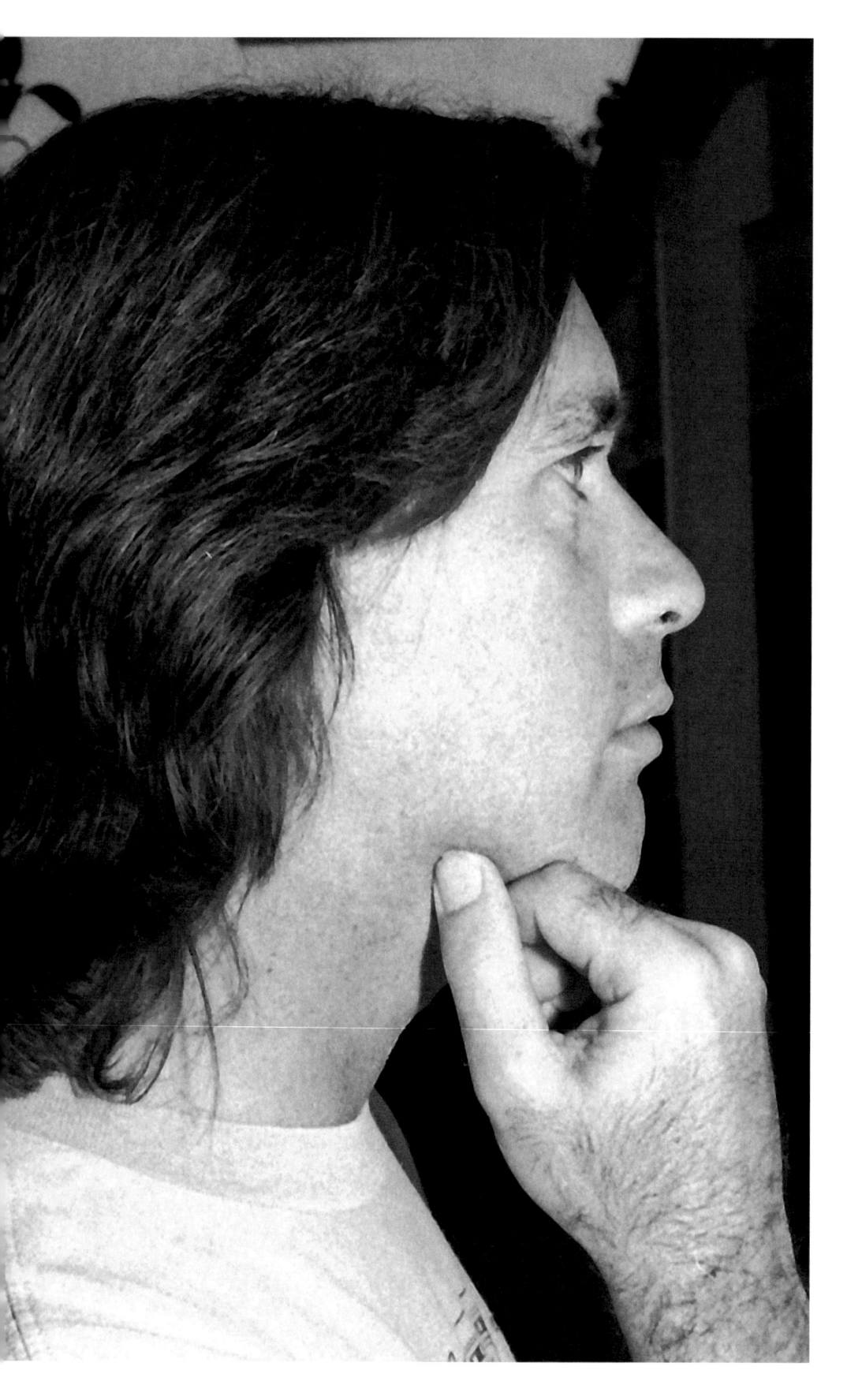

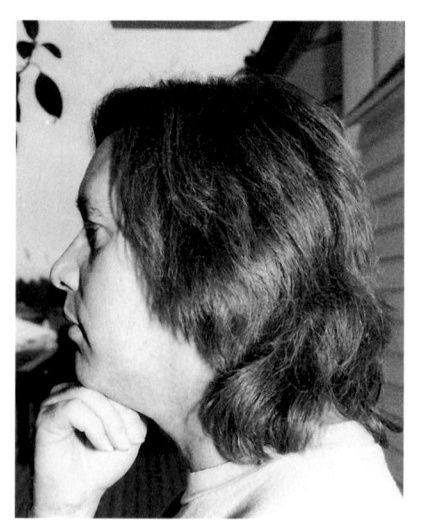

Friedemann Hahn, 1998

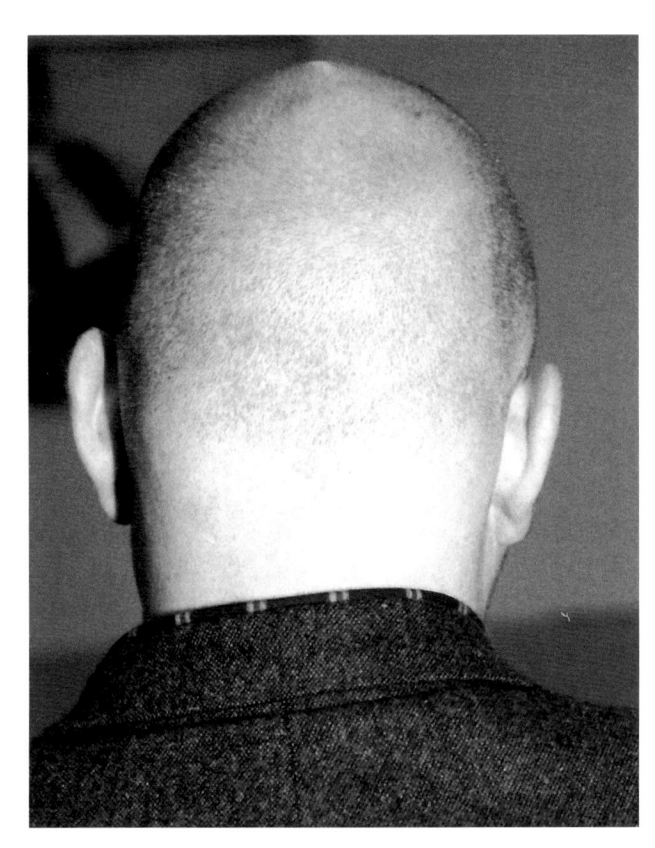

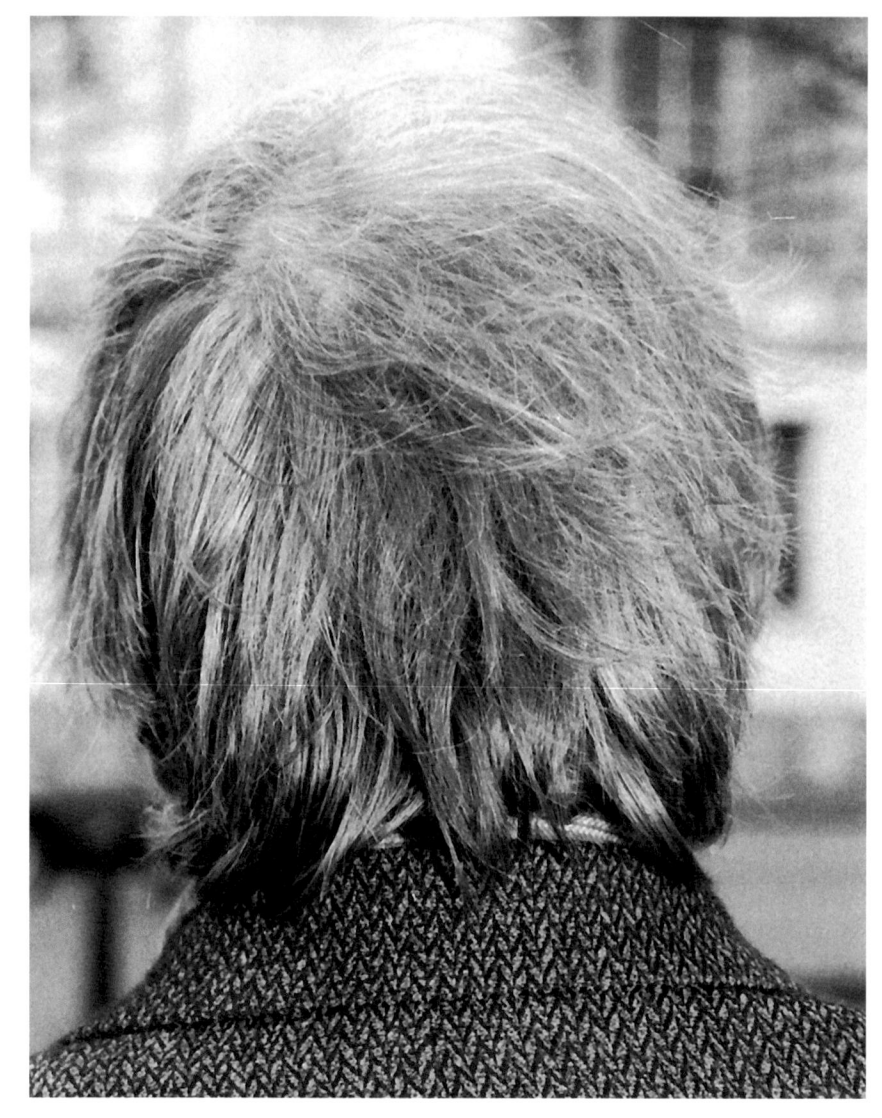

Michel Piccoli, 1997 (oben) | Michael Sowa, 1998 (unten)

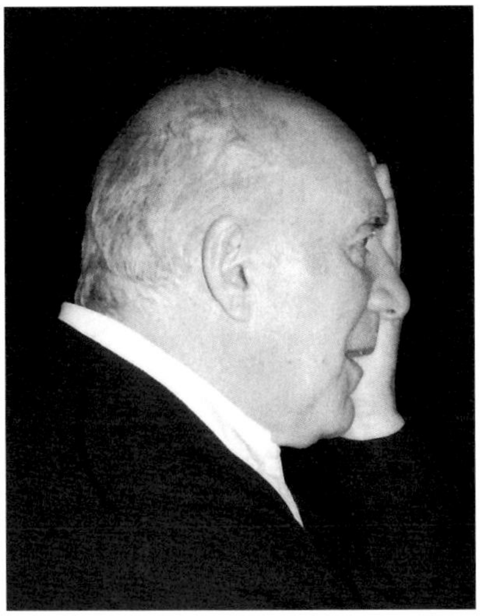

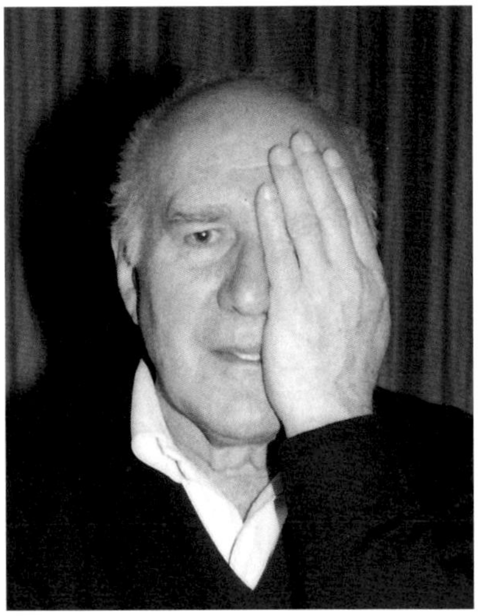

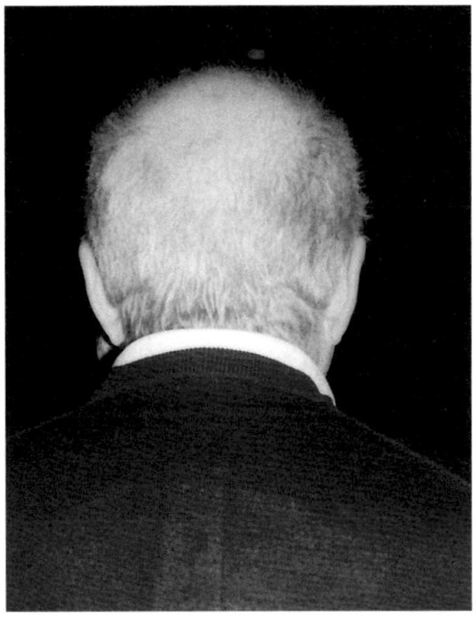

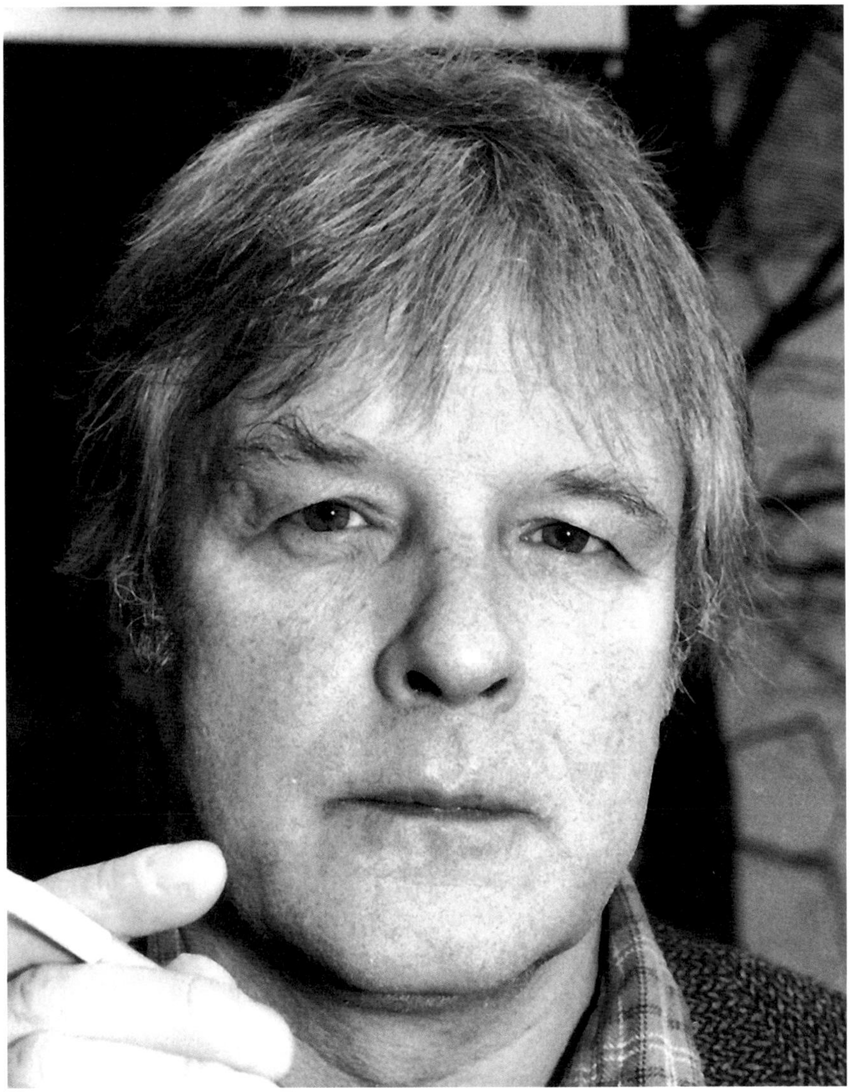

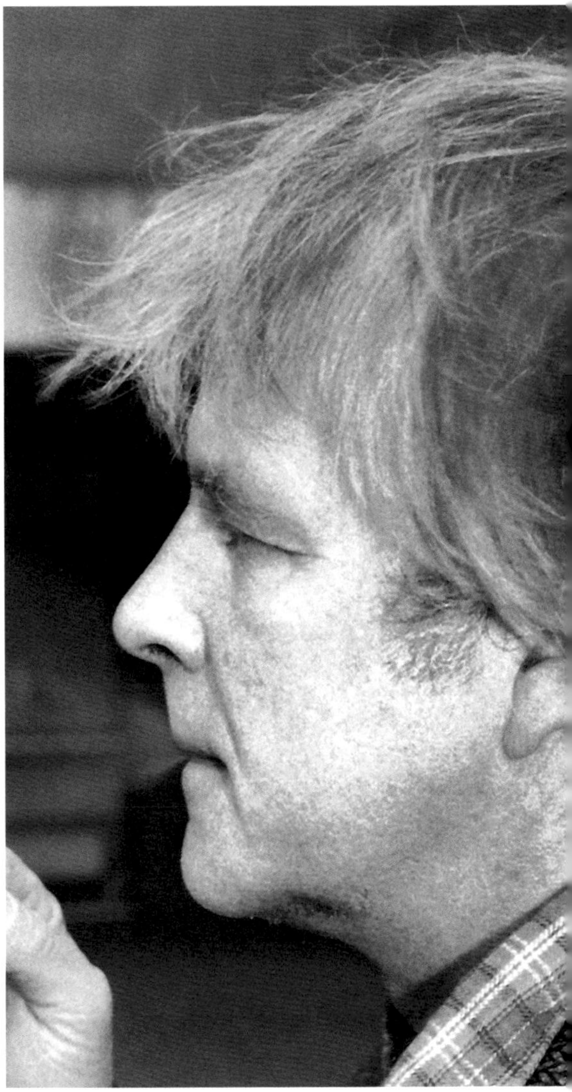

Arno, 1995

55

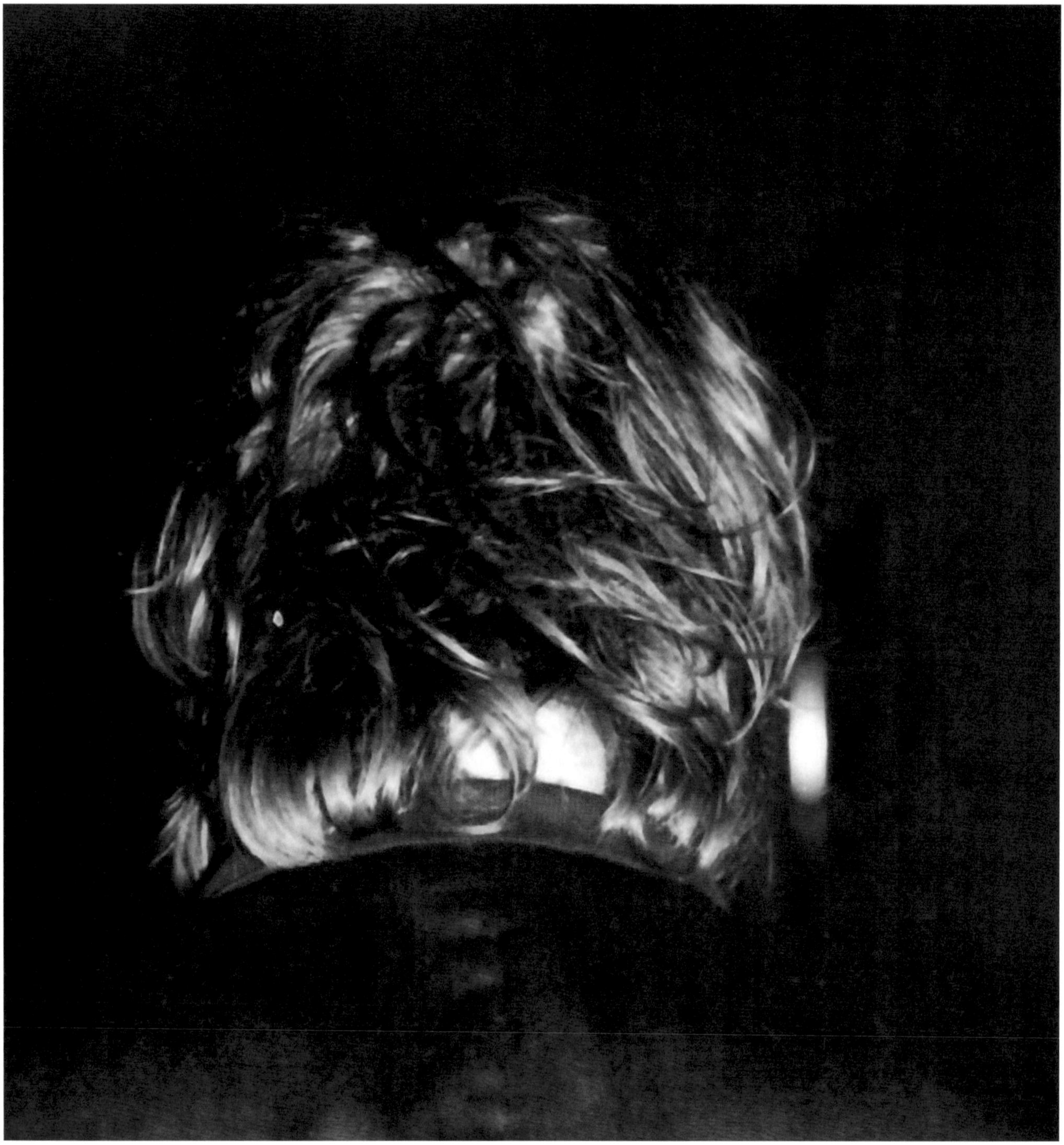

Stephan Balkenhol, 1996

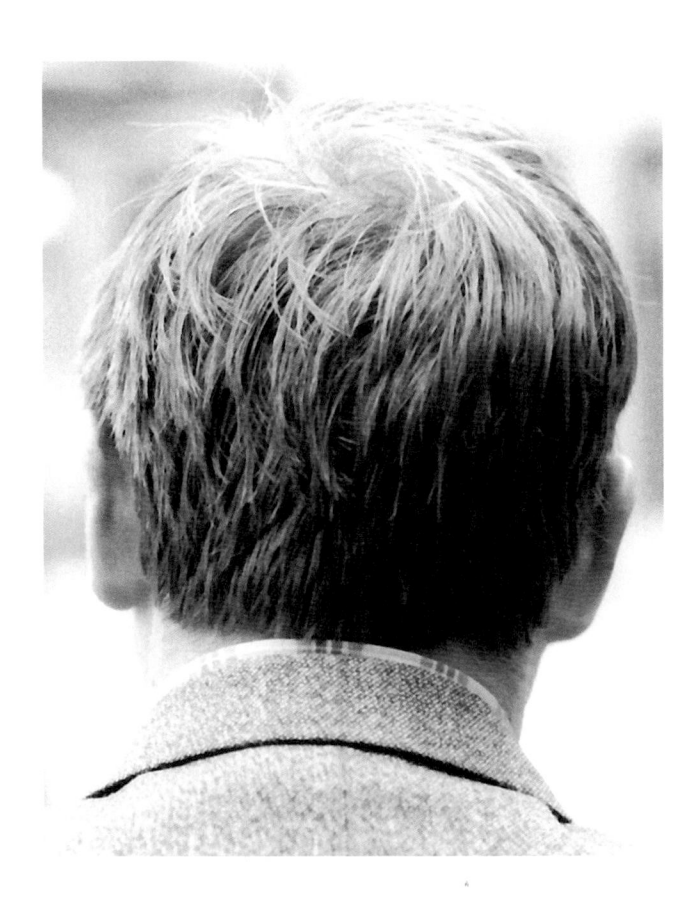

Wim Wenders, 1998 (links) und 2009 (rechts)

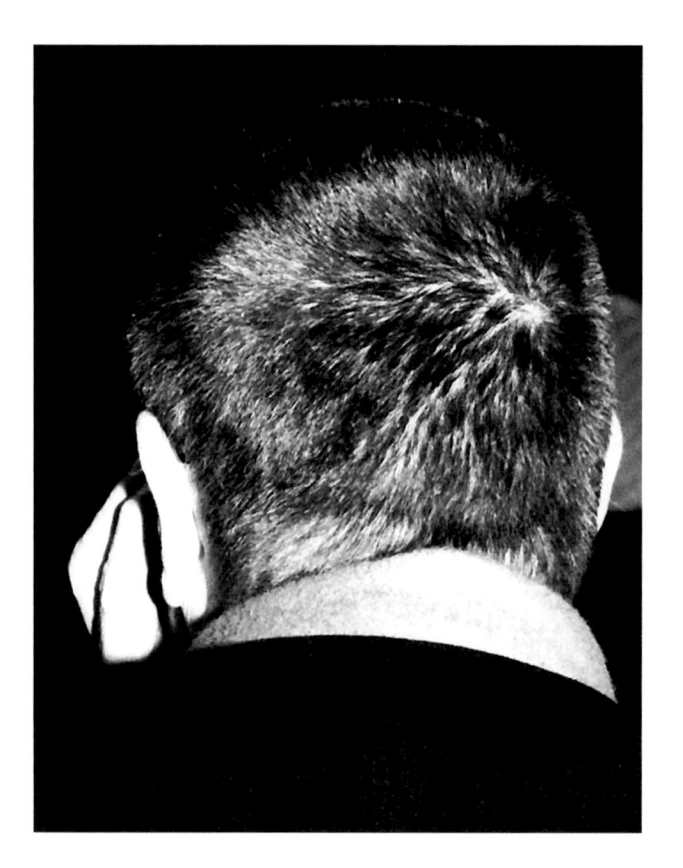

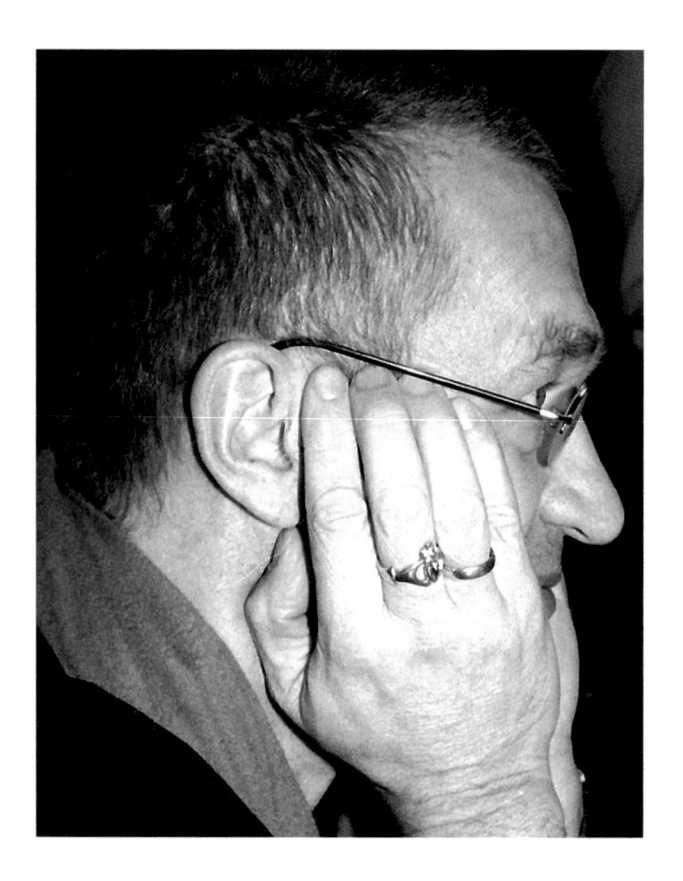

59

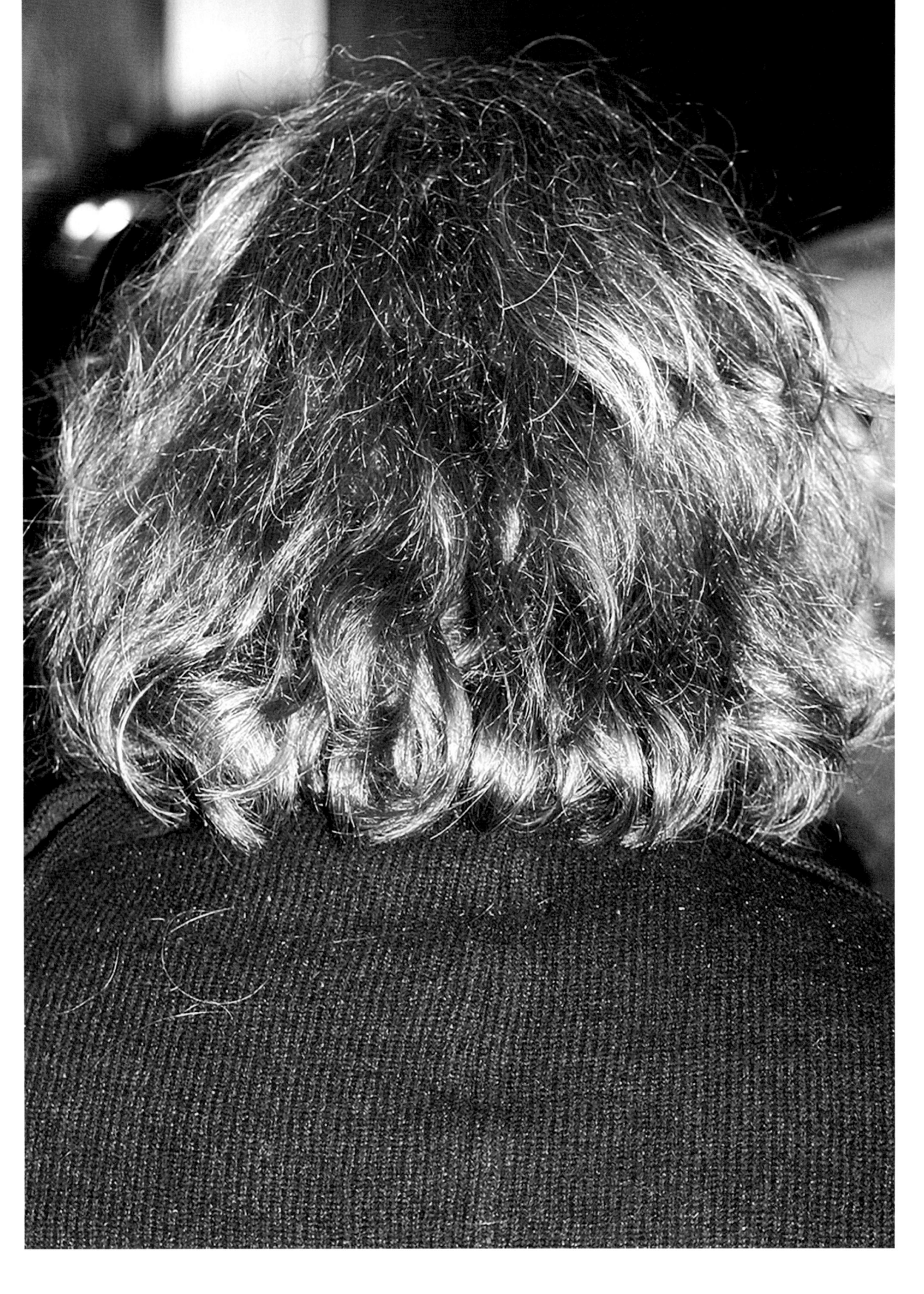

Bruno Ganz, 1997 (oben)
David Tronzo, 1998 (unten)

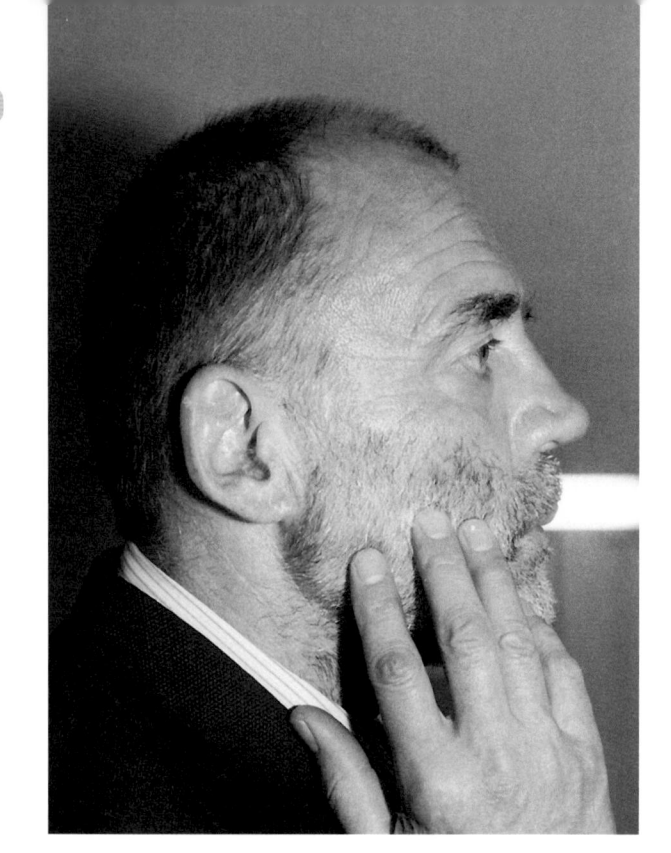

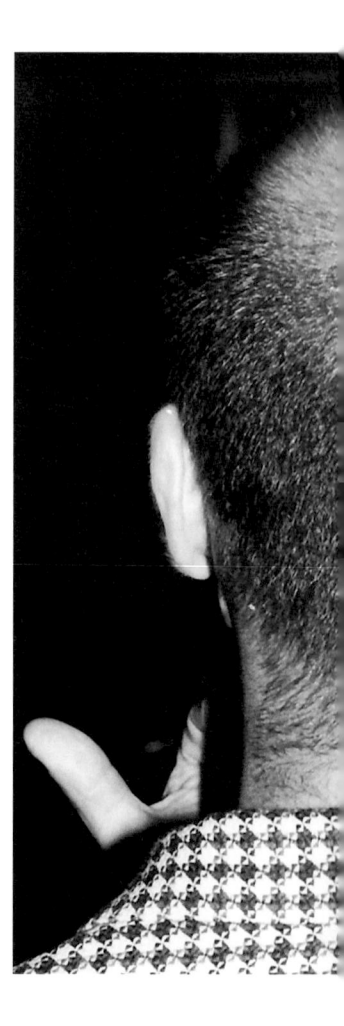

61

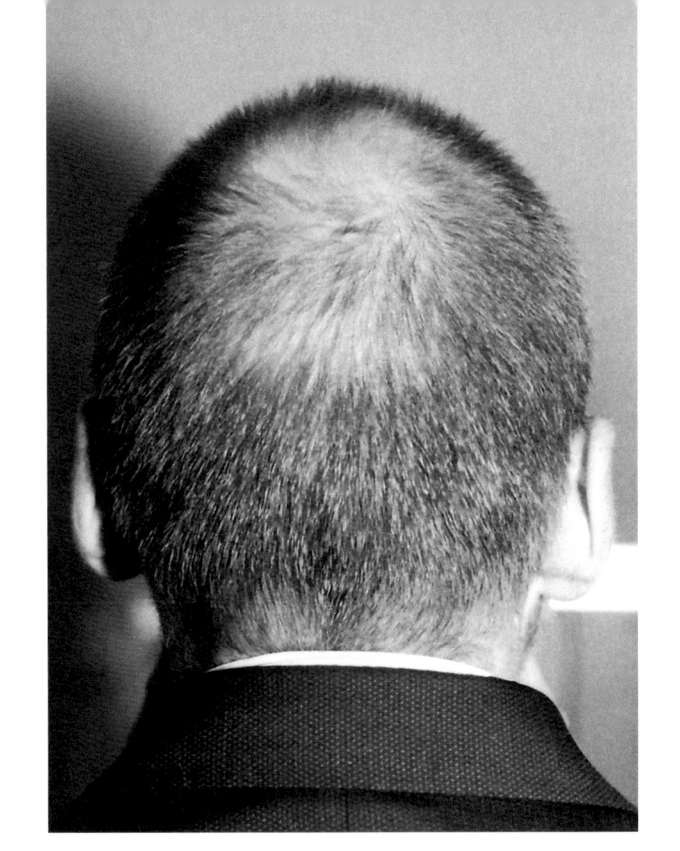

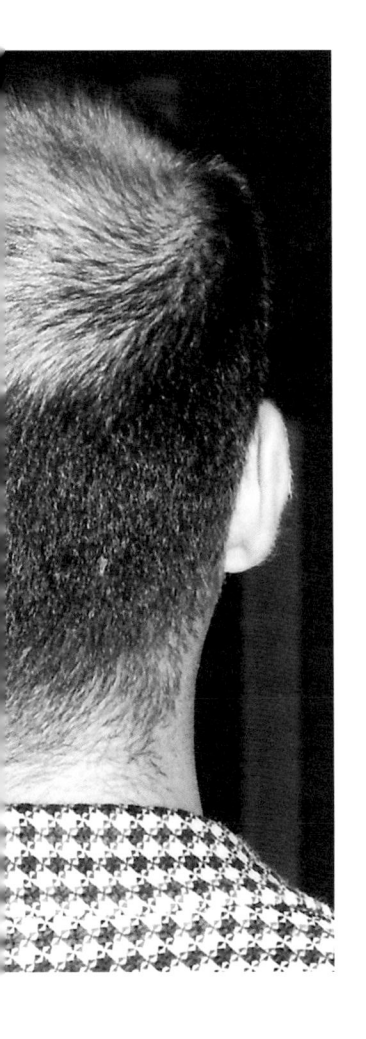

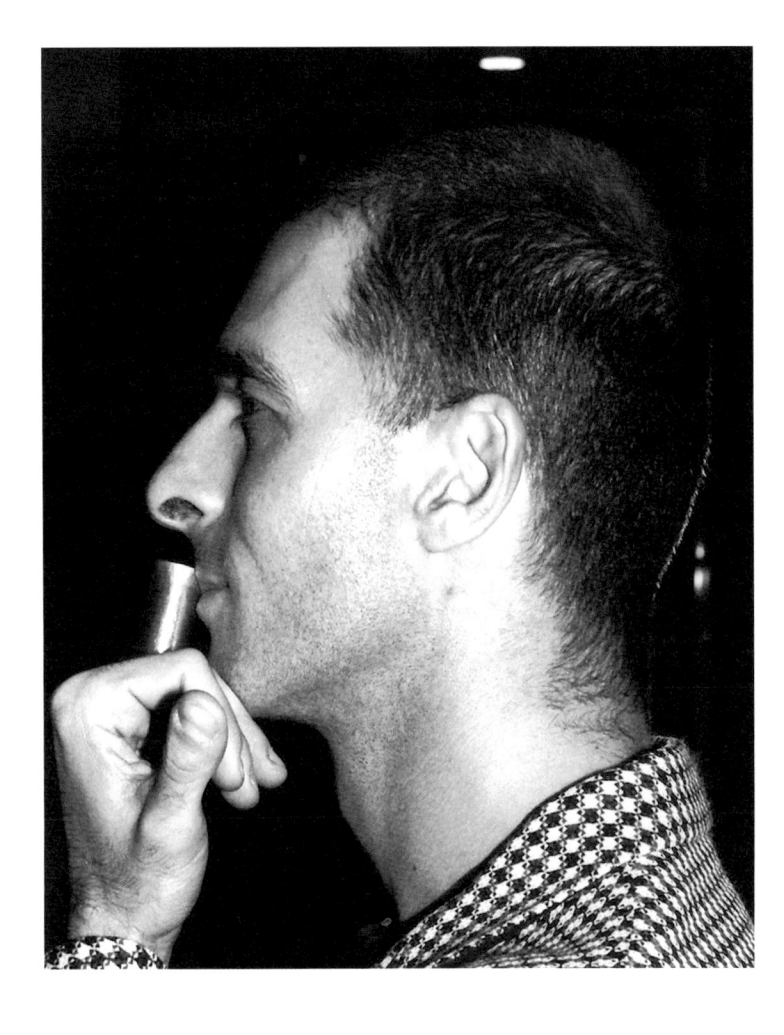

David Schnell, 2010

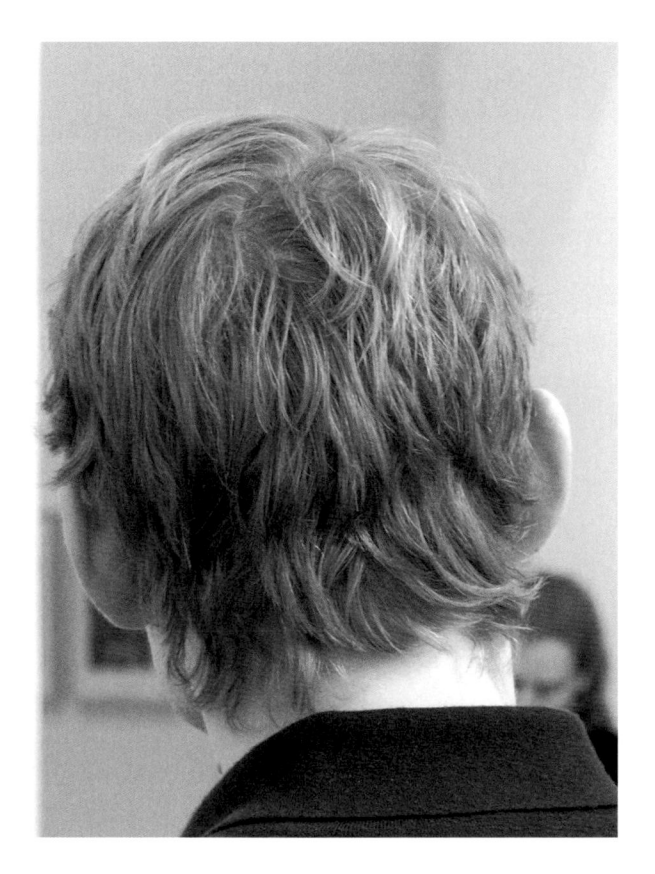

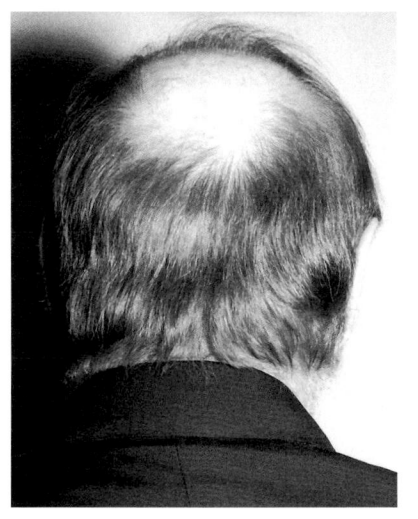

David Schnell, 2010 (oben) | Joseph Vilsmeyer, 1998 (unten)

Otto Sander, 1997

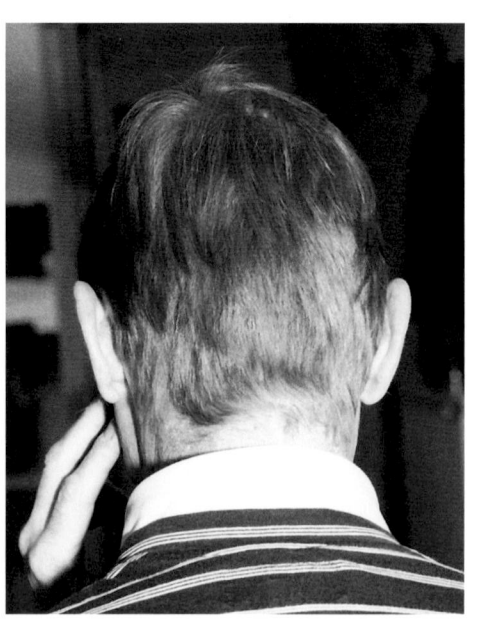

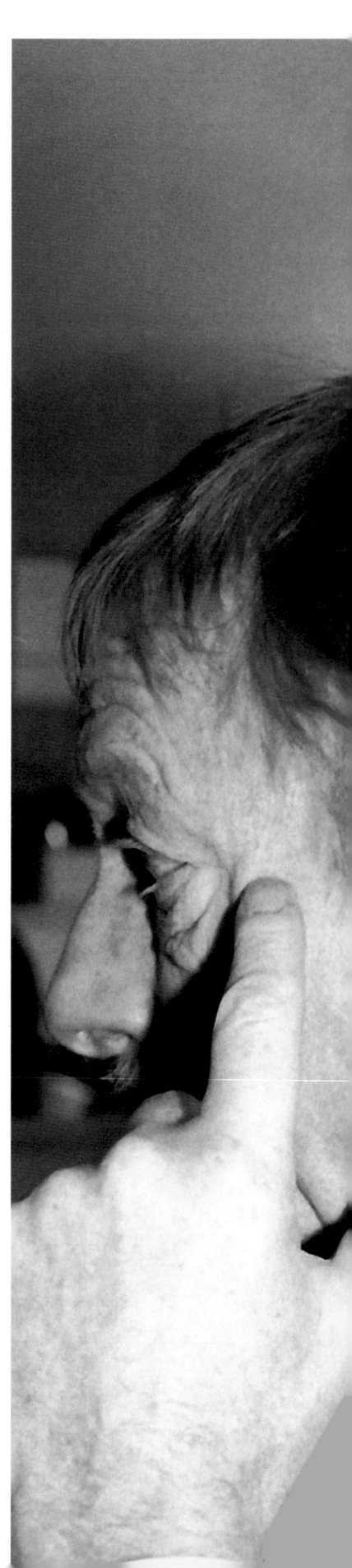

Chris Farlowe, 1997

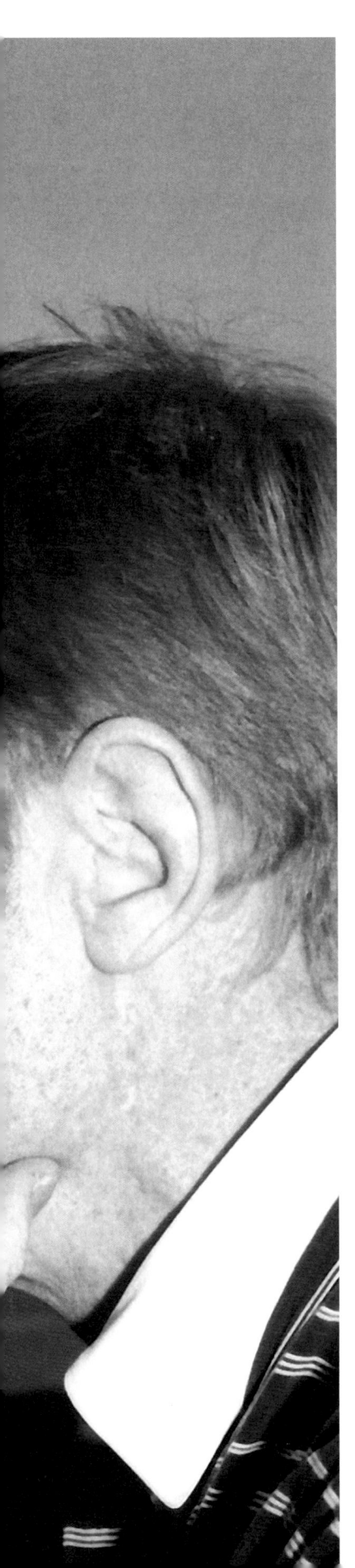

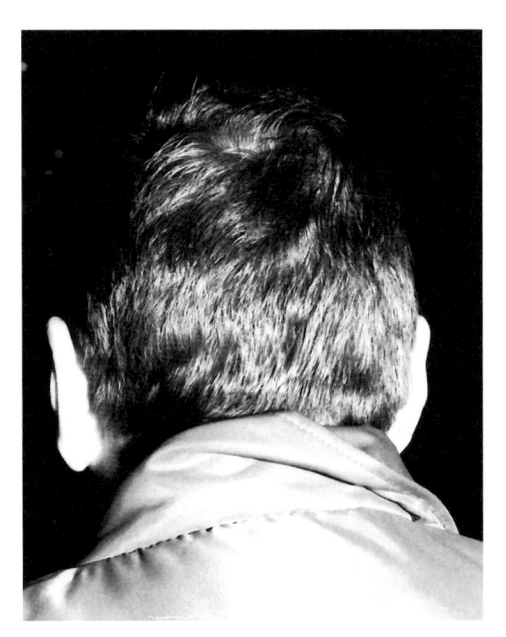

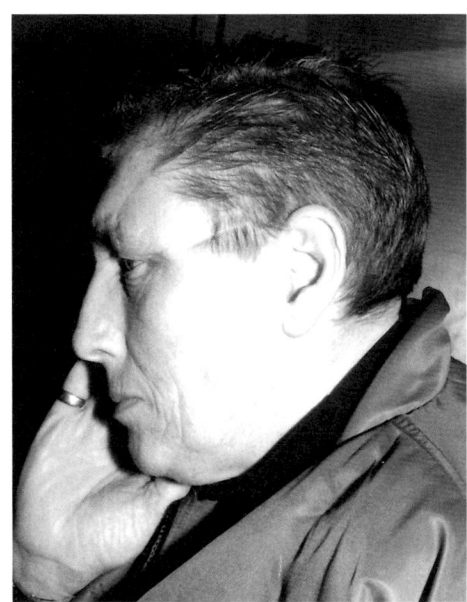

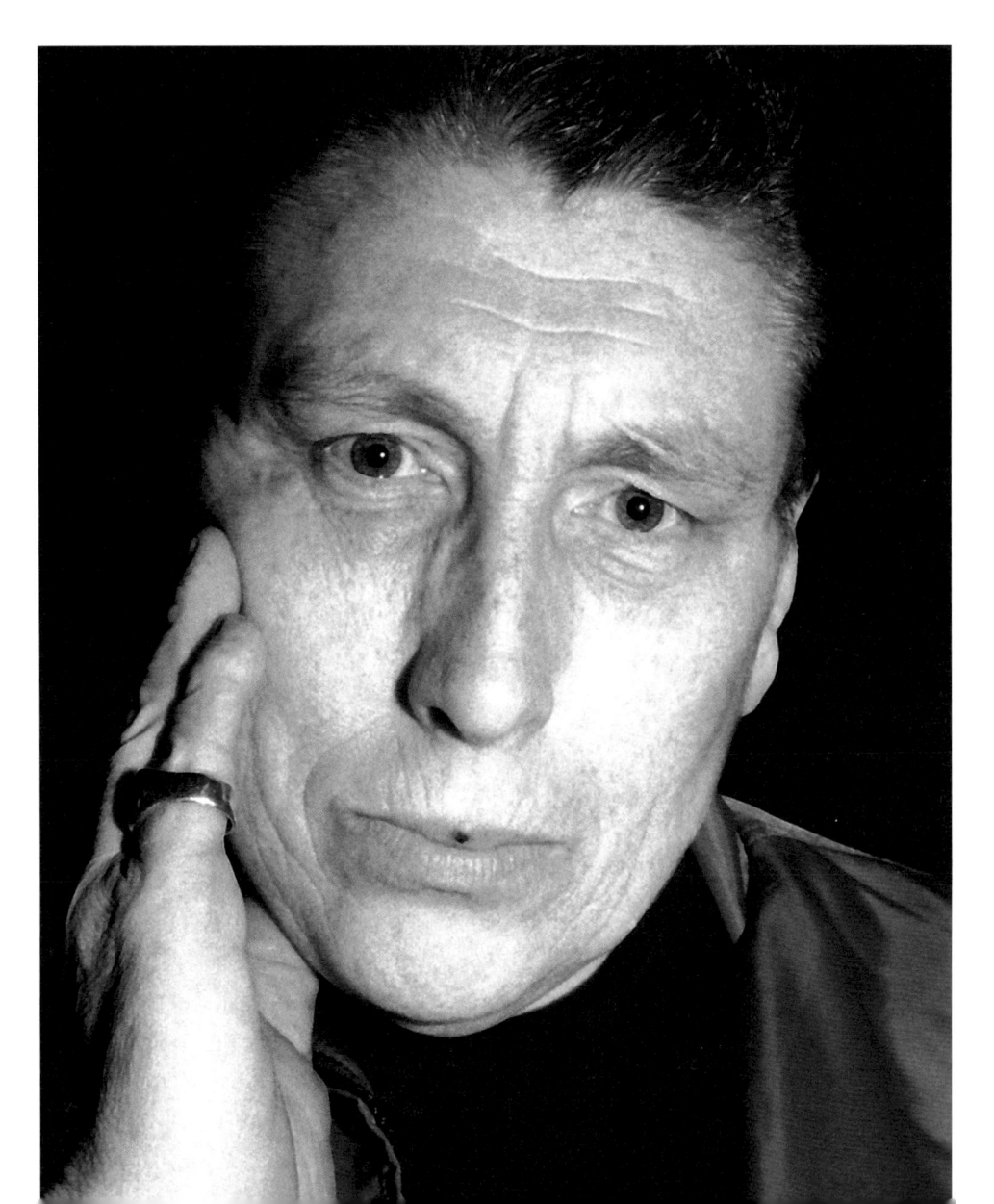

Walter Trout, 1998

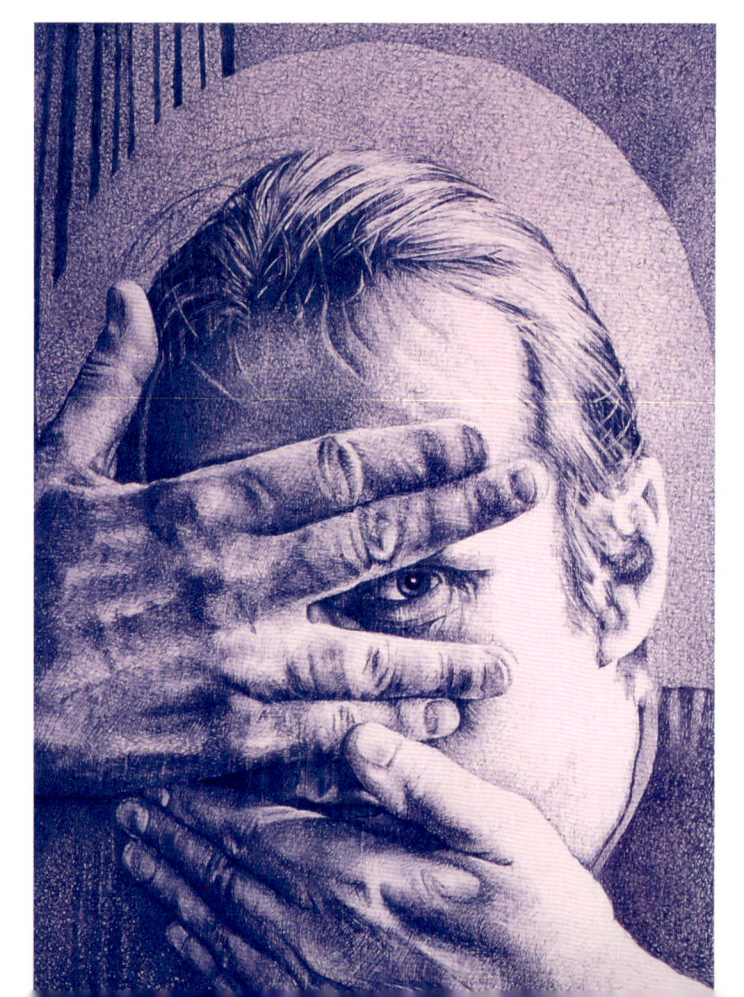

67

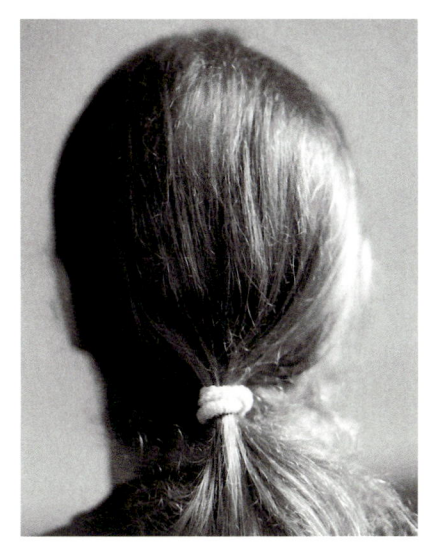

John Giorno, 1997

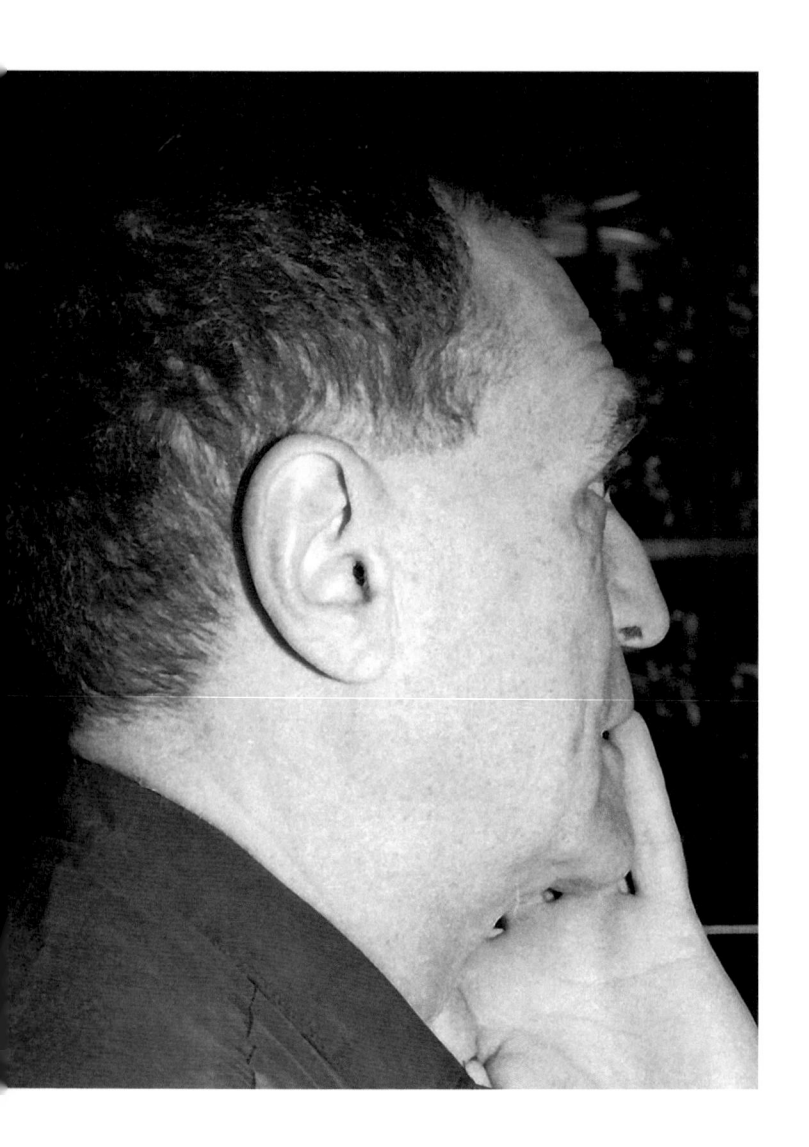

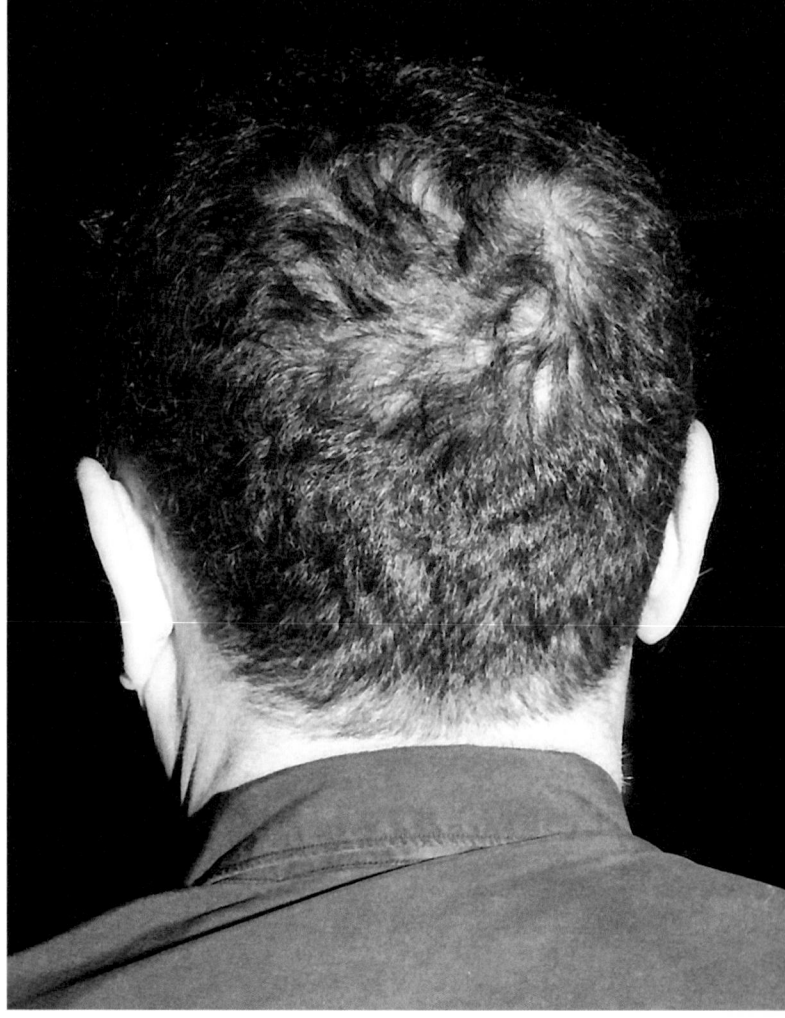

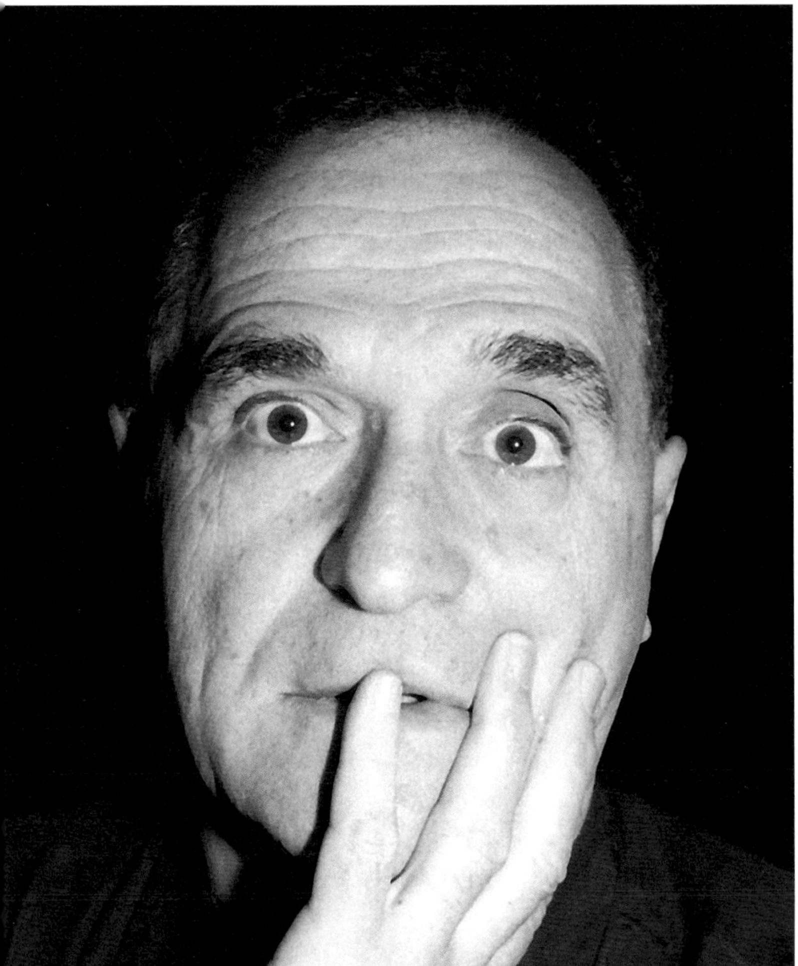

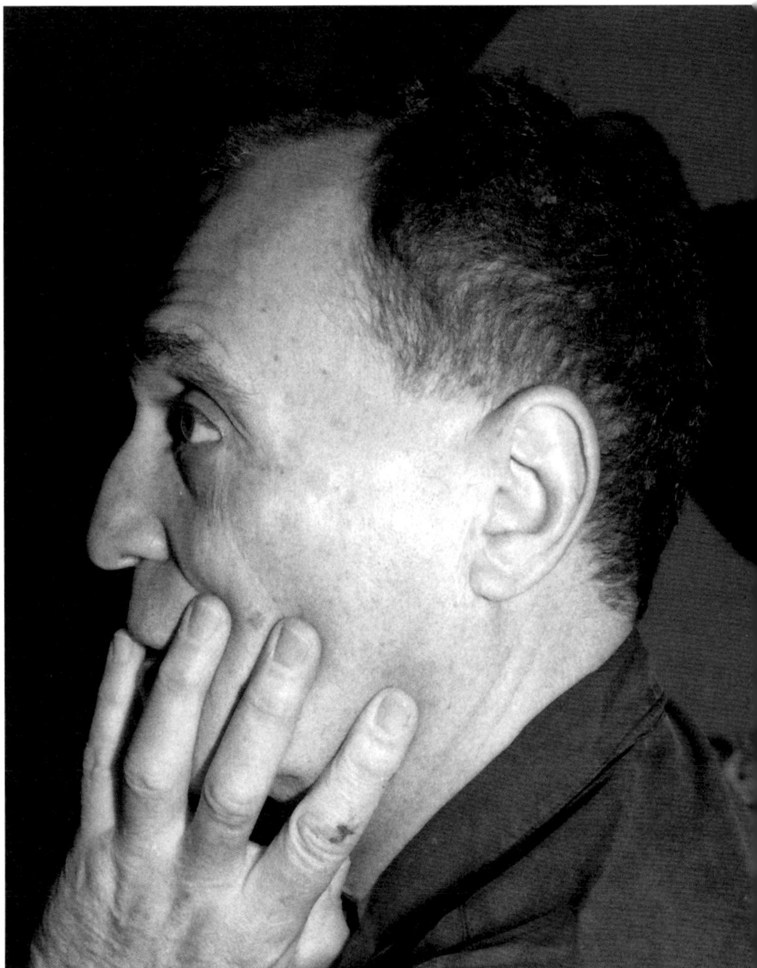

Meret Becker, 1998

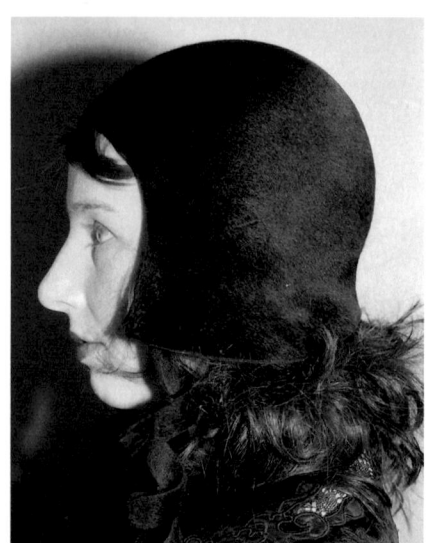

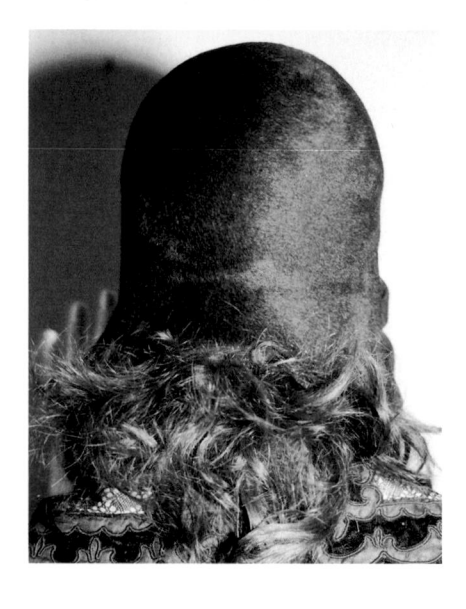

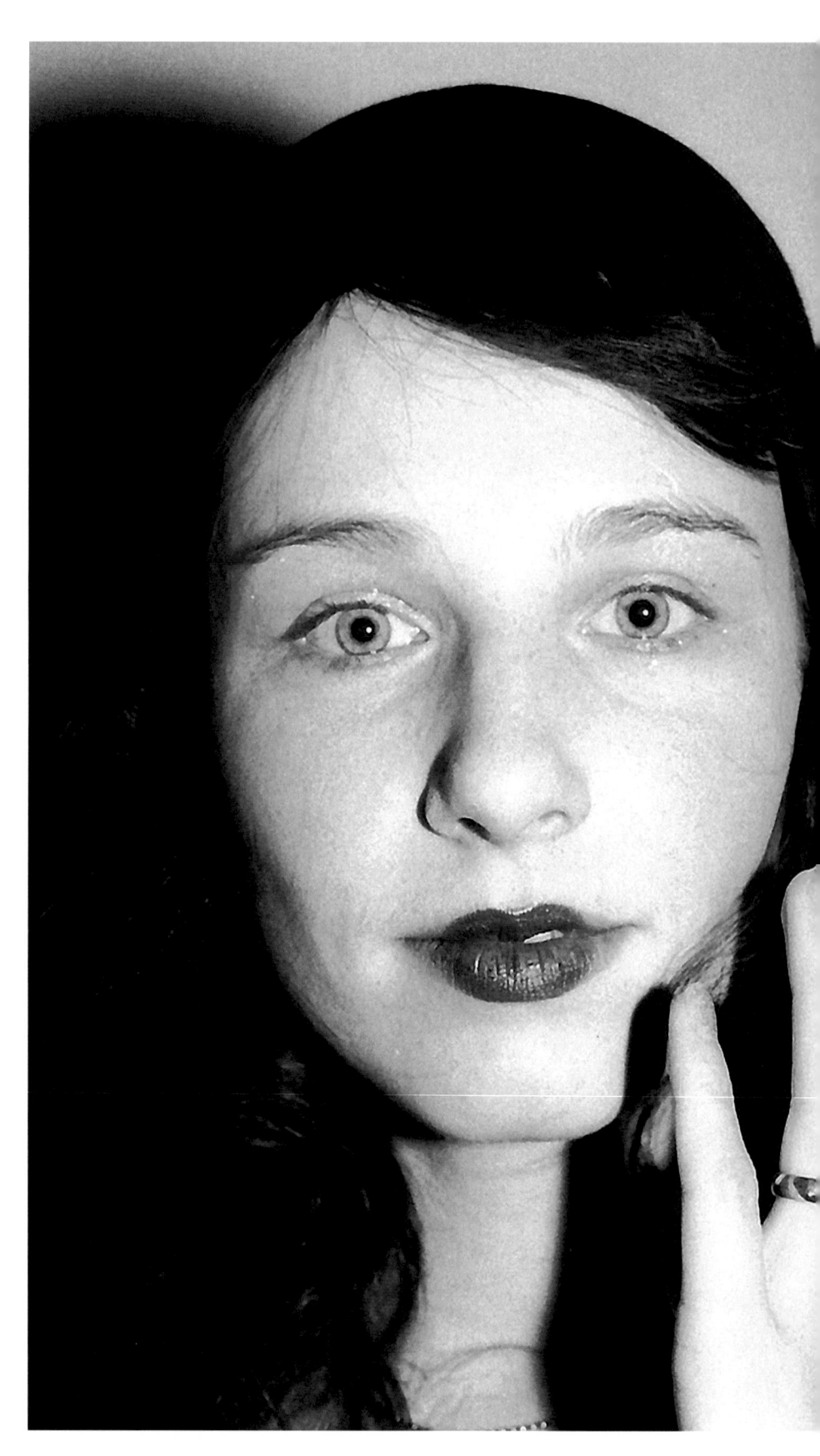

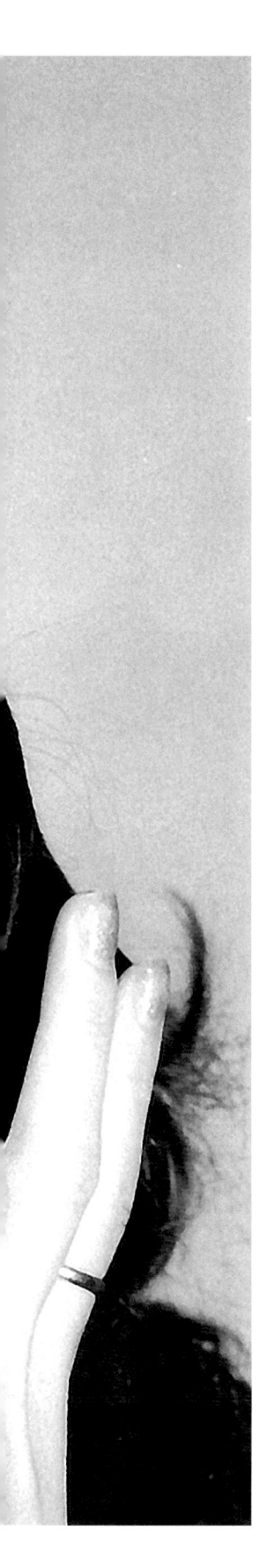

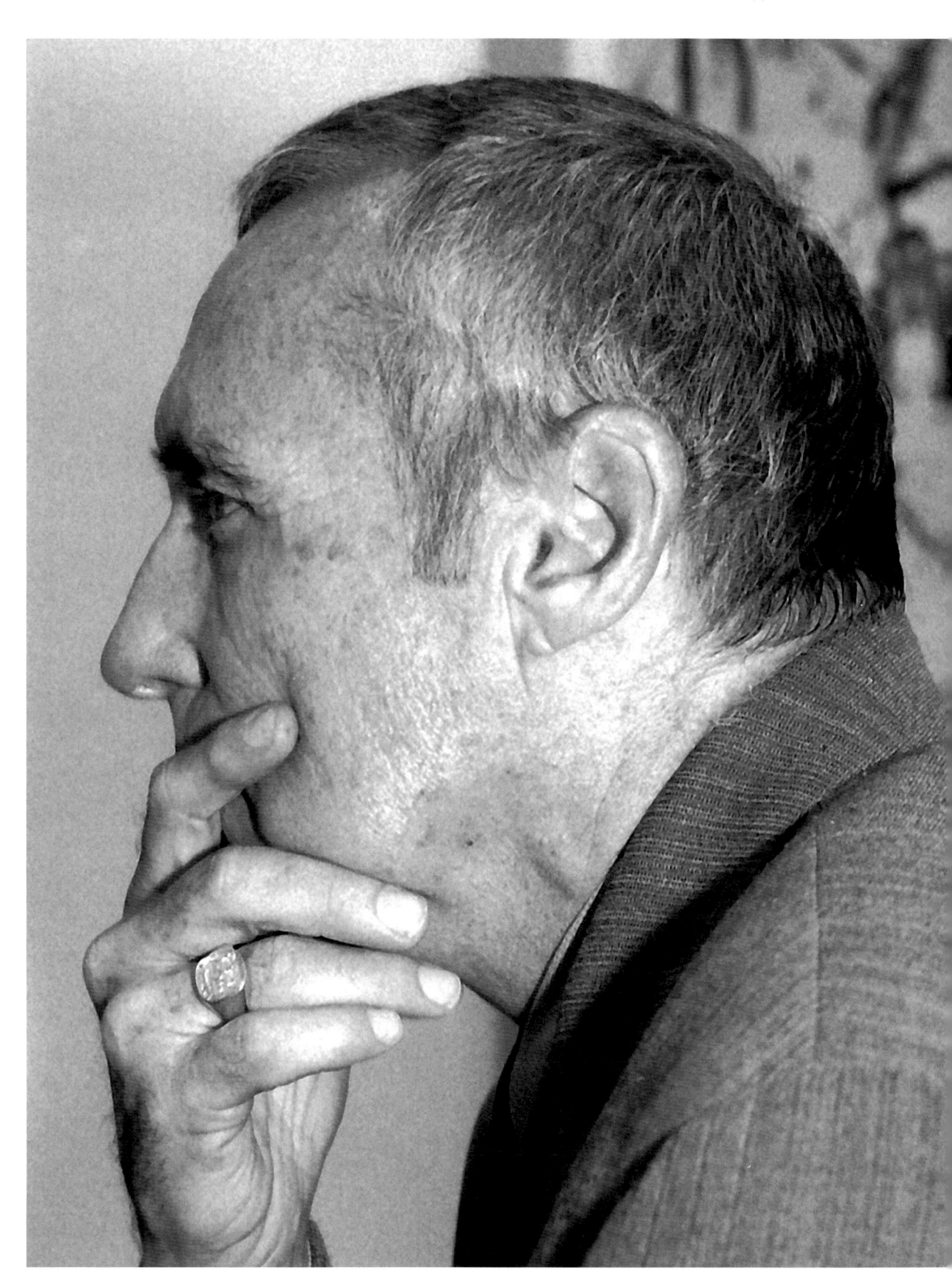

Dennis Hopper, 1997

Unglaublich – aber es war mir trotz großen Medieninteresses kurzfristig und relativ entspannt gelungen, einen zwei- bis dreiminütigen Fototermin mit Dennis Hopper anlässlich seiner Ausstellung »Forms of Indifference« in der Galerie Bittner & Dembinski zu vereinbaren. Dort herrschte, nicht zuletzt wegen der am Vormittag abgehaltenen Pressekonferenz zur Eröffnung der *documenta X*, ein nahezu tumultartiger Andrang, gegen den ich mich durchzusetzen hatte.

Nachdem ich mich mehrfach mithilfe meiner Beglaubigung als »wichtiger« Vertreter des nicht existenten *City-Magazin* ausweisen musste, wurde ich an einer langen Schlange wartender Fernsehteams vorbei in einen relativ dunklen, karg möblierten Raum geschoben, nicht ohne die dringende Mahnung: »Höchstens drei Minuten – und bitte nicht mit dem Künstler reden!« Da stand er dann: Dennis Hopper.

Verlegen lächelnd murmelte ich meinen Namen und faselte etwas von vier Fotos aus verschiedenen Richtungen ... und die Fotos würde ich nur als Vorlagen benutzen ... denn eigentlich wäre ich ja Maler.

»Wie schön, Sie sind Maler, wie arbeiten Sie?« Hopper stand auf, begrüßte mich mit Handschlag, bat mich, Platz zu nehmen und ihm seine Fragen zu meinem Stil zu beantworten. »Wer hat Ihnen zuletzt Modell gestanden?« Ich antwortete ihm, das wäre Paul Bowles gewesen, allerdings hätte dieser im Bett gelegen. »That isn't true! What is with Paul?« Er erzählte, er wäre vor ein paar Monaten in Tangier gewesen, um dort zusammen mit Liz Hurley und Ben Becker den Film *Samson & Delila* abzudrehen, und habe dabei auch den großartigen Bowles kennengelernt ...

Es klopfte, der Türsteher streckte seinen Kopf hinein, fragte mit Blick auf die Uhr: »Fertig?« Hopper knurrte ein kurzes »No« und nach weiteren heiteren Gesprächsminuten und einem bereits drohend wiederholten »Fertig?« verbat er sich jede weitere Störung unserer Unterhaltung.

Also erzählte ich ihm ausführlich von meinem Gespräch mit Paul Bowles, meinem Aufenthalt im Hotel Rembrandt mit dem direkten Blick auf das ehemals von William Burroughs bewohnte Haus, in dem *Naked Lunch* entstanden war, über die Buchhandlung *Librairie des Colonnes* … und, und, und. Über die großartige Art-déco-Architektur in Casablanca kamen wir auf Hoppers Haus in der Nähe von Venice Beach zu sprechen, das ich mir bei einem Aufenthalt in Los Angeles von außen angesehen hatte. Anschließend ging es um Ben Beckers Loft in Berlin, in dem ich den Schauspieler fotografieren durfte, um uns endlich ganz ausgiebig über Hoppers laufende Ausstellung zu unterhalten.

Nach etwa einer Stunde – die Fotos waren längst im Kasten – umarmten wir uns zum Abschied. Auf die Beschreibung meines Triumphmarsches vorbei an den nicht ganz zu Unrecht empörten Vertretern der seriösen Presse möchte ich hier lieber verzichten.

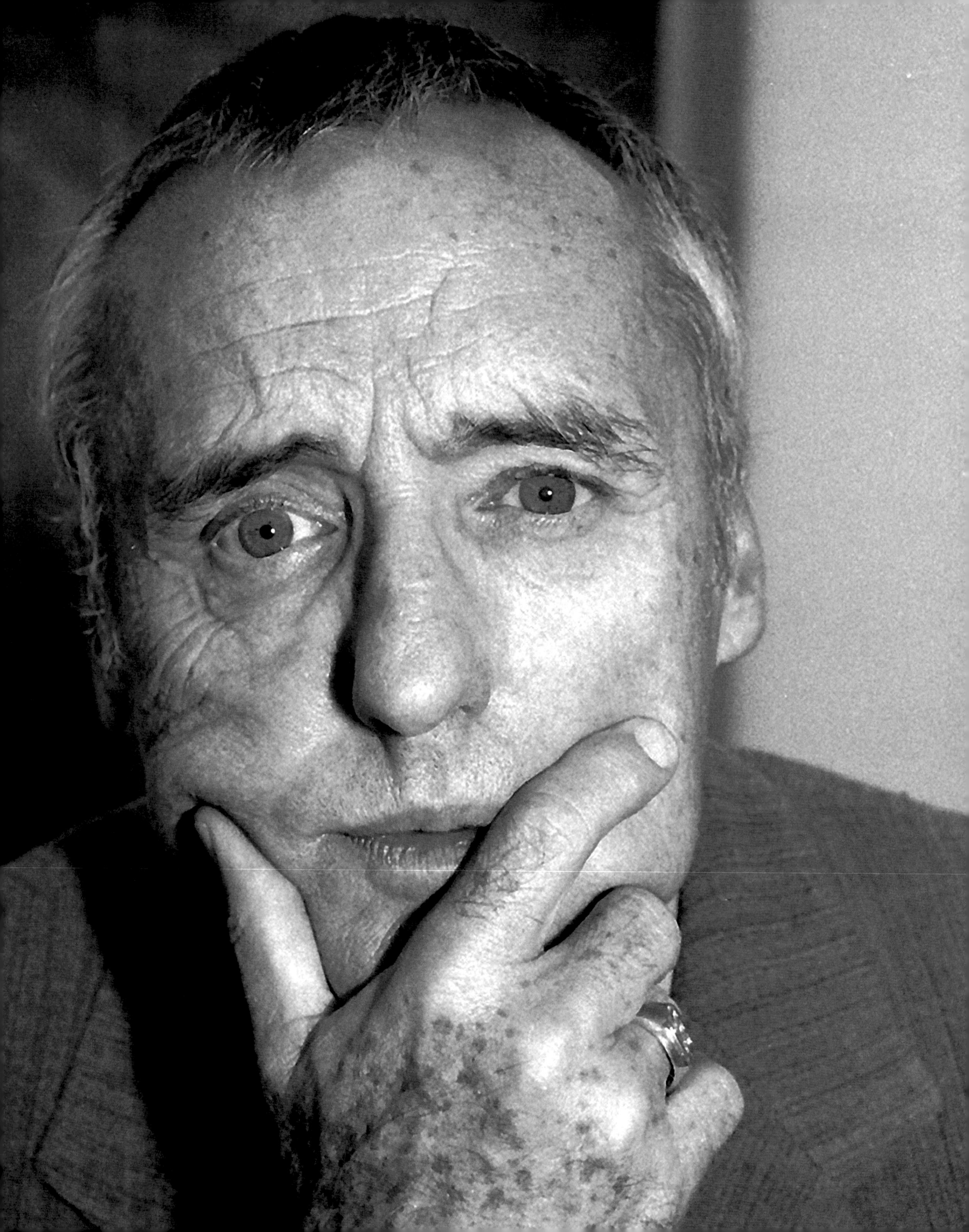

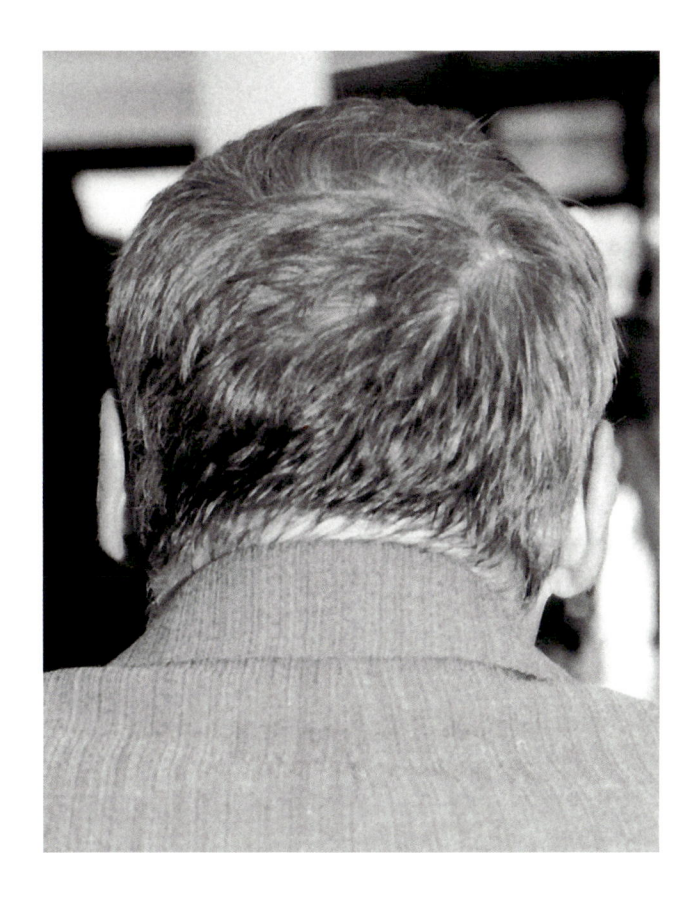

Dennis Hopper Galerie Bittner & Dembinski, Kassel, 20. Juni 1997
Seite 72 Hopper mit Frau
Seite 73 Hopper in der Menge

Yoko Ono, 1995

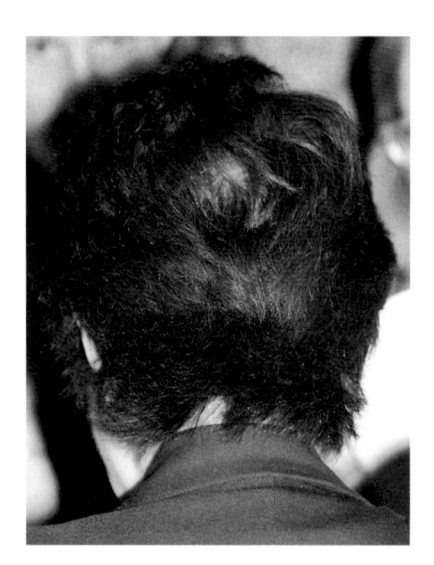

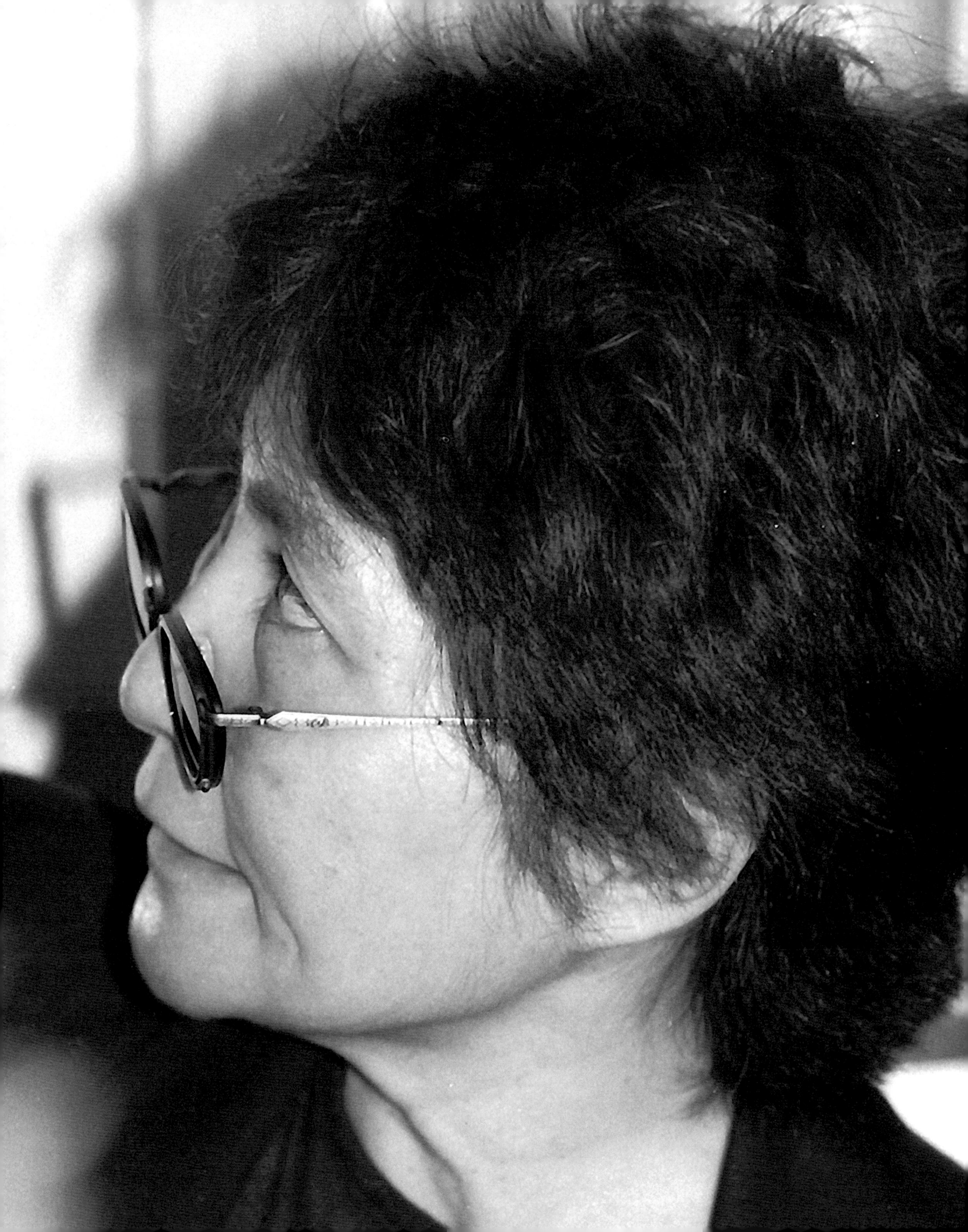

John Scofield, 1997

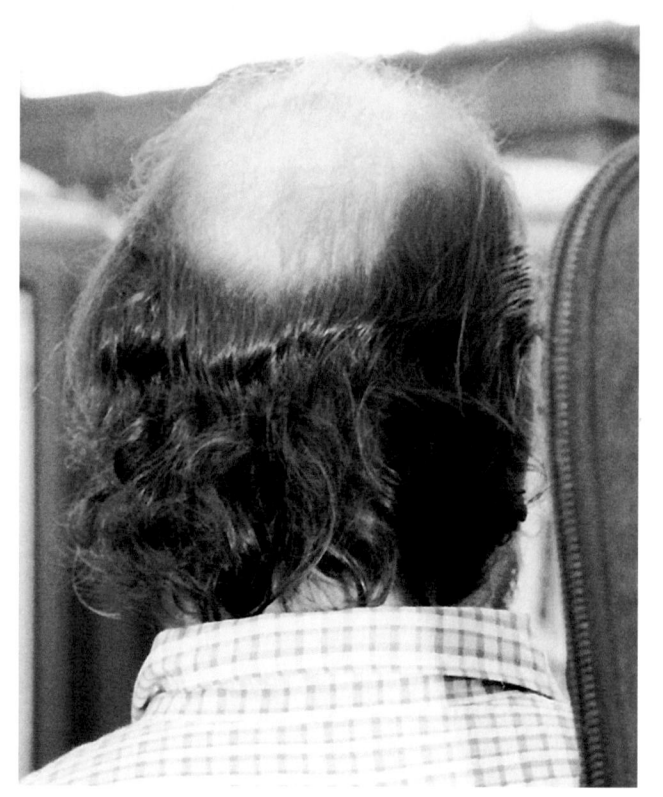

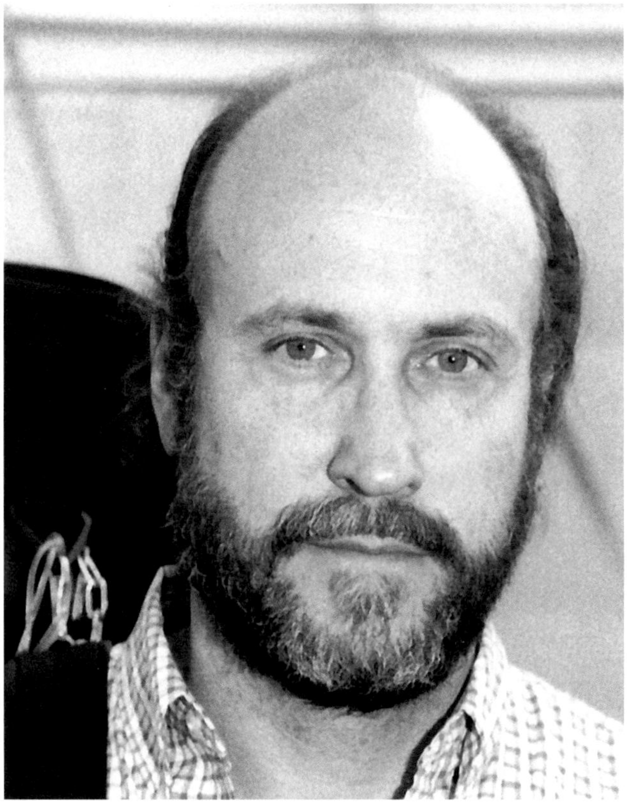

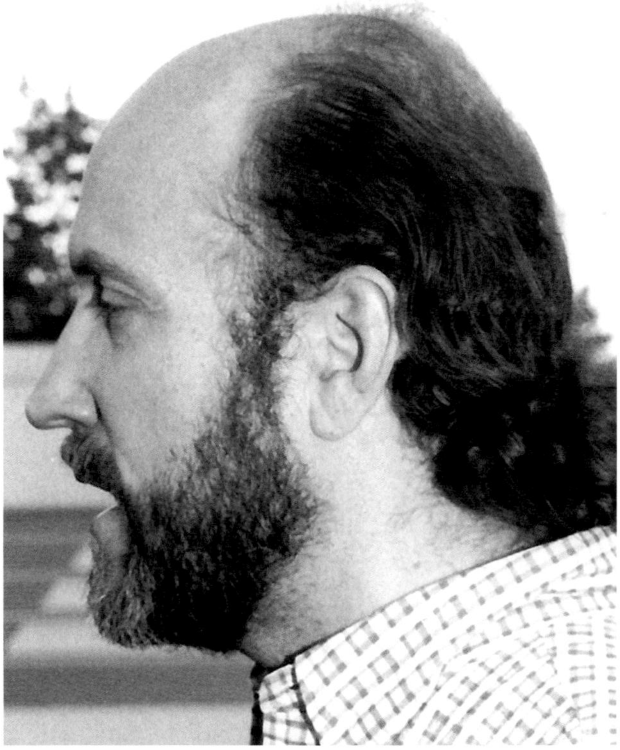

80 Ken Loach, 2006 (links) | Chris Ofili, 2006 (rechts)

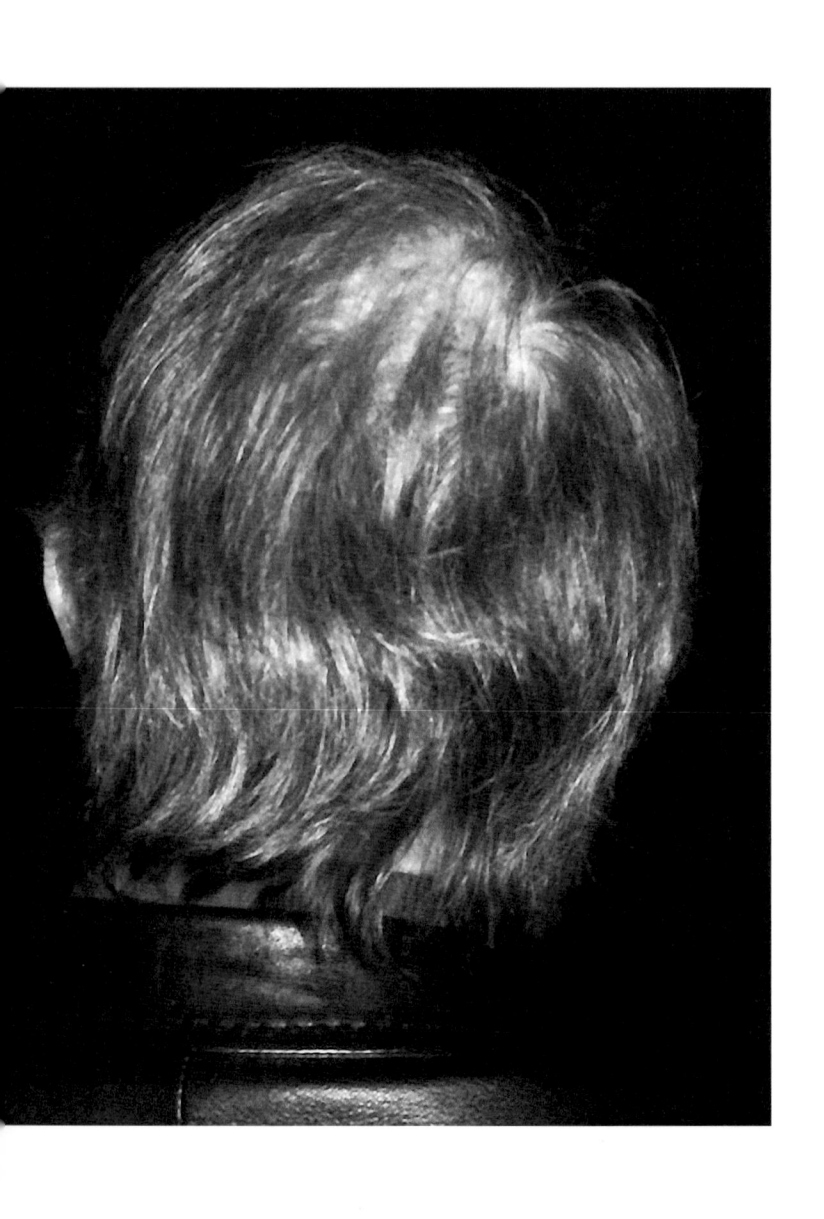

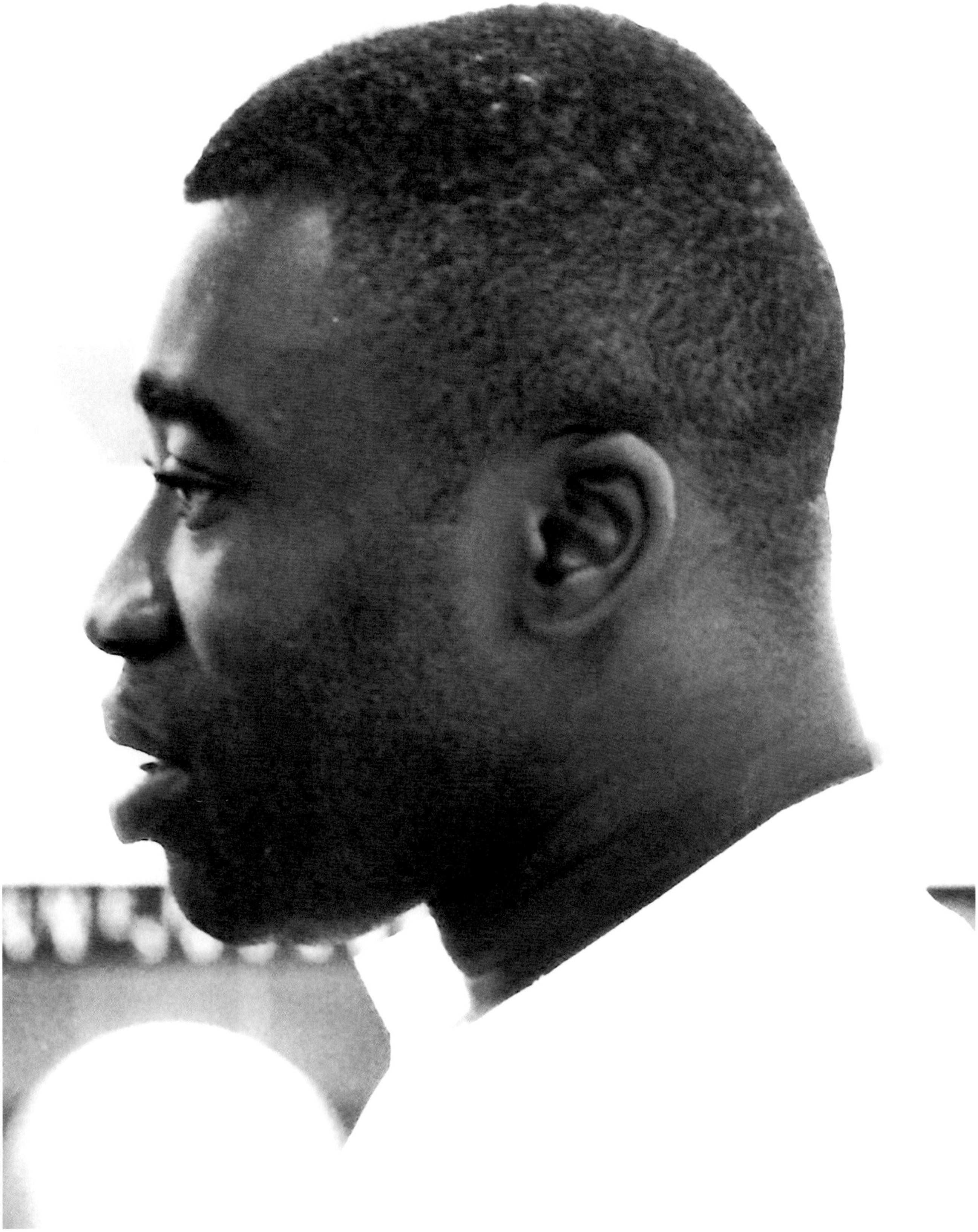

Jonathan Meese, 2006

83

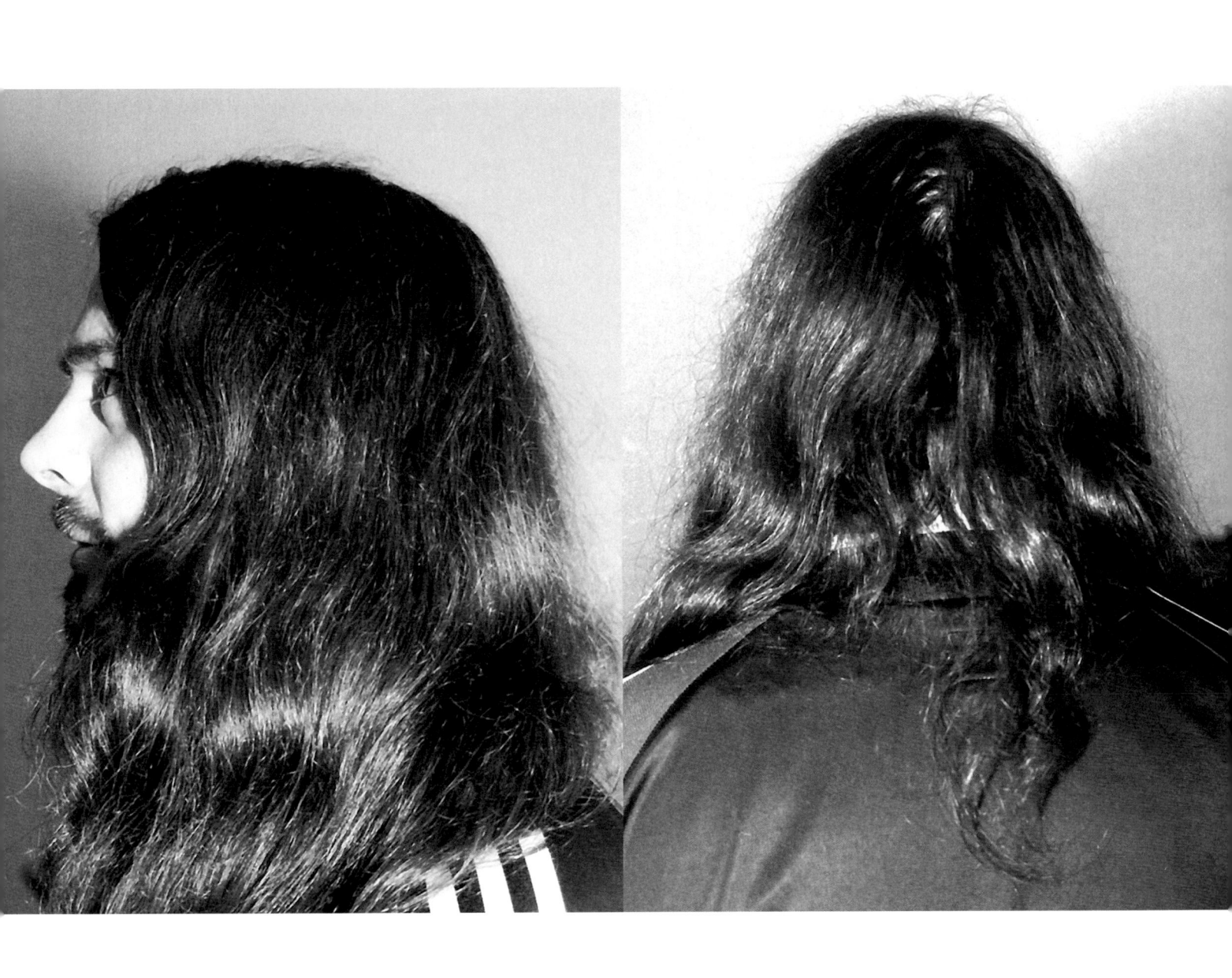

Robert Wilson, 2000

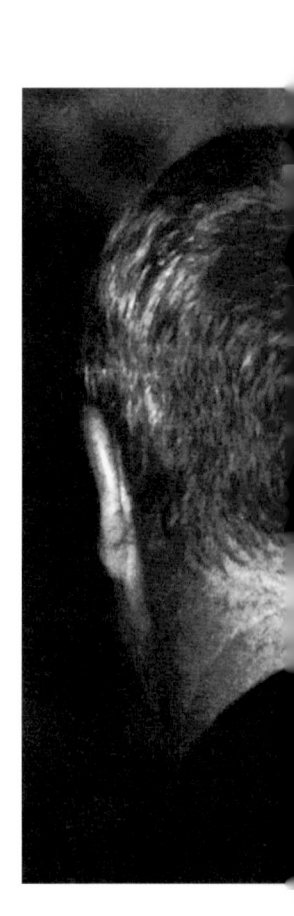

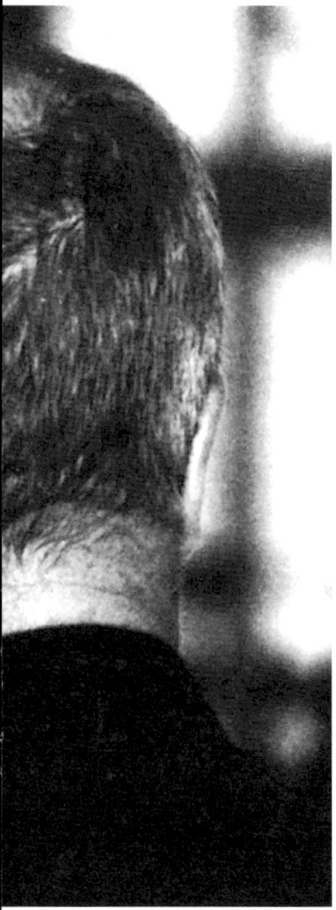

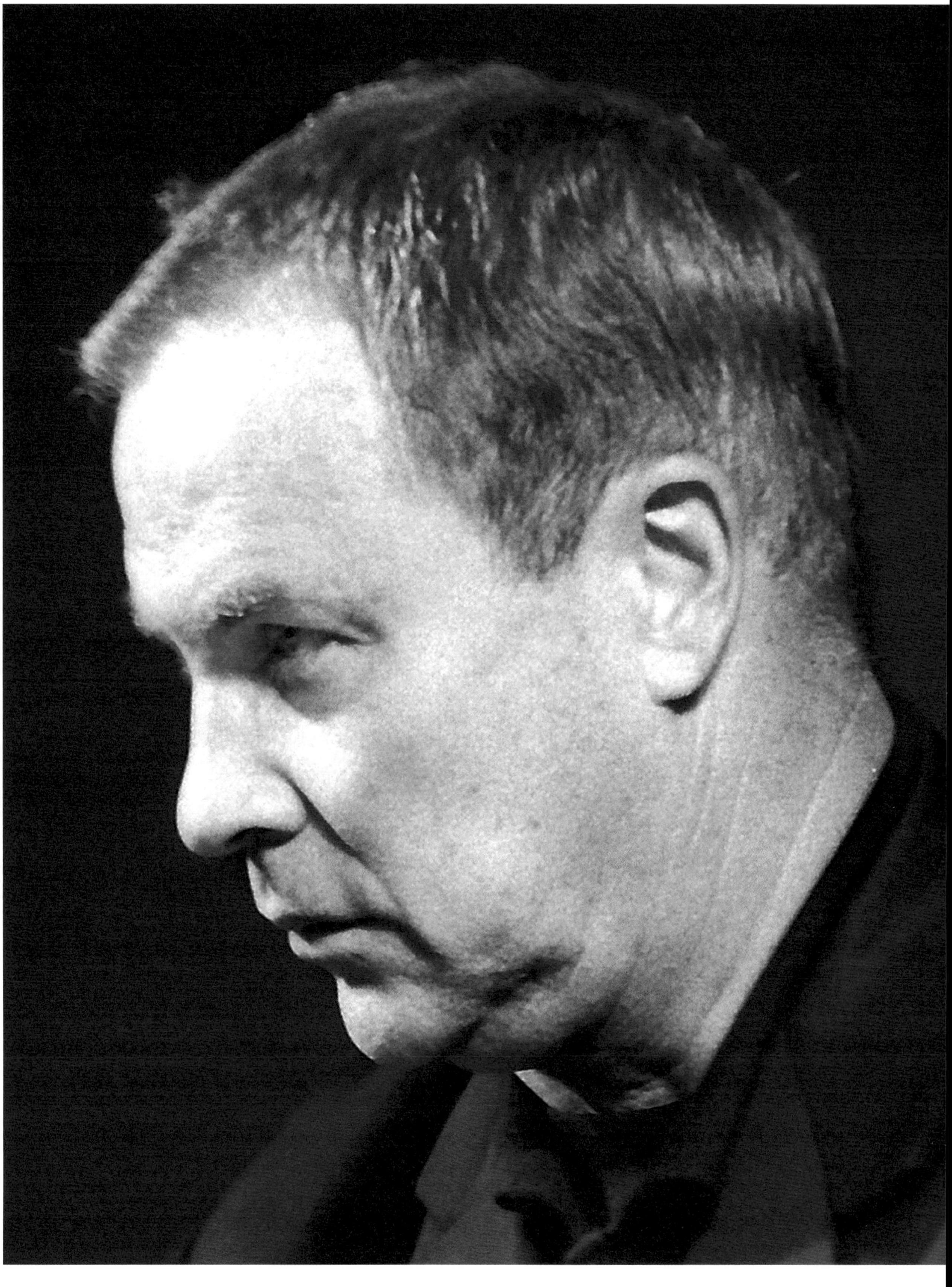

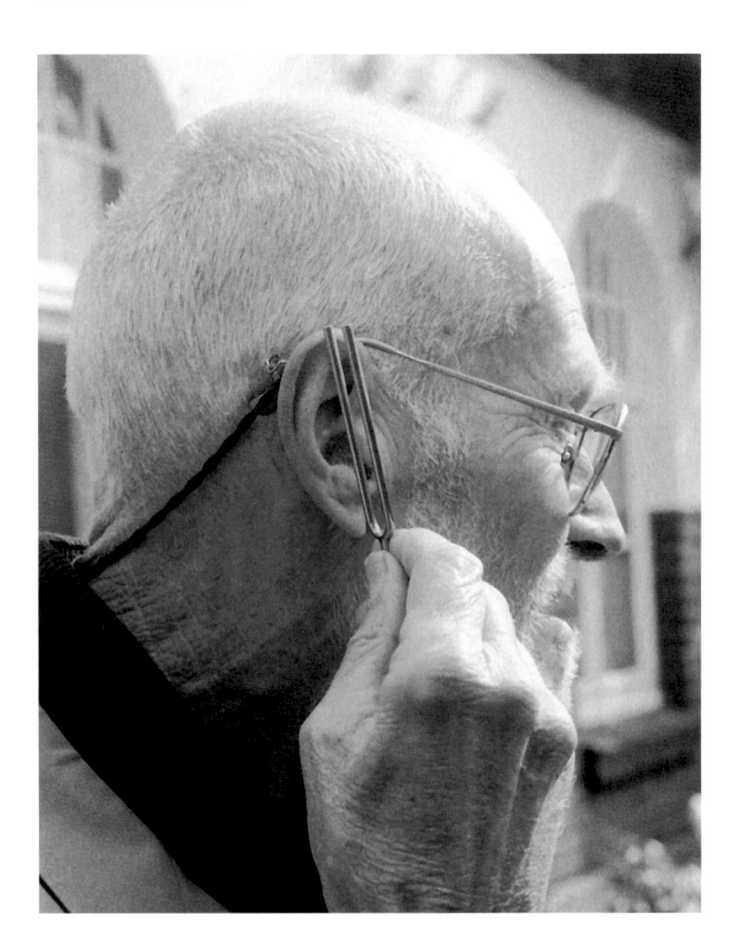

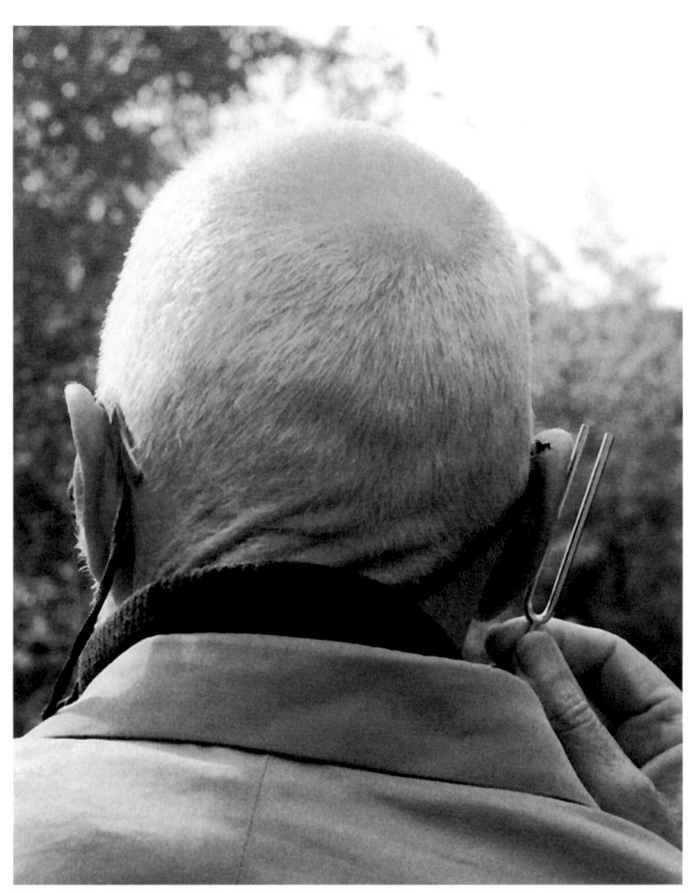

Gordon Sherwood, 1997

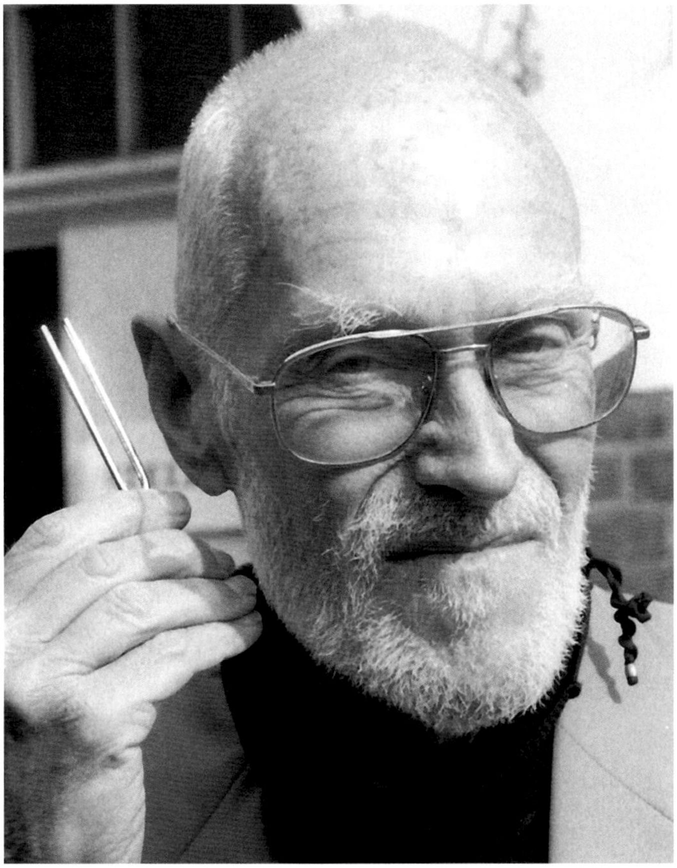

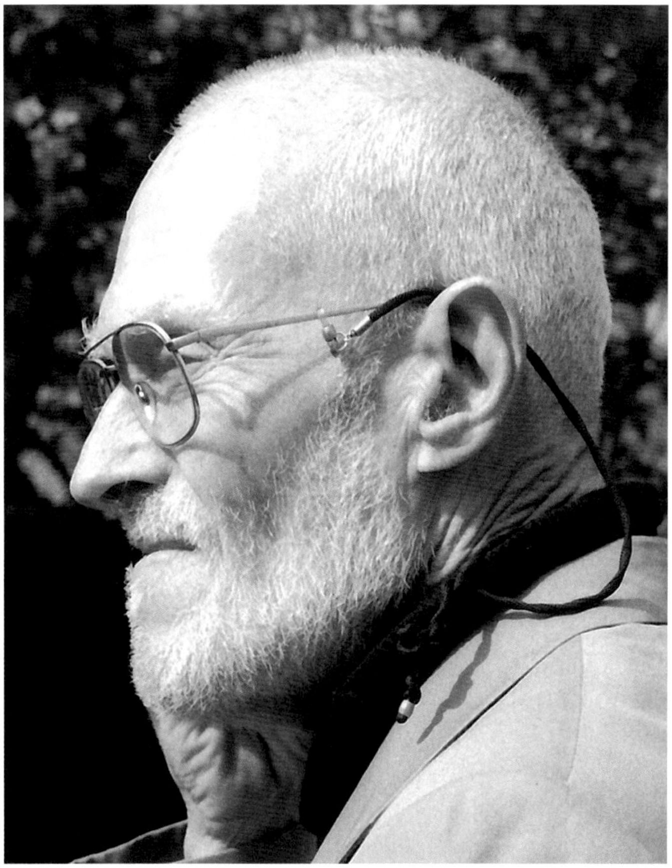

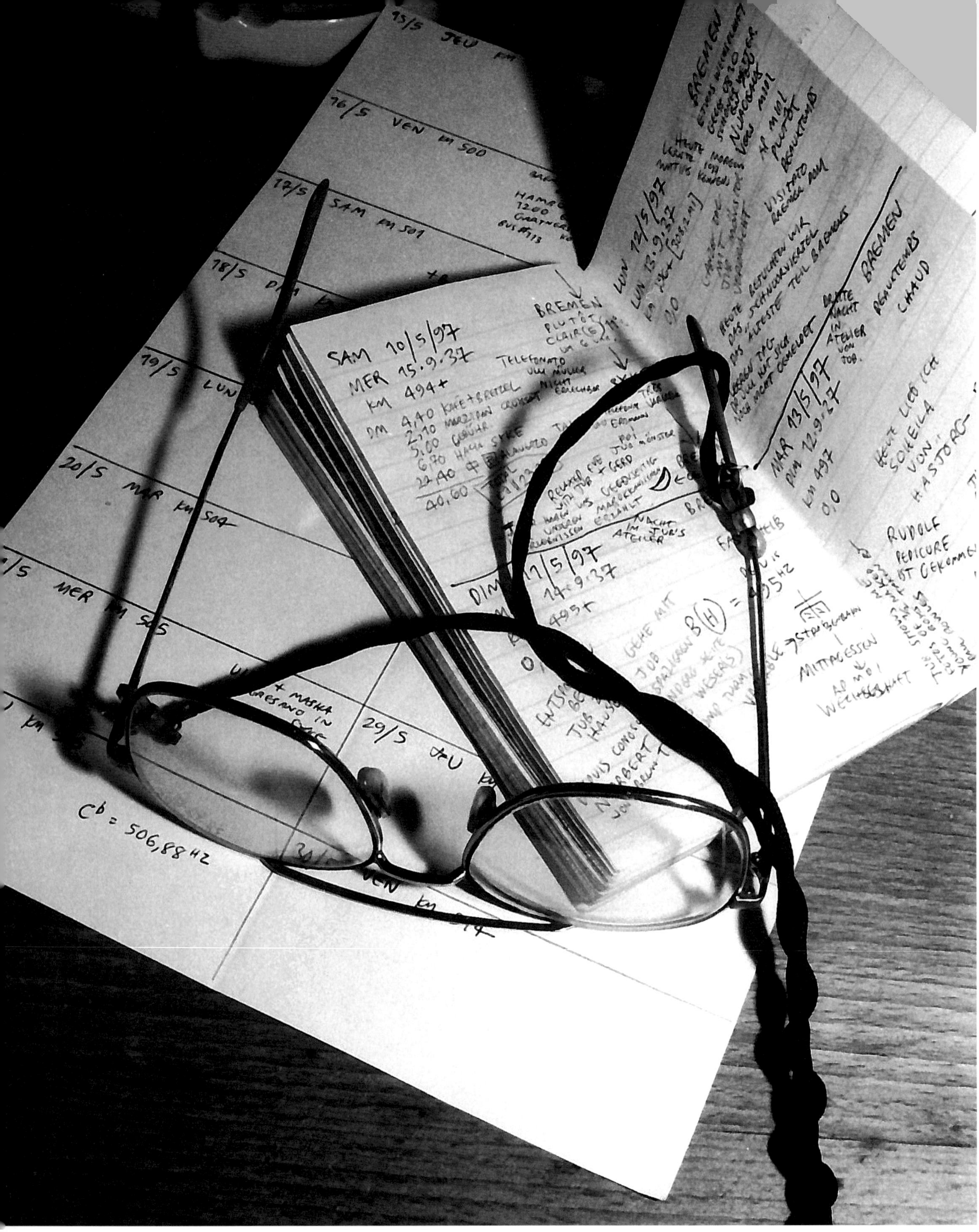

Wer war Gordon Sherwood? Gordon Sherwood, geboren 1929, wurde bereits als 27-jähriger Komponist mit dem »Gershwin Memorial Award« ausgezeichnet, die mit dem Award ausgezeichneten Sätze seiner ersten Sinfonie wurden in der Carnegie Hall von den New Yorker Philharmoniker:innen uraufgeführt. In den nächsten Jahren kamen weitere Auszeichnungen und Stipendien dazu. Misstrauen gegen Verträge und Termine, mehr noch die Neugier nach exotischeren Klangwelten machten ihn zum Weltbürger, bis er in Paris strandete, wo er fortan seinen Lebensunterhalt nach dem Vorbild buddhistischer Bettelmönche bestritt, ohne sein kompositorisches Schaffen je ganz aufzugeben.

Bei seinem Tod umfasste sein Werkverzeichnis nach einem bewegten Leben, das ihn rund um die Welt geführt hatte, mehr als 143 Opuszahlen.

Gordon Sherwood war auch Protagonist des wunderbaren Filmporträts *Der Bettler von Paris*, das auf YouTube immer noch abrufbar ist. Ich hatte mir diese beeindruckenden 45 Minuten auf Video aufgenommen, oftmals angesehen und mehrfach versucht, Sherwood in »seinem« Pariser Bistro anzutreffen – vergebens.

Ortswechsel: Nach einem Gang durch den Souk, den anstrengend-tobenden »Petit Socco«, suchte ich dringend Ruhe und fand sie auf einem der Außenstühle des *Gran Café de Paris* am Place de France in Tangier; ich ließ mir einen frischen Minztee bringen und sehnte nach der tagelangen Überanstrengung meiner Sinne den für morgen gebuchten Rückflug herbei, als mich das wiederkehrende rhythmische Klacken seiner offensichtlichen Gehbehinderung auf einen weißhaarigen Alten mit Stock und Umhängetasche aufmerksam machte. Bevor er im Inneren des Cafés verschwand, war ich schon sicher, dass es sich bei dem alten Mann um Gordon Sherwood handelte. Ich wartete einige Minuten, bis ich mich traute, ihm zu folgen und ihn anzusprechen. Ich schilderte ihm meine Versuche, ihn im *La Mascotte* im Montmartre anzutreffen, und gestand ihm schließlich mein Interesse an seiner Person und den Porträts, die ich von ihm aufzunehmen hoffte. Eine halbe Stunde später befanden wir uns in einem sehr vertrauten, freundschaftlichen Gespräch, das sich bis weit in die Nacht hinziehen sollte. Zum Abschied umarmten wir einander und verabredeten uns locker für ein Wiedersehen in Syke. Syke? Sherwood erklärte, dort würde ihn die einzigartige russischstämmige Pianistin Masha Dimitrieva erwarten, die großes Interesse an seinen Kompositionen hätte.

Ich konnte trotzdem nicht ahnen, auf welch wundersame Weise sich unsere Wege noch des Öfteren kreuzen würden. Aber das ist eine andere Geschichte.

Gordon Sherwood Grand Rocco, Tangier, 22. April 1997
Unten, Seite 88, 91 f. Gordon Sherwood bei einem Besuch im Atelier Nordstraße 347 in Bremen

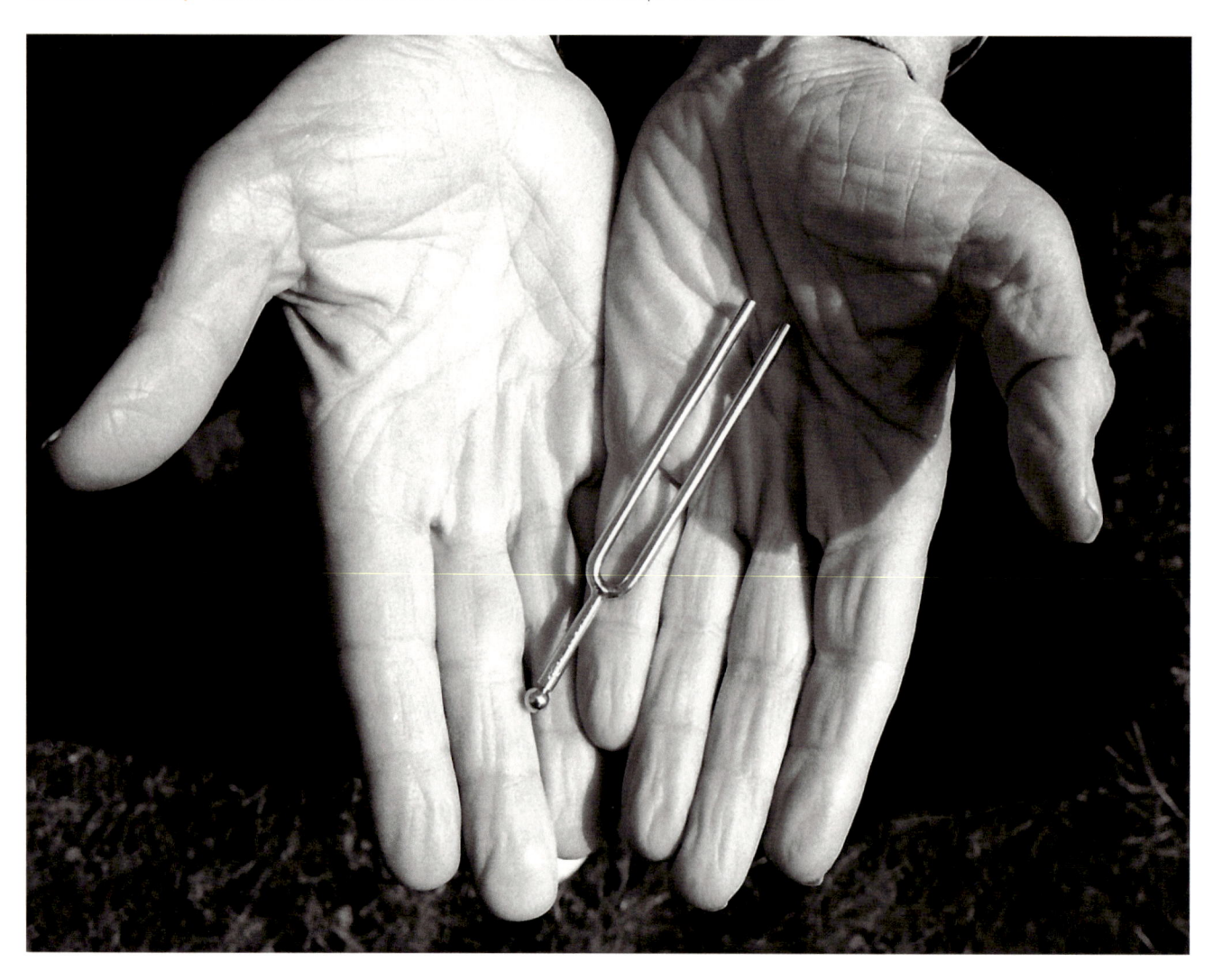

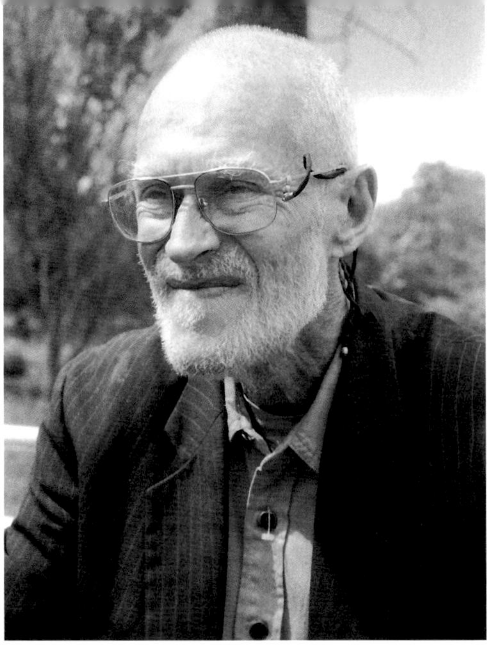

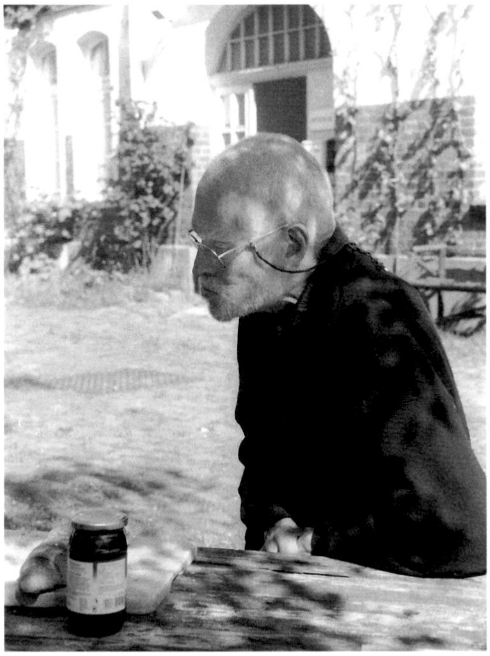

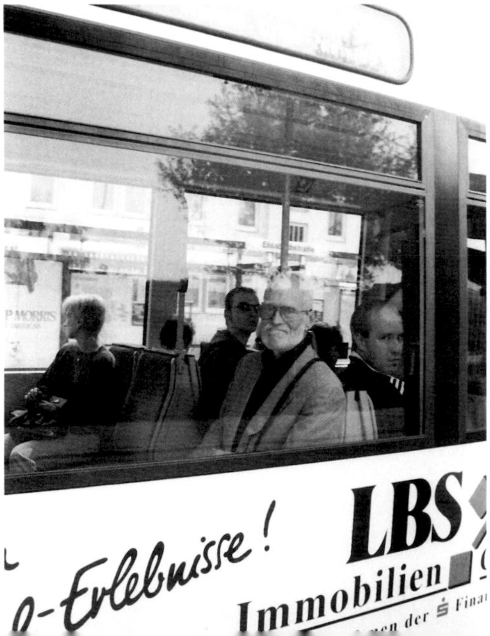
LBS
Immobilien

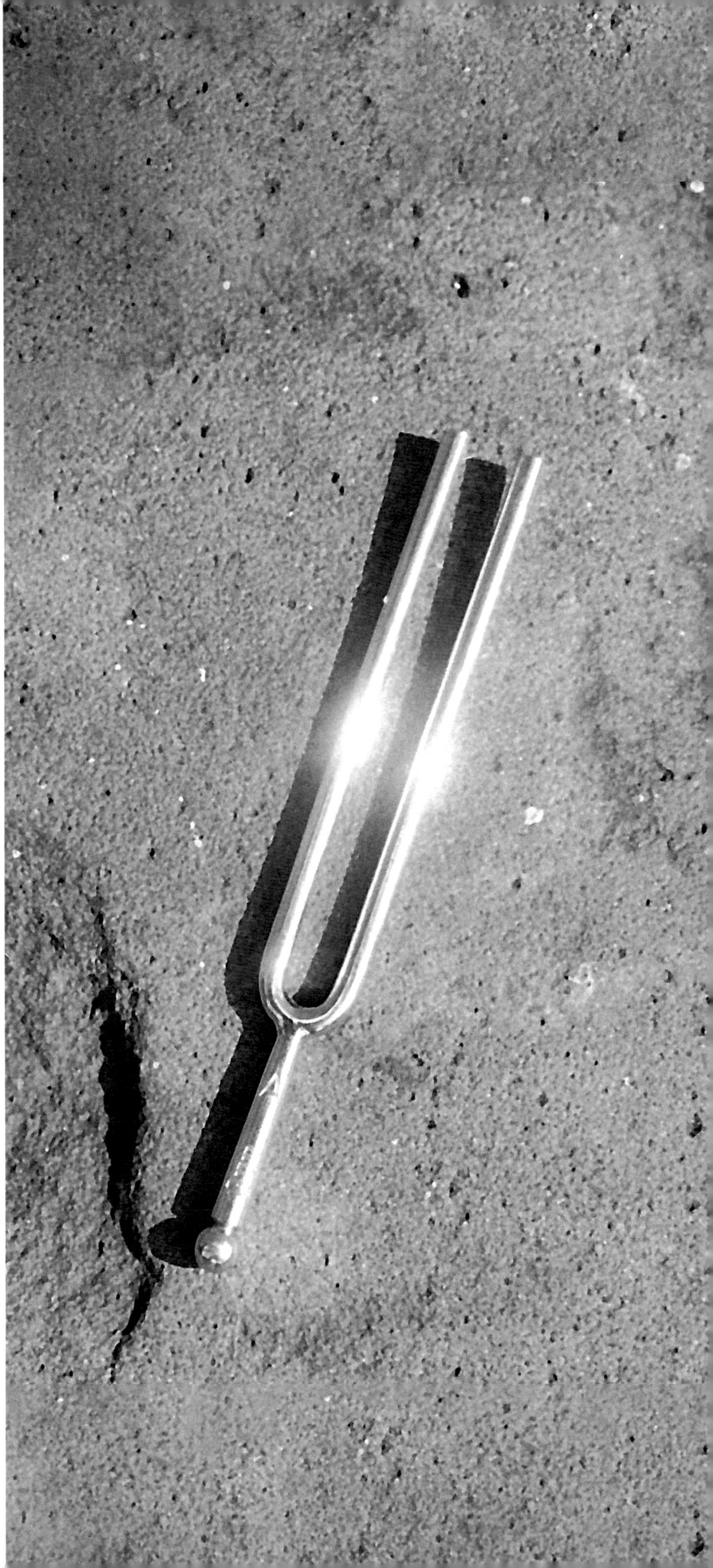

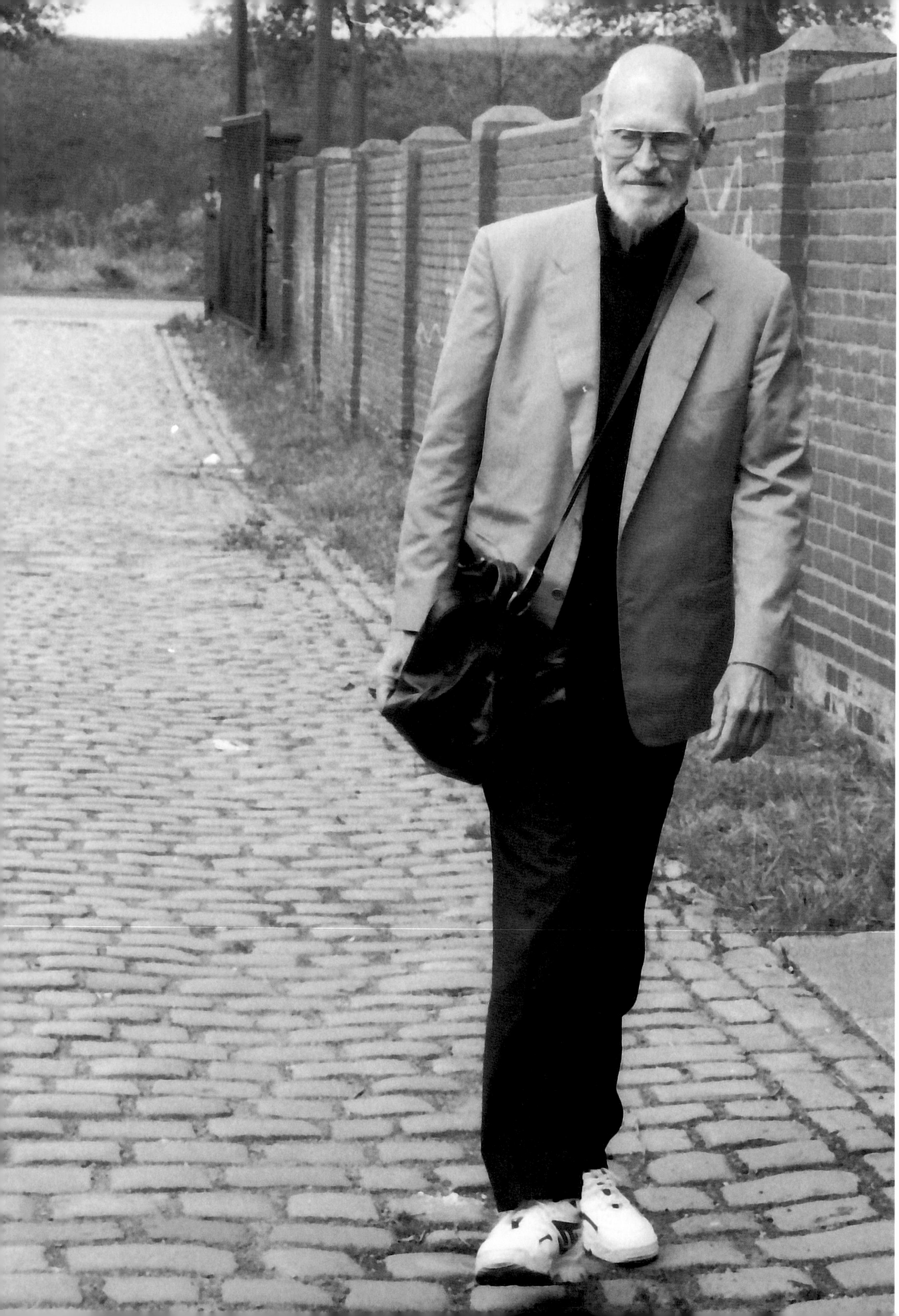

Friederike Mayröcker, 1997

Fischli & Weiss, 1998 (oben) | Peter Fischli, 1998 (unten)

Fischli & Weiss, 1998 (oben) | David Weiss, 1998 (unten)

Alex Collville, 1995

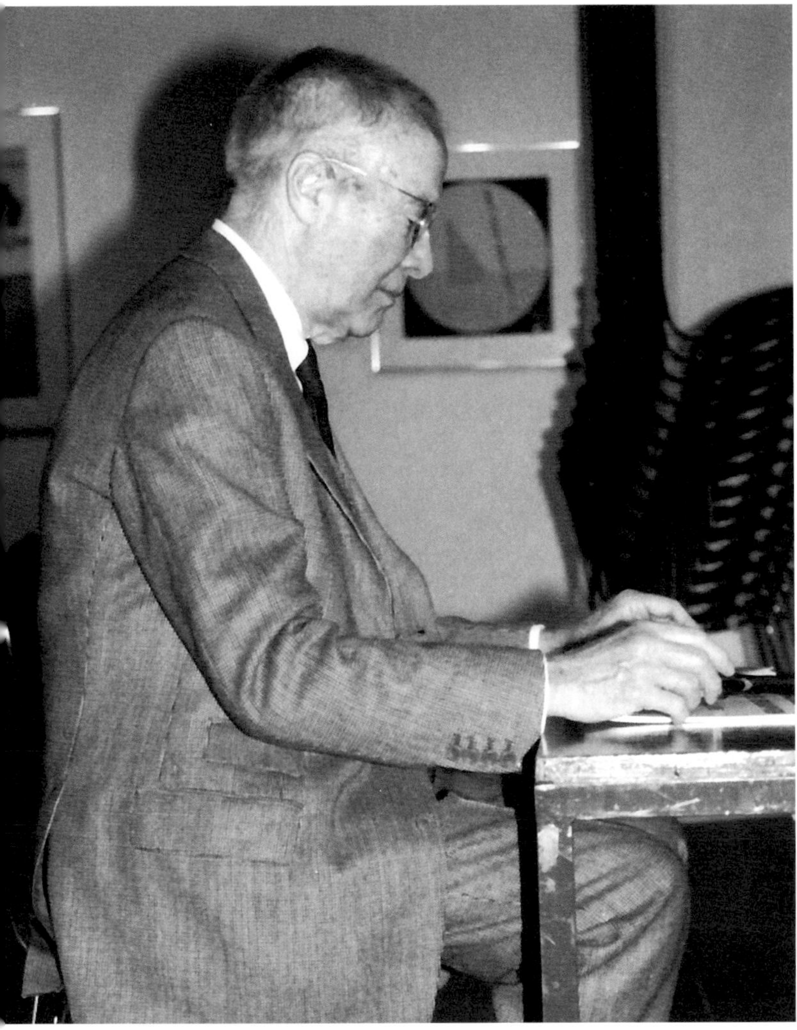

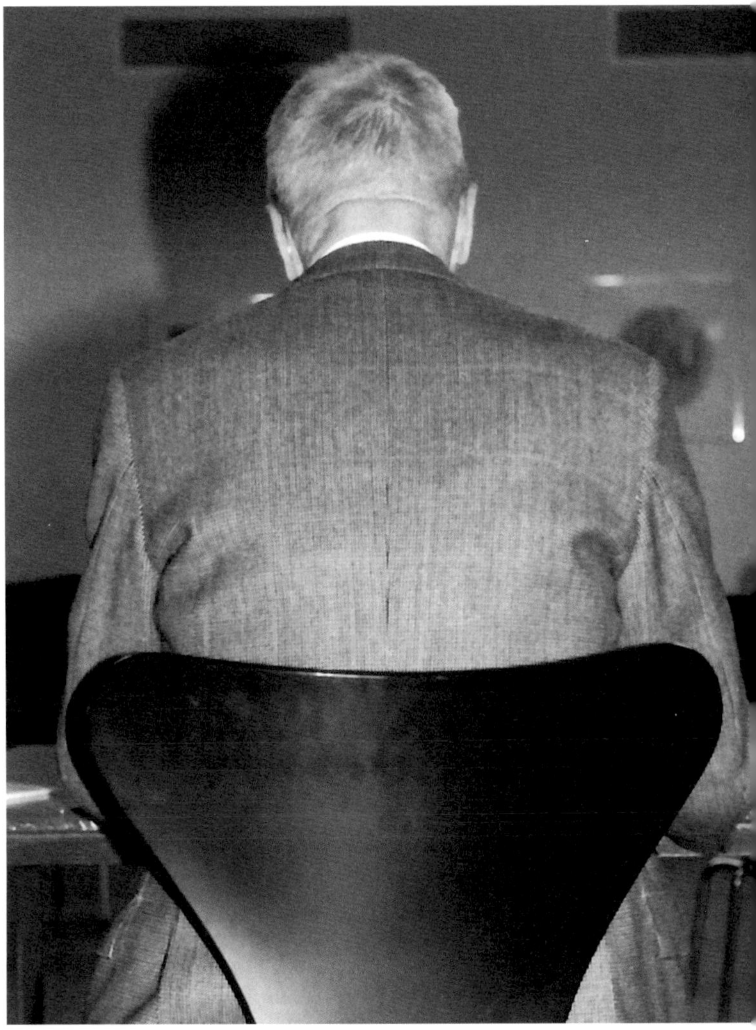

Bernd & Hilla Becher, 2003

99

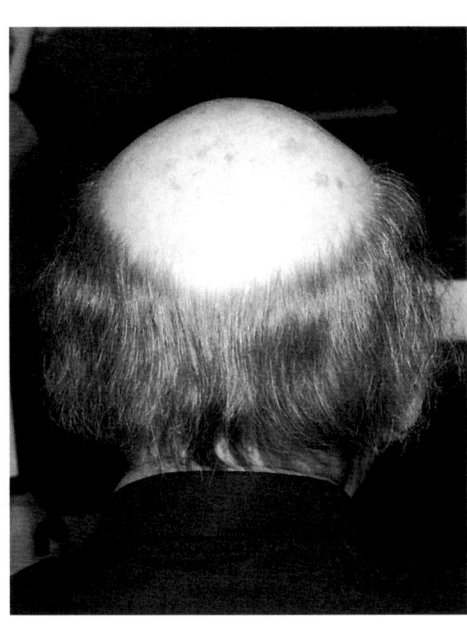

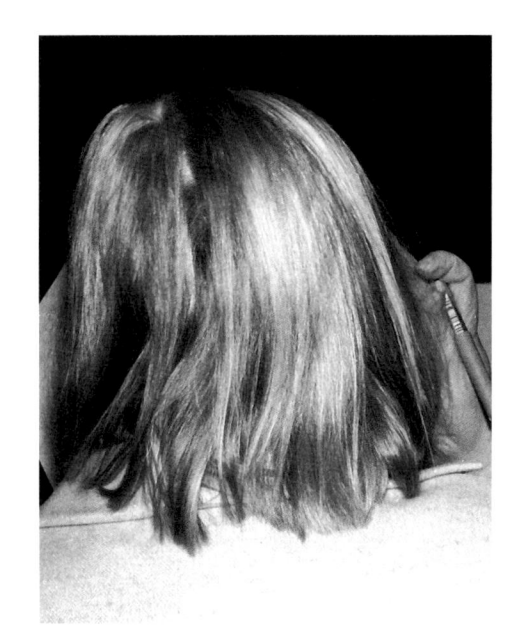

100 Günter Grass, 1997

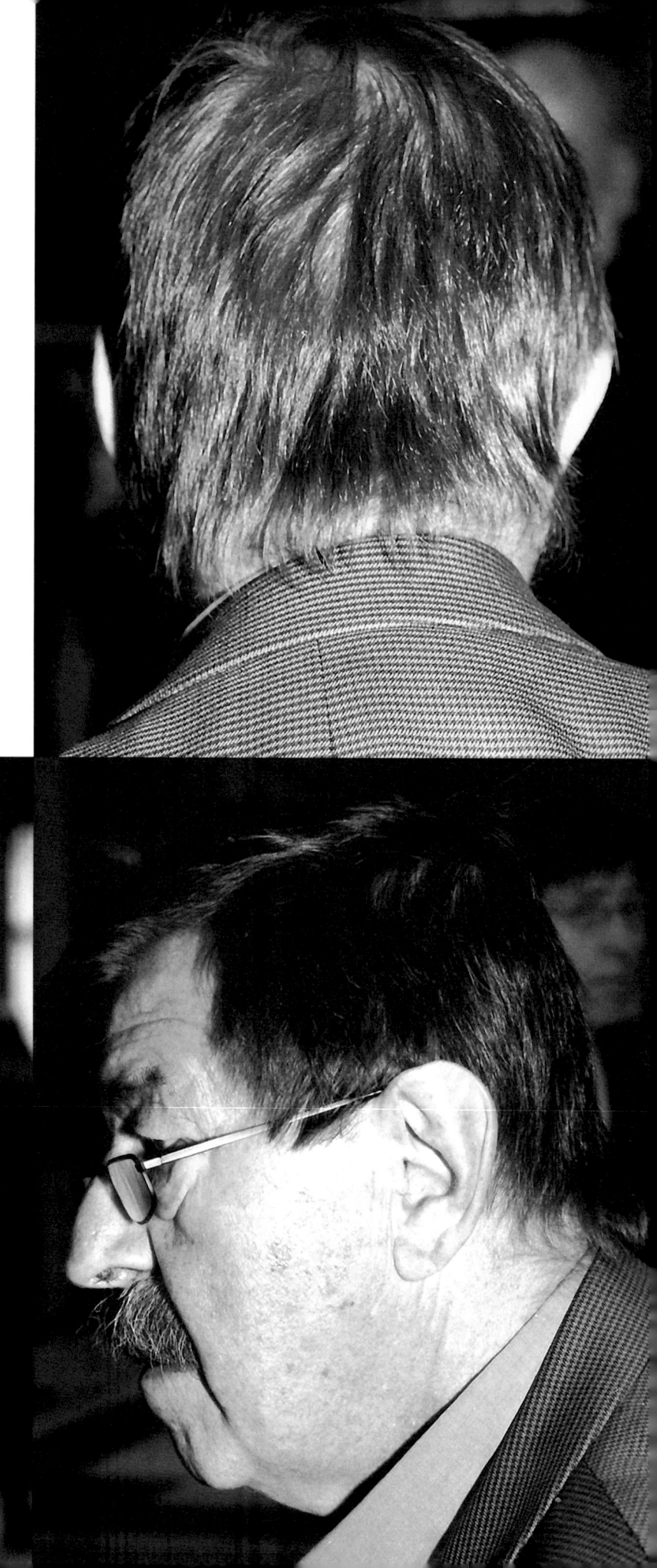

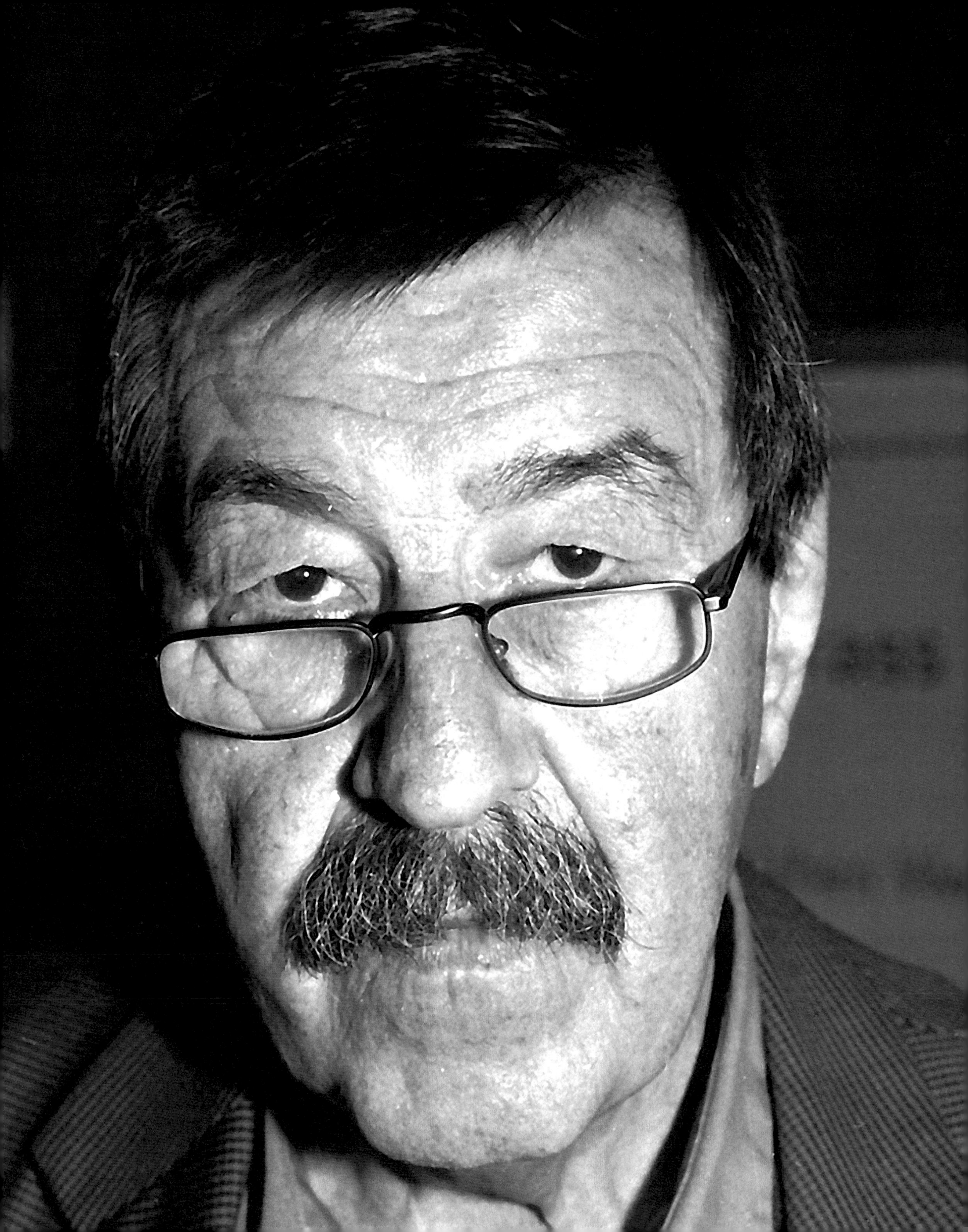

Marcel R.-R.: »Gammeln, Beat & Balla-Balla.«

Marcel Reich-Ranicki Privatwohnung, Frankfurt a. M., 16. Oktober 1997

Links Reich-Ranicki für ›Der Rabe‹, Nr. 62, Magazin für jede Art von Literatur

Ich durfte den Literaturpapst in seiner Privatwohnung in Frankfurt besuchen und klingelte an der Tür eines ganz gewöhnlichen vierstöckigen Mehrfamilienhauses. Eine unverwechselbare, allzu nachahmliche Stimme hieß mich willkommen: »Guten Morgen, Herr M o n s t e r – pünktlich, das mag ich. Wenn Sie jetzt tatsächlich nur fünf Minuten meiner Zeit in Anspruch nehmen, wäre das ein neuer Rekord, bisher liegt der bei ca. 20 Minuten!« Aber er würde sich freuen, wenn ich ihn bräche!

Nachdem ich von seiner überaus freundlichen Ehefrau Teofila in das mit Bücherregalen »tapezierte« Wohnzimmer gebeten wurde, bat ich Herrn Reich-Ranicki, in die Nähe des Wohnzimmerfensters zu treten, und fotografierte seinen Kopf von vorn, von links und von rechts jeweils ein Mal.

Als ich ihn daraufhin wegen des Lichteinfalls zu einer weiteren Drehung aufforderte, um ihn auch von hinten zu porträtieren, vernahm ich, während er mir den Rücken kehrte, einen in seiner unverwechselbaren Art breit gedehnten Seufzer: »Ahhhhhh! ... Sie wollen also auch meine großen Ohren fotografieren?«

Ich blieb bezüglich der Porträts weit unter den rekordverdächtigen fünf Minuten, nahm aber bei Kaffee und Keksen weitere fünfundfünfzig vergnügt in Anspruch.

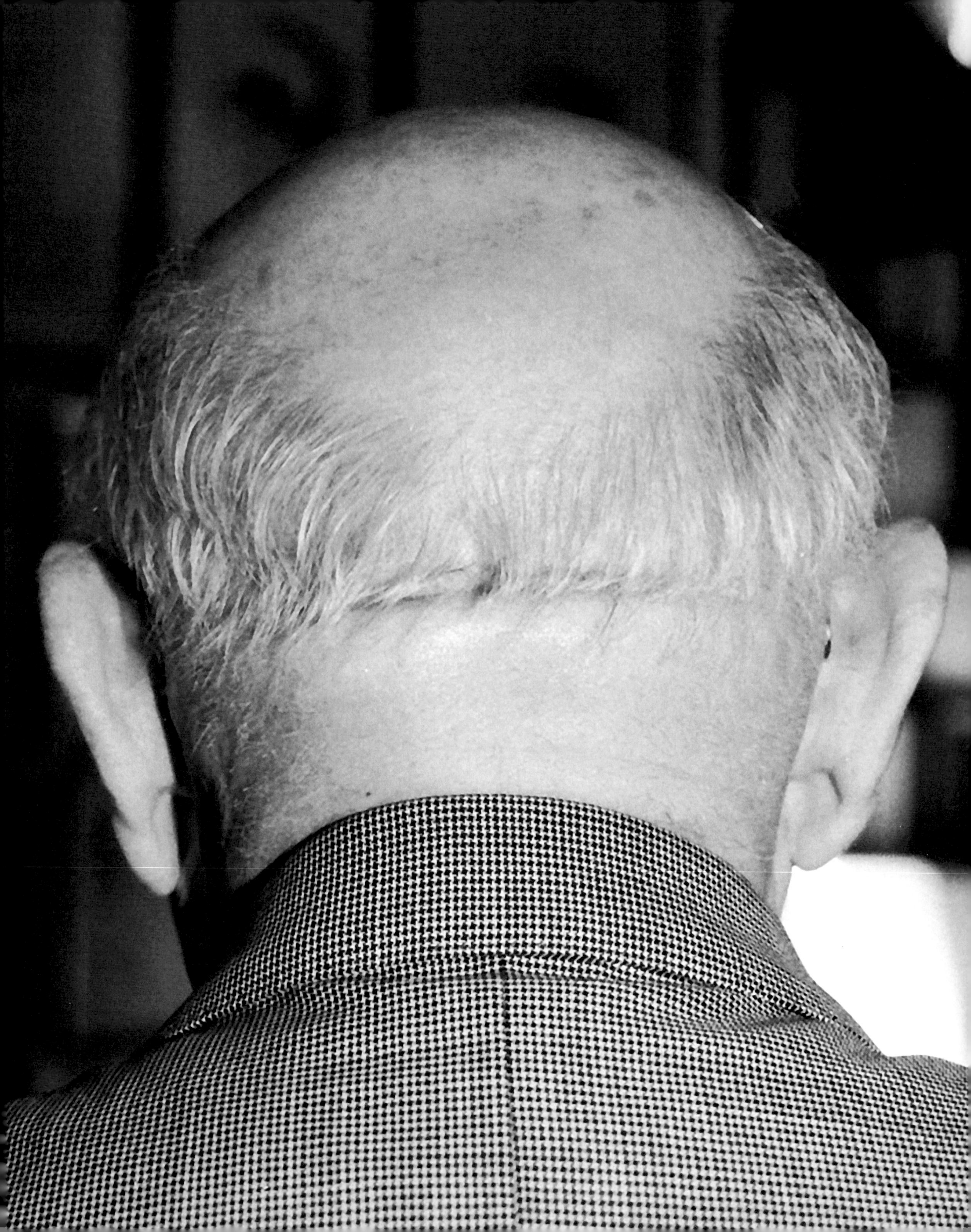

Jon Hiseman, 1997

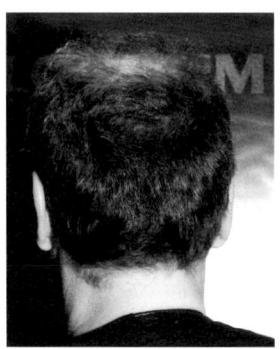

Rebecca Horn, 2004

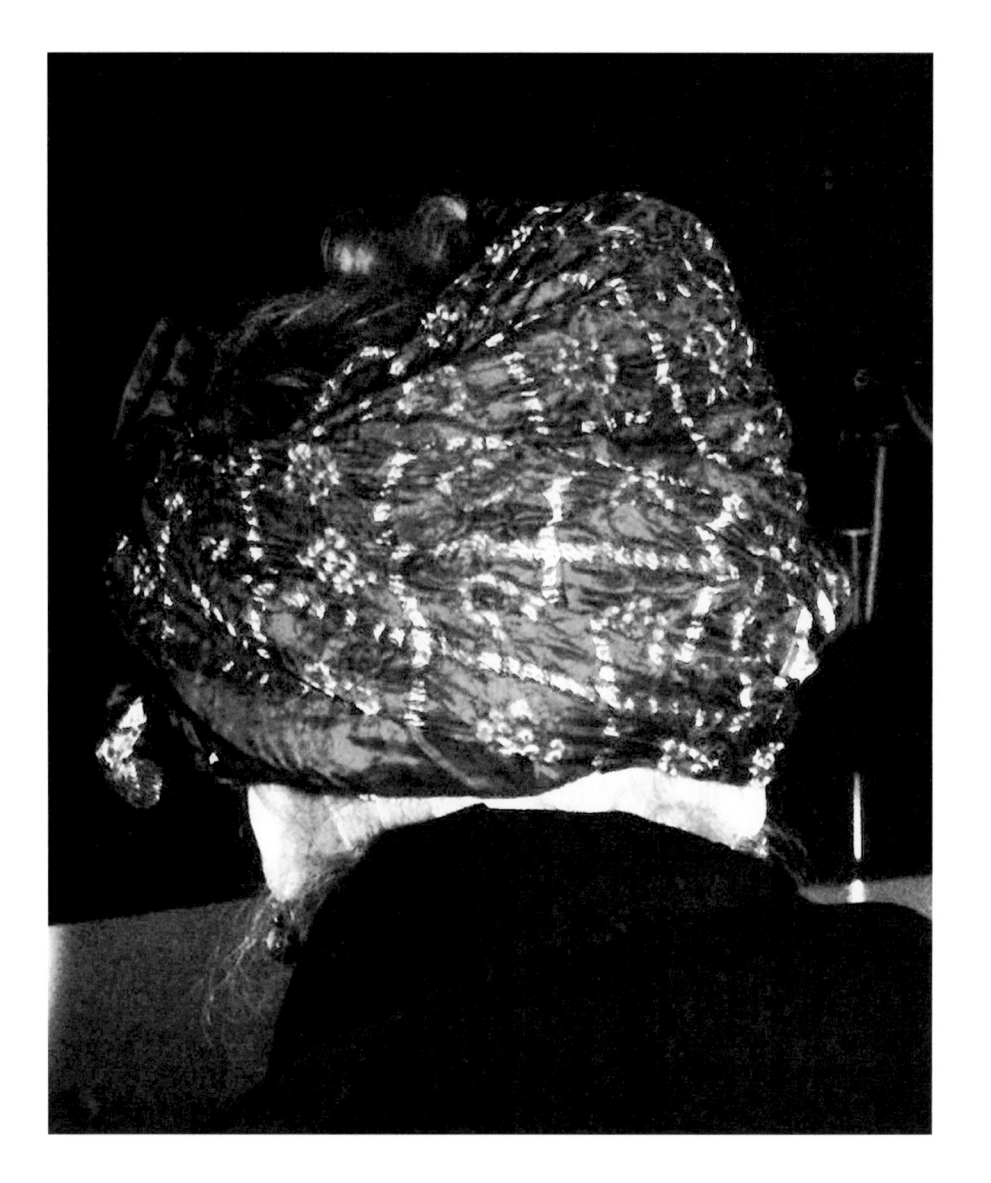

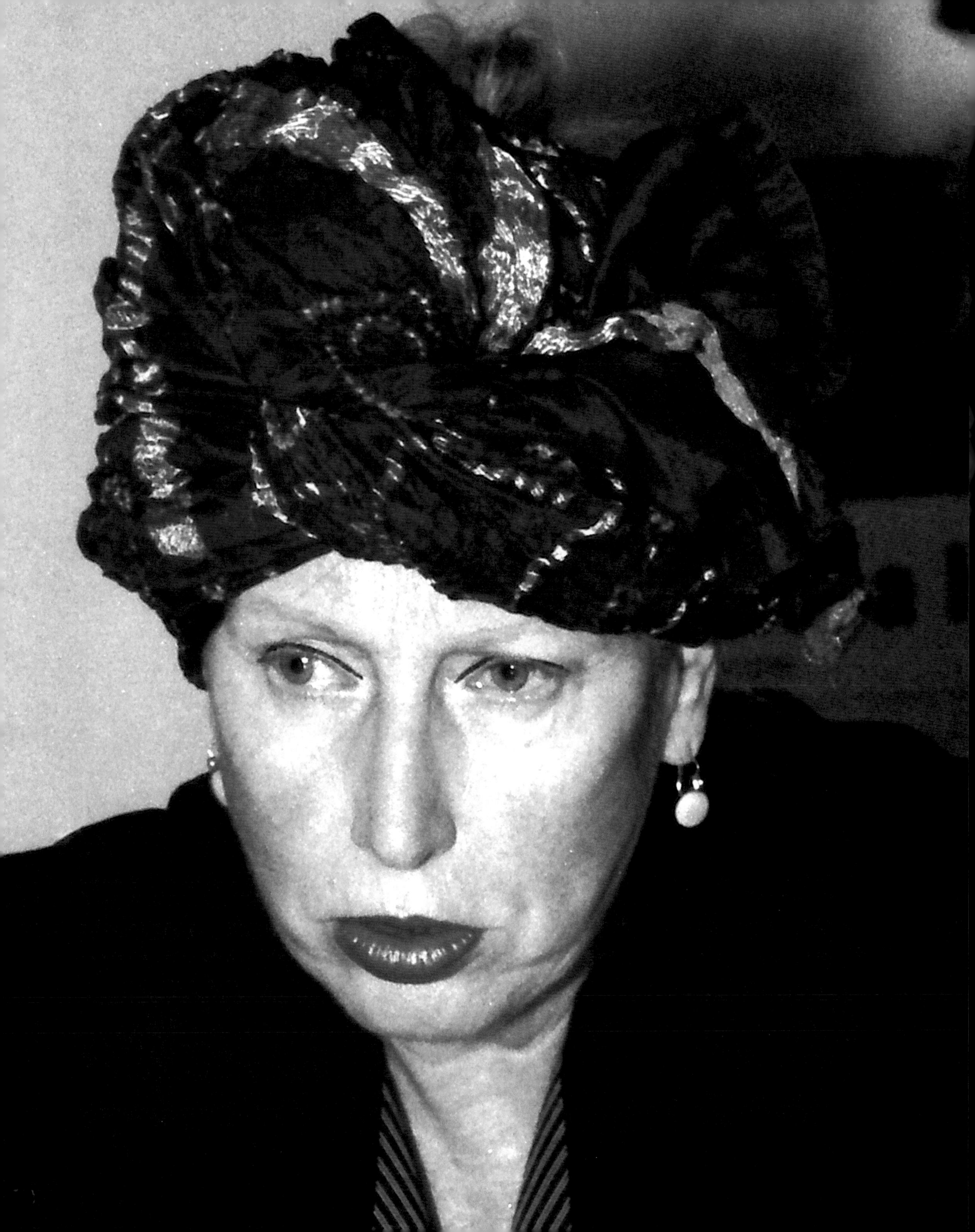

Gerhard Rühm, 2007

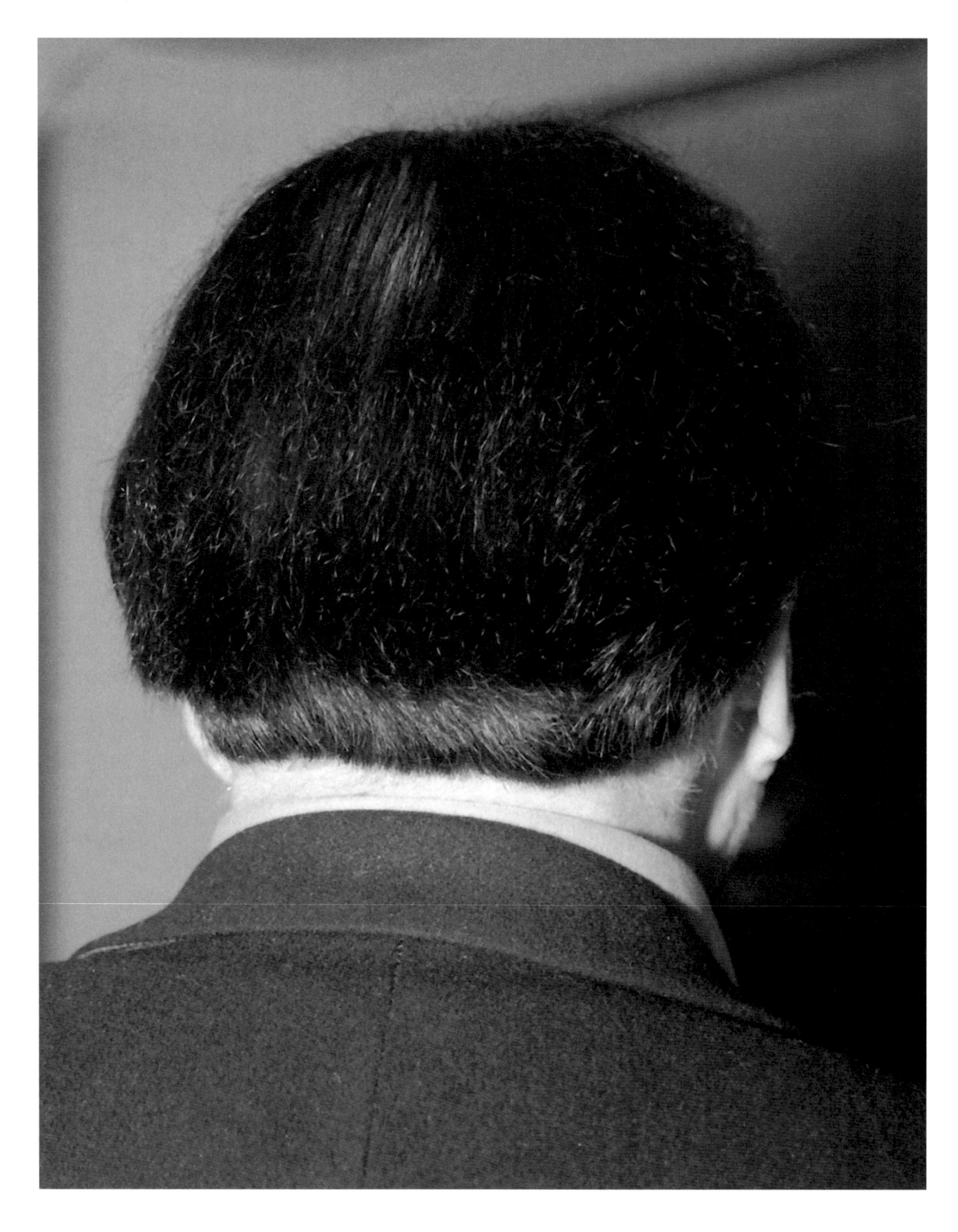

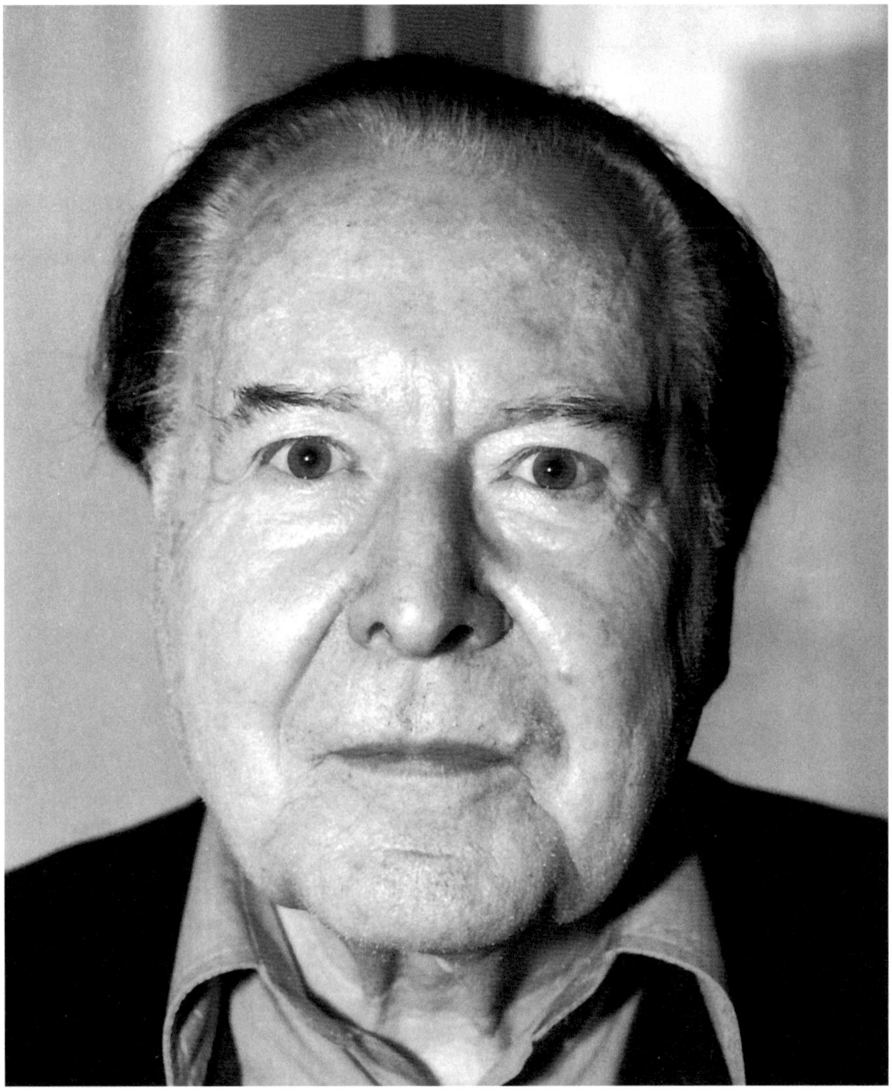

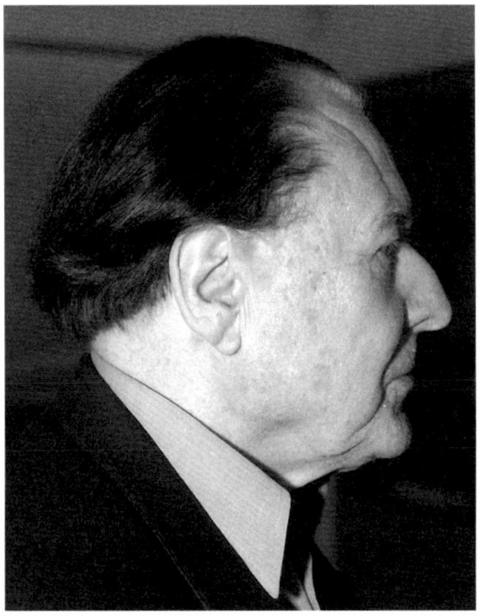

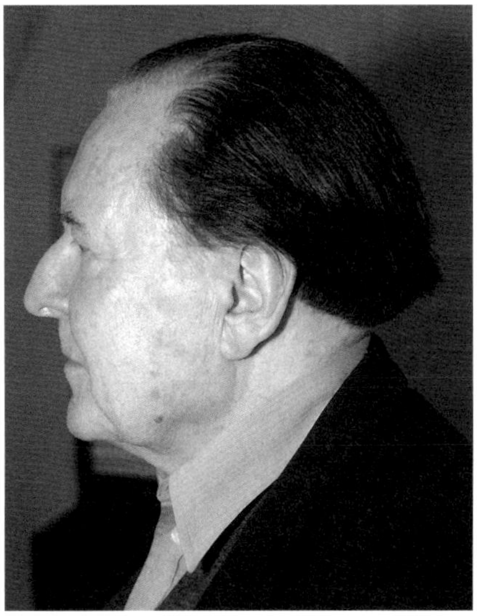

Archie Shepp, 1998

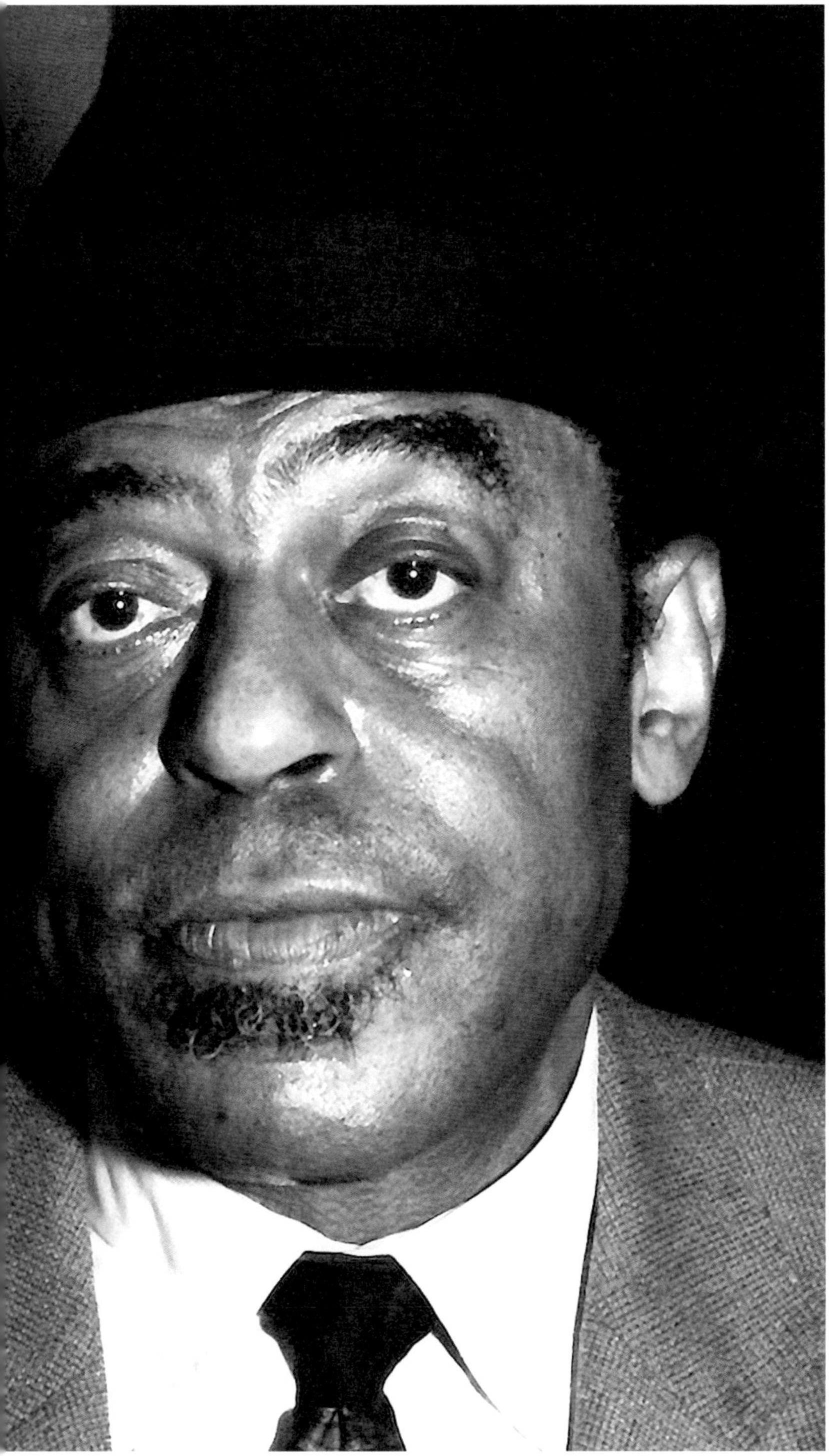

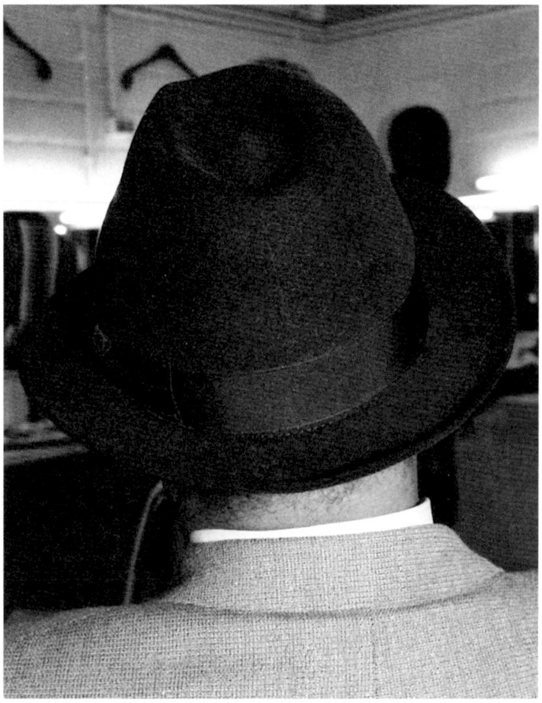

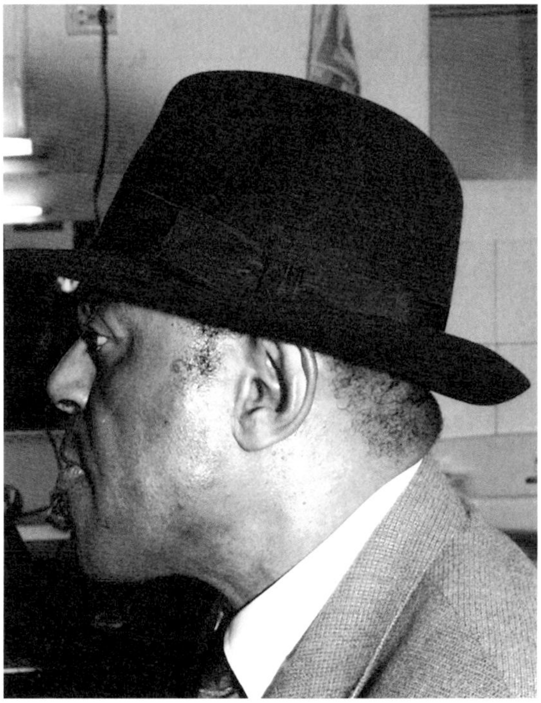

Alex Katz, 2002

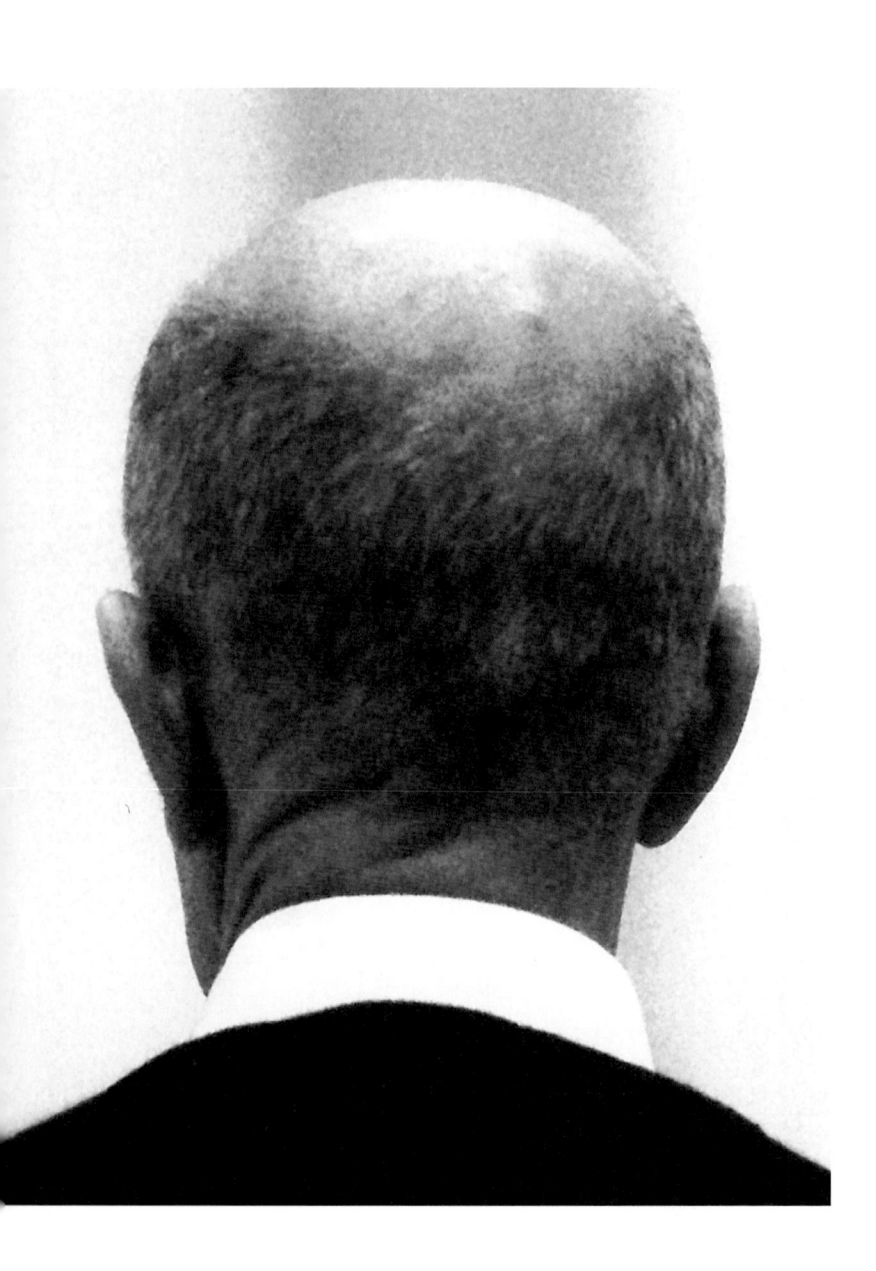

Eric Fischl, 2003

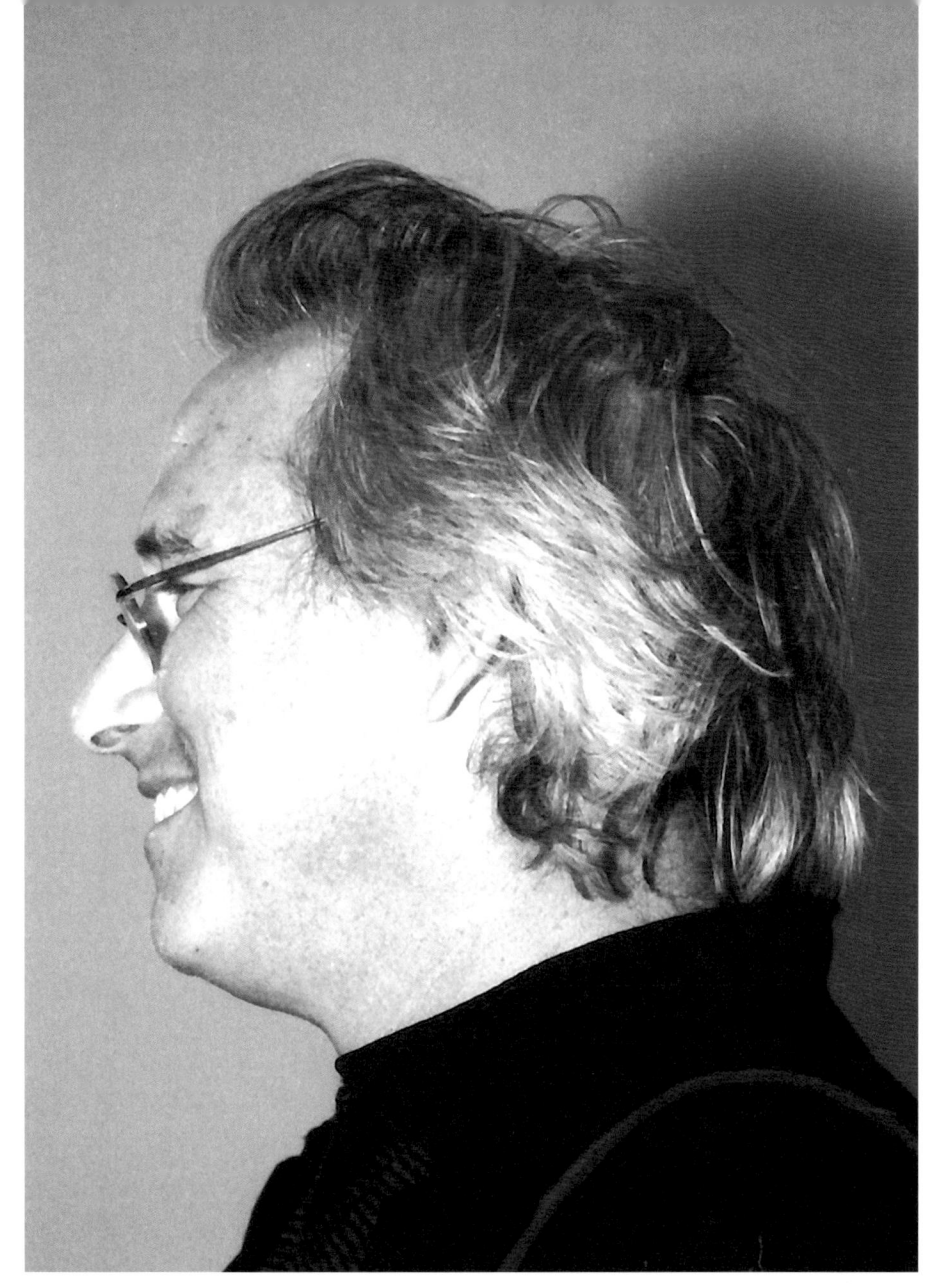

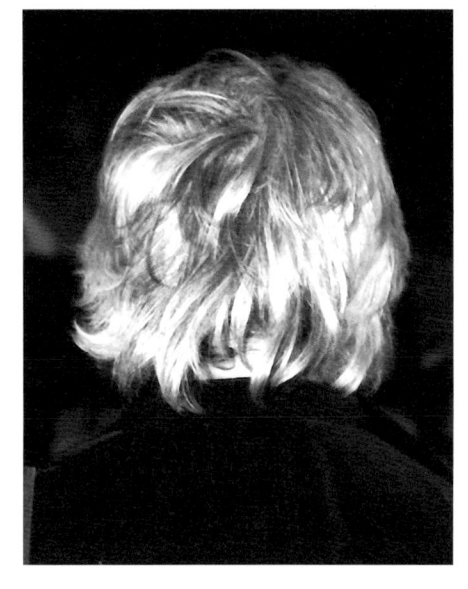

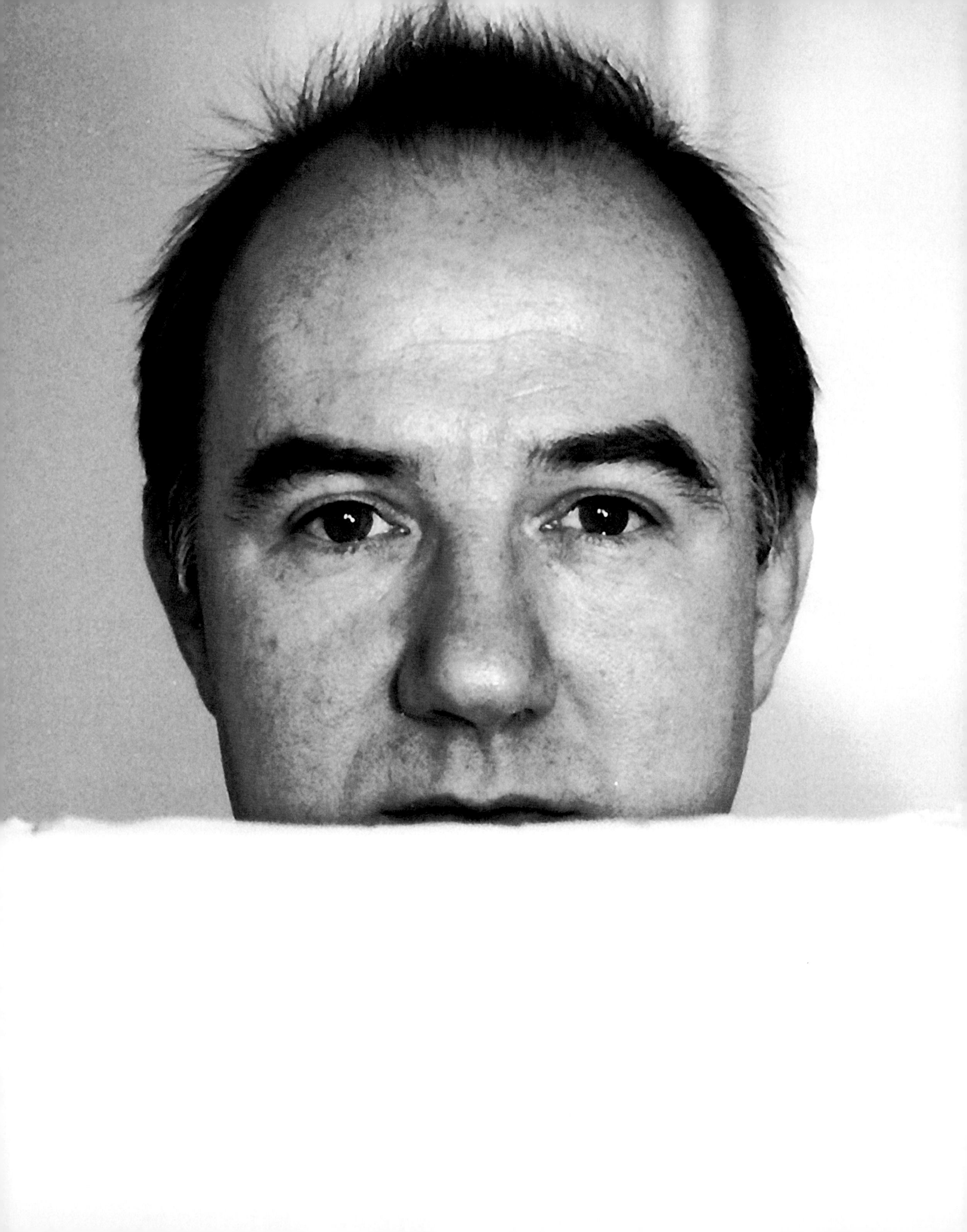

Udo Samel, 1997

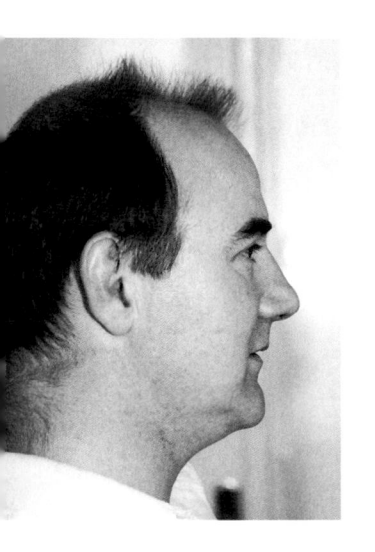

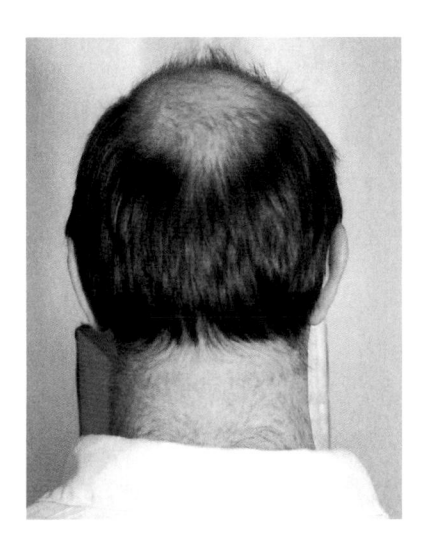

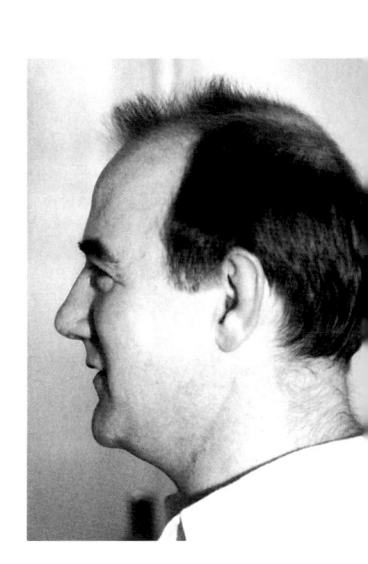

Sean Scully, 2003

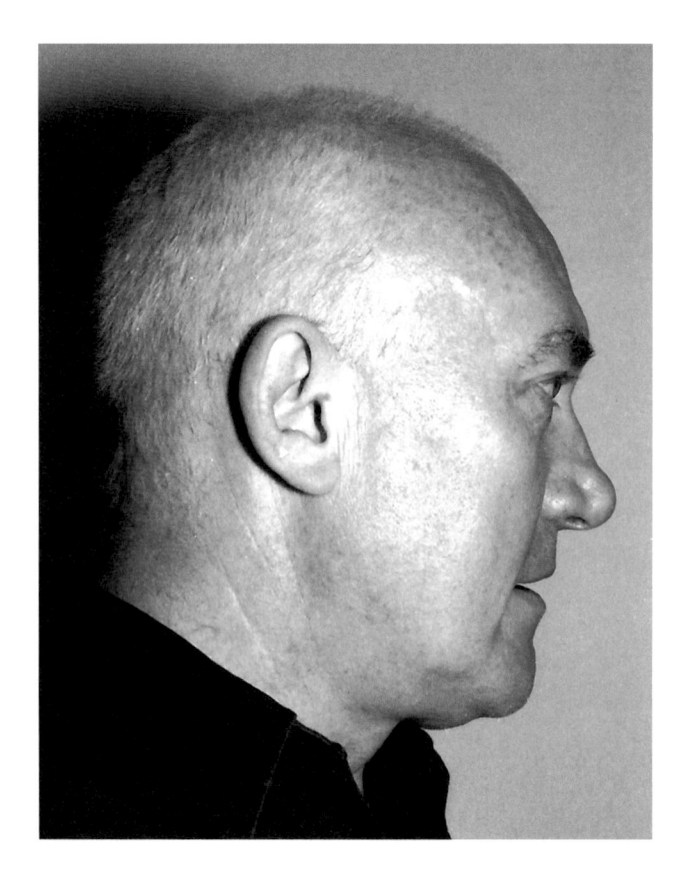

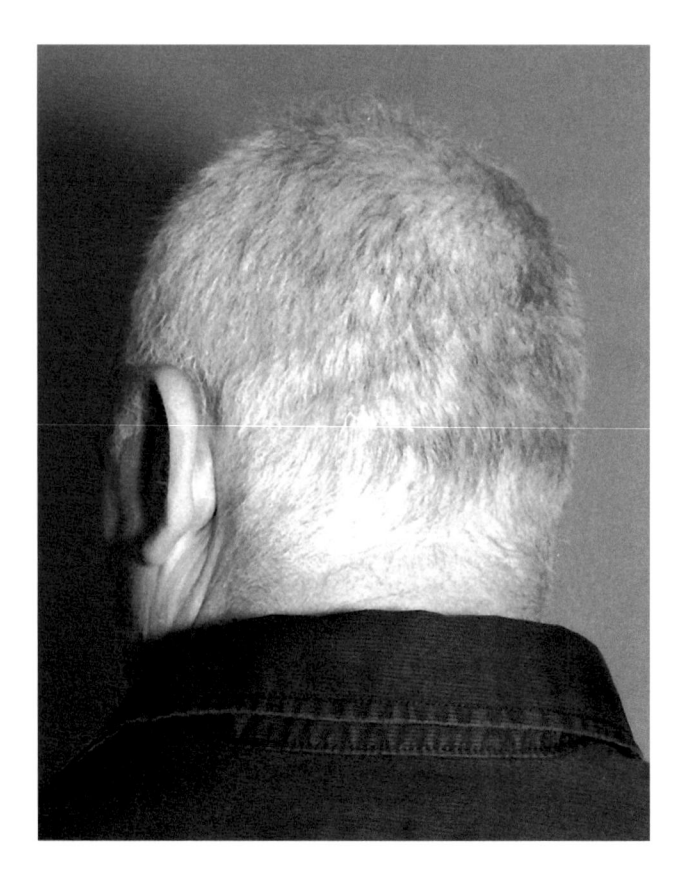

Marcel van Eeden, 2006

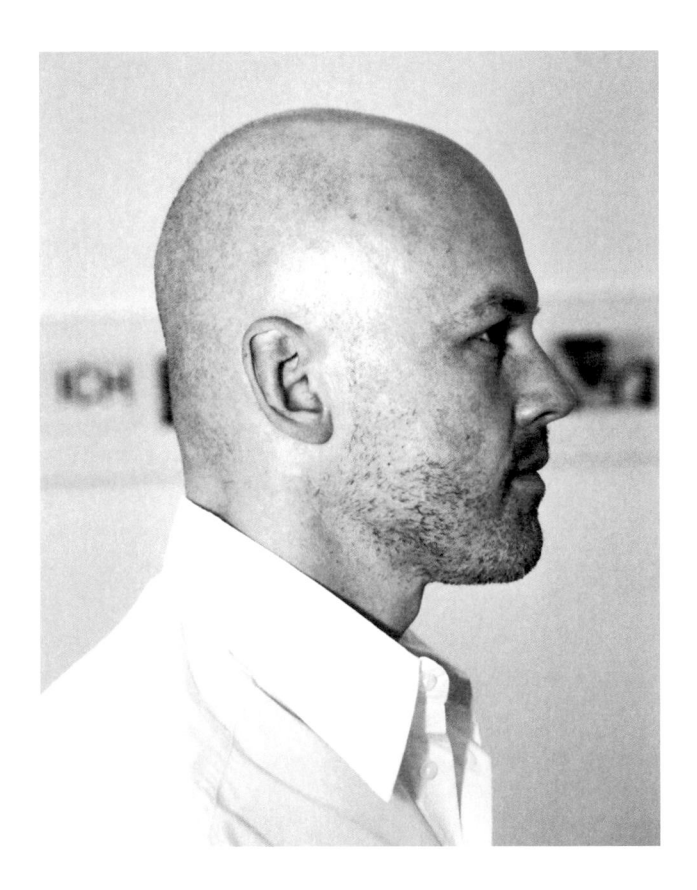

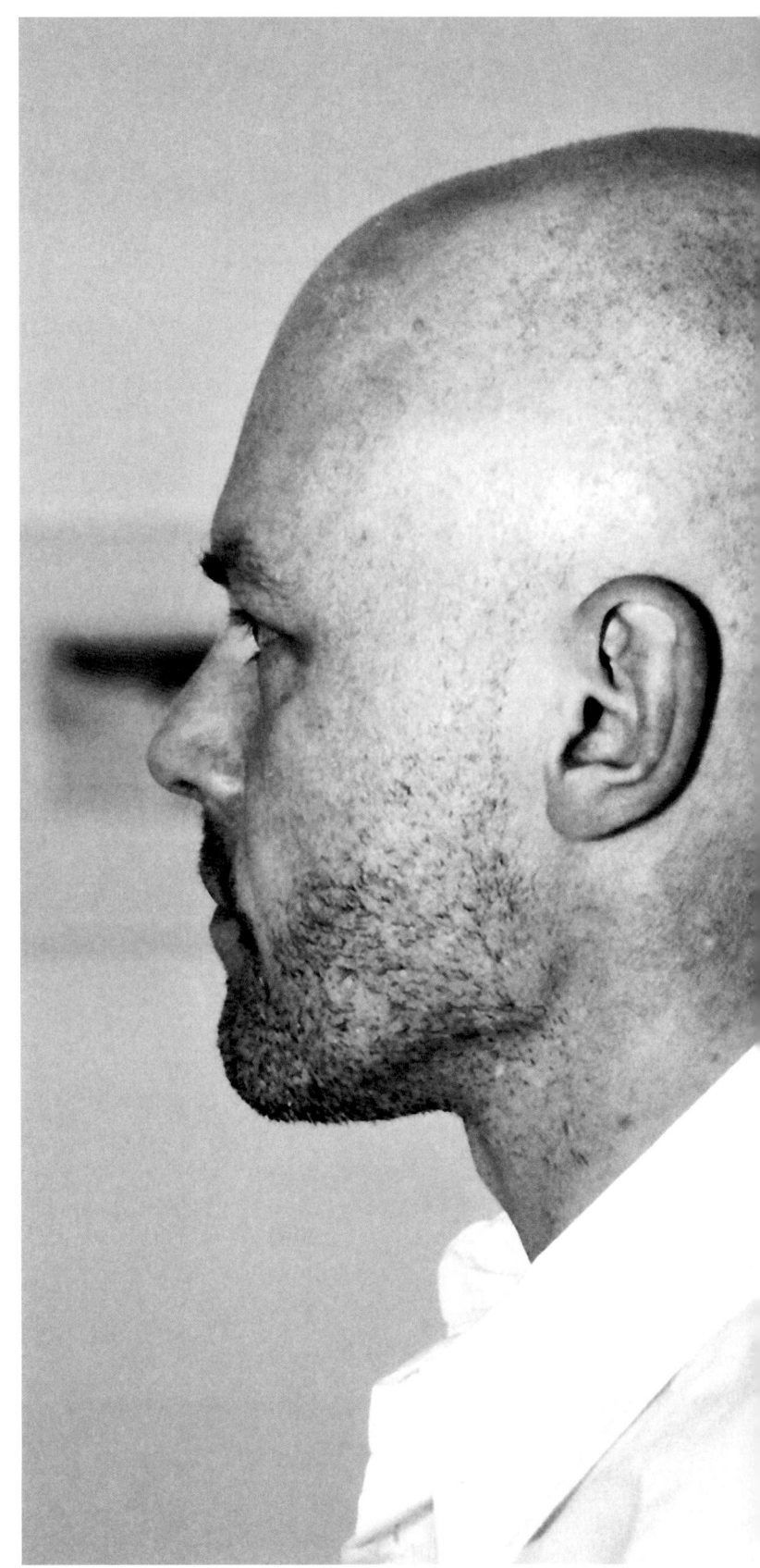

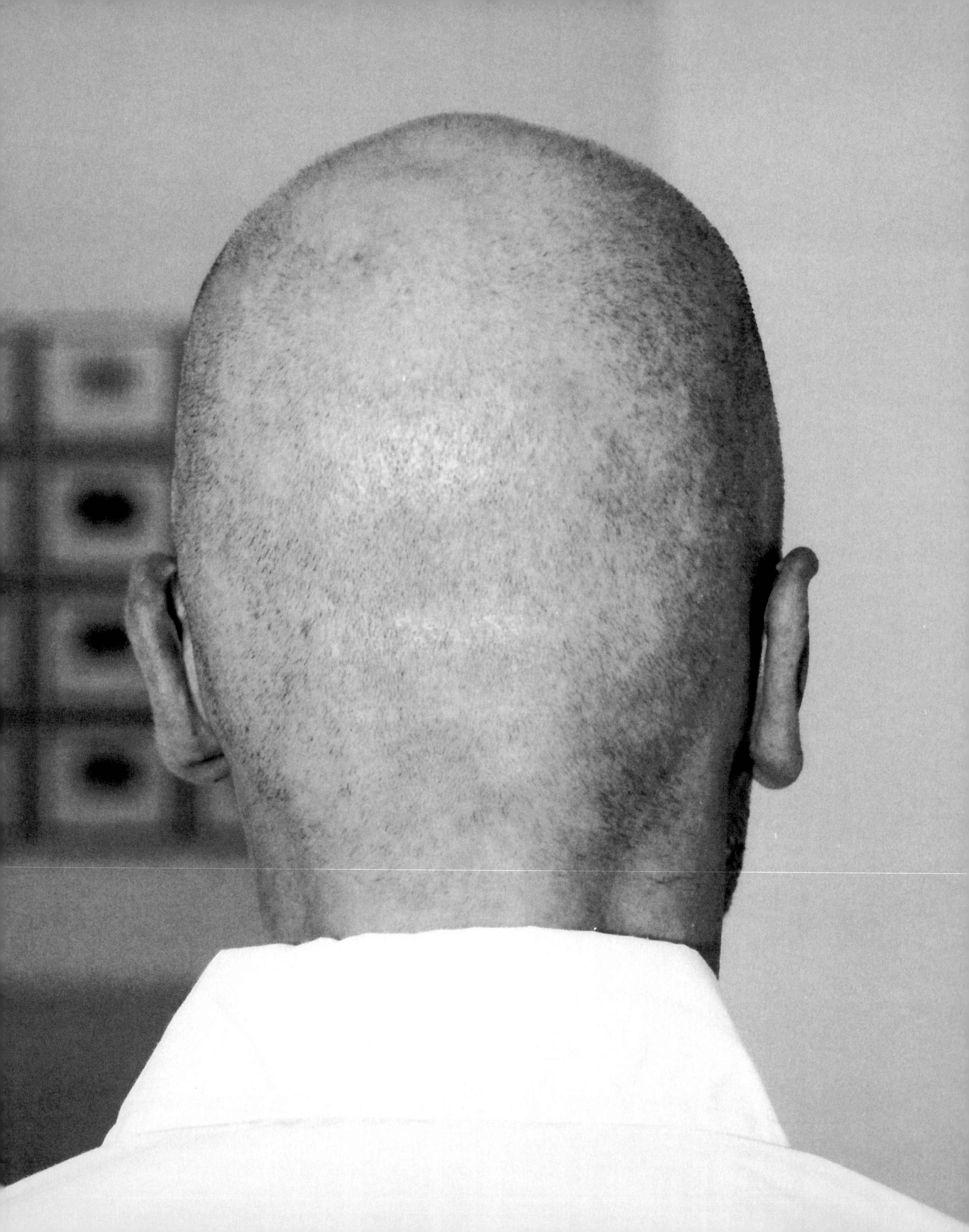

En-face von hinten

Einige Beobachtungen zu Jub Mönsters Serie »Hinterköpfe« und ihren fotografischen Vorlagen

Yvette Deseyve

Vor einem großen profilierten Goldspiegel steht frontal und bewegungslos ein Mann im schwarzen Anzug. Sein sorgsam frisiertes volles Haar und das blütenweiße, aus dem Kragen hervorblitzende Hemd lassen auf einen jüngeren gepflegten Mann schließen – ein Eindruck, der vom Ambiente des Marmorkamins mit darauf abgelegter Lektüre verstärkt wird und sich in der Entstehungsgeschichte des Gemäldes bestätigt: Es handelt sich um ein Bildnis des gerade einmal 30-jährigen britischen Multimillionärs, Kunstsammlers und exzentrischen Poeten Edward James (1907–1984). James hatte 1937 mehrere Bilder für den Ballsaal seines Londoner Hauses bei René Magritte (1898–1967) in Auftrag gegeben. Der belgische Maler fertigte neben der angeforderten Ballsaalausstattung zwei zusätzliche Bilder an, zwei Porträts seines Mäzens, darunter das hier abgebildete Gemälde »Reproduktion verboten« (Abb. 1), das seinen Gönner von hinten zeigt. Doch während das auf dem Kaminsims liegende abgegriffene Buch von Edgar Allan Poe vom Spiegel korrekt reflektiert wird, wiederholt dieser die Ansicht des Mannes von hinten. Magrittes Porträt verweigert gleichsam dem Betrachter den für ein Porträt obligatorischen Blick in das Angesicht des Dargestellten. Der

Abb. 1 Jub Mönster im Museum Boijmans Van Beuningen in Rotterdam vor René Magrittes Gemälde *La reproduction interdite*, 1937 (Foto: Beate Beldyk-Mönster, Bremen)

Künstler lässt eine Annäherung damit nicht über Physiognomie, nicht über Mimik zu, vielmehr überblendet er die Identität mit dem formelhaften Pathos eines anonymen Anzugträgers und schafft doch in seiner Repoussoirfigur zugleich eine eigentümliche, vielleicht komplizenhaft zu nennende Nähe. Aus dem Blick des Porträtierten wird ein gemeinsamer Blick, ein geradezu verlängerter Blick in die gleiche Richtung, der sich empathisch im rätselhaften Nichts der warm reflektierenden Fläche verliert. Wir sehen ihn nicht – er sieht uns nicht – aber: Es wird gesehen.

Wie in zahlreichen seiner Werke führt der Surrealist Magritte auch in diesem Fall die menschliche Wahrnehmung ad absurdum und lenkt doch gleichzeitig ganz gezielt den Blick auf die Grenzen des Mediums Malerei: die Eindimensionalität. Absurderweise hätte einzig und allein das gewählte Setting eines Spiegels die Unzulänglichkeit der Malerei revidieren können; hätte der Rückenansicht zumindest eine Voransicht gegenübergestellt werden können; hätte dem gemalten Hinterkopf ein Gesicht und damit eine konkrete Identität gegeben werden können; hätte! In ähnlich surrealistischer Weise »erzählen« die Hinterkopfbilder Jub Mönsters von individuellen Begegnungen, mehr noch von Begegnungen mit zahlreichen bekannten Persönlichkeiten aus der Kunst- und Kulturszene, darunter Daniel Spoerri, Elvira Bach, Ben Becker, Gerhard Richter, Denis Hopper oder Rebecca Horn. Doch rühren auch diese Bilder an eine Grenze.

Jub Mönster verbindet mit den vor Ort gemachten Fotografien und den daraus entstandenen Gemälden Geschichten der Dargestellten, doch werden diese Geschichten – ähnlich dem Magritte'schen Porträt von seinem Mäzen – bewusst dem Betrachter vorenthalten bzw. verschlüsselt. Kryptische und bis zur Unkenntlichkeit abstrahierte Details deuten an, ohne aufzuklären. Es stellen sich Fragen, was beispielsweise Ben Becker wohl mit einer überdimensionalen Zuckerstange zu tun haben mag, oder in welchen virtuellen Bluescreen Ben Vautier mit seinem grellweißen Hut schaut, der förmlich zwischen den Welten hängen bleibt.

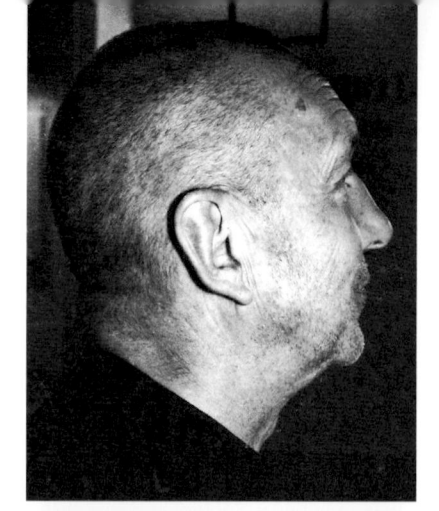

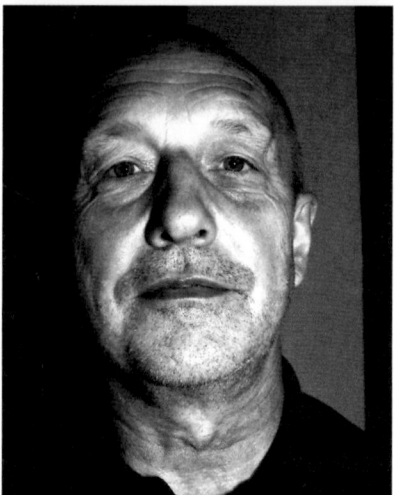

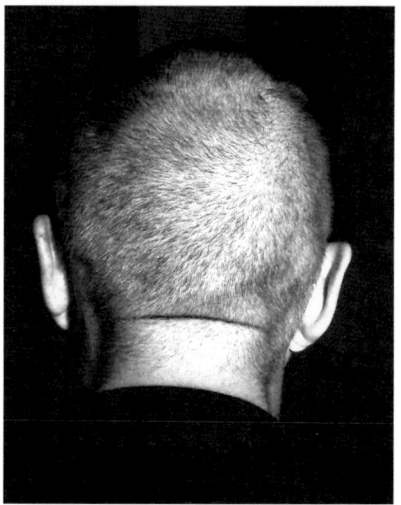

Grundlage für Mönsters Serie »Hinterköpfe« sind Fotografien: unzählige über Jahre entstandene Aufnahmen, die zunächst wie polizeidienstliche Erkennungsfotos angelegt sind und den Porträtierten von allen Seiten fotografisch festhalten. Im Laufe der Zeit dokumentieren jedoch nur noch Hinterkopfaufnahmen die Begegnungen – ganz ohne ihr Sujet preiszugeben. Genau hier setzt der Künstler nun mit seiner Malerei an: Jub Mönster schafft »Porträts« en face von hinten! Komplize ist ihm dabei die Grenze der Malerei, die Eindimensionalität, die Fragen aufwirft und zu Antworten auffordert. Der Blick in ein Gesicht als der gewohnte Anblick eines Angesichts lässt uns nicht nur den Dargestellten identifizieren, sondern auch seine »verschattete« Seite immer sofort hinzudenken. Wir »ergänzen« sozusagen gedanklich den Hinterkopf. Wir wissen um die nicht dargestellte Rückseite. Wir wissen um die sich am Hinterkopf fortsetzende Frisur, den Nacken, den Rücken des Dargestellten. Wir sind gewohnt, die perspektivische Tiefenausdehnung geistig zu vollenden, sind bereit, zu imaginieren. Doch funktioniert es auch umgekehrt? Erkennen wir das Antlitz von hinten? Ist das Abbild von hinten ein Bildnis, ist es ein Porträt?

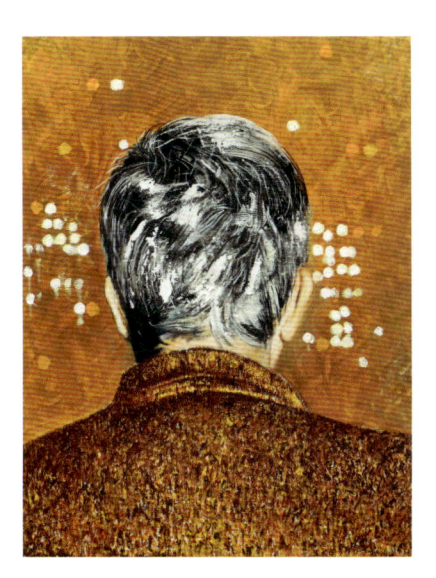

In den malerischen Übersetzungen in Öl oder als Kugelschreiberzeichnungen auf Resopal hat Jub Mönster diese Fragen ausgelotet, hat sich dem Anblick gleichsam von hinten genähert sowie gesehenes Objekt und sehendes Subjekt verschmelzen lassen. Damit steht nicht mehr die Persönlichkeit im Vordergrund, sondern die künstlerische Annäherung des Betrachters an sein Objekt. Wir blicken ihm über die Schulter, versuchen zu erkennen, was es sieht. Es ist nun nicht mehr die Physiognomie des Dargestellten, die uns leitet, sondern der Blick des Porträtierten – nicht der Anblick –, und dieser Blick wird uns förmlich zum »Türöffner« in die Welt des Dargestellten.

Erstmals hat sich Jub Mönster dazu entschieden, die Fotografien der Porträts in einem Bildband zu veröffentlichen sowie einige der zugrunde liegenden Geschichten ihrer Entstehung und der zahlreichen Begegnungen mit Malern, Bildhauern, Literaten oder Schauspielern zu erzählen. Gerade der Schritt der Veröffentlichung macht überdeutlich, was die Qualität der Malerei ausmacht: die Freiheit der Kunst. Die Bilder zeigen nicht das auf den Fotografien Dargestellte: Sie kombinieren, sie interpretieren, sie imaginieren. Auch Magrittes Gemälde seines Mäzens Edward James »Reproduktion verboten« gründet auf einer fotografischen Vorlage (Abb. 2). Diese zeigt den Mäzen in der Betrachtung eines Gemäldes von Magritte versunken. Die Entstehungsgeschichte dahinter ist heute bekannt: 1937 hatte René Magritte James in London besucht und für dessen Treppenhaus eine vertikale Version des Gemäldes »An der Schwelle zur Freiheit« gemalt. Magritte fotografierte seinen Gastgeber und Gönner anschließend vor dem Gemälde. In seiner malerischen Übersetzung »Reproduktion verboten« greift er die Situation der Begegnung in London auf, lässt jedoch das konkret Geschaute des Dargestellten im Ungewissen. Anstelle des direkten Zitats seines Gemäldes »An der Schwelle zur Freiheit« wählt Magritte – wie auch Jub Mönster in seinen Hinterkopfporträts – die Freiheit der Kunst: das Offene, das Ungewisse, das Nicht-logisch-Erklärbare.

Abb. 2 René Magritte, An der Schwelle zur Freiheit, 1937 | © VG Bild-Kunst, Bonn 2022

Nina Hoss, 2009

Rainer Fetting, 1998

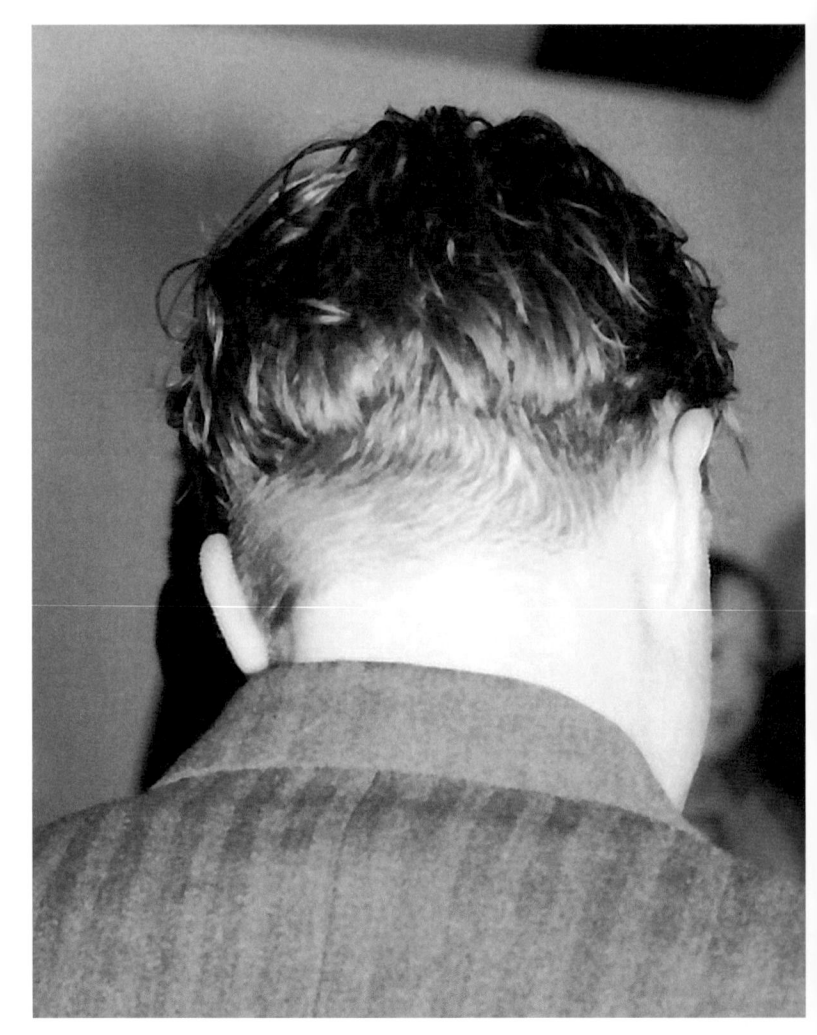

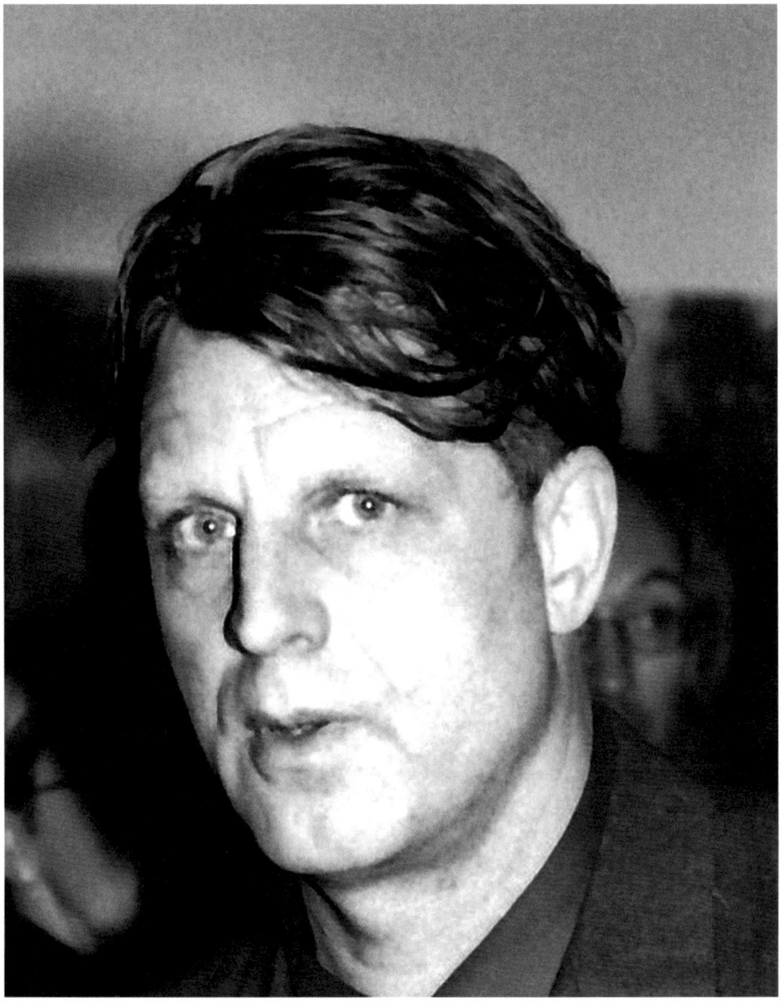

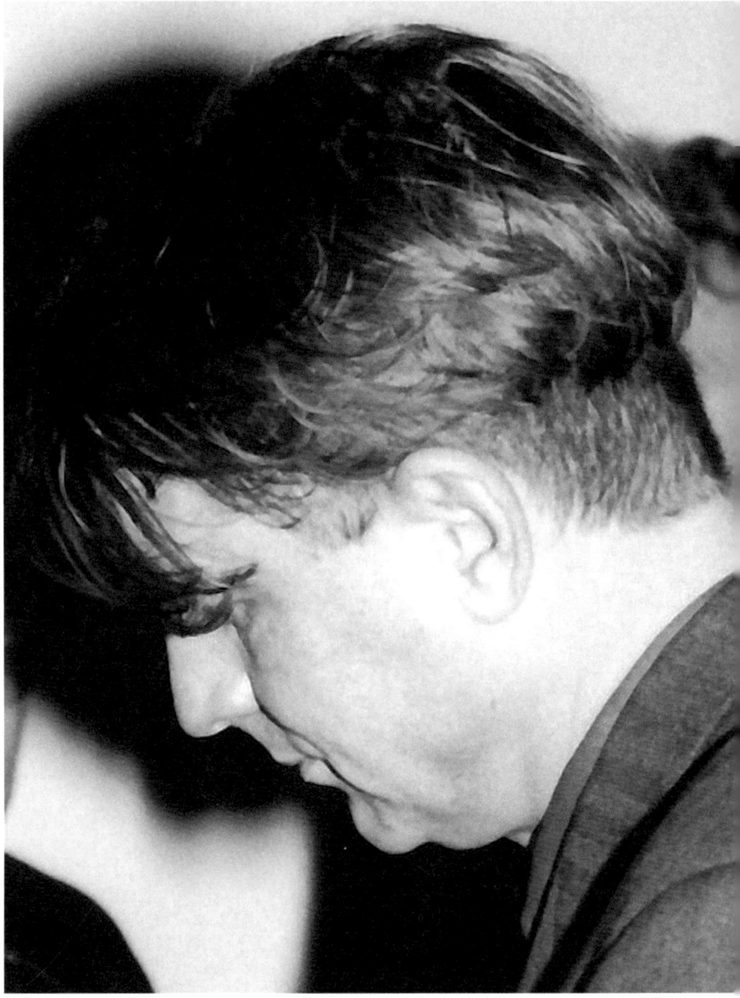

Rainer Fetting, 2009

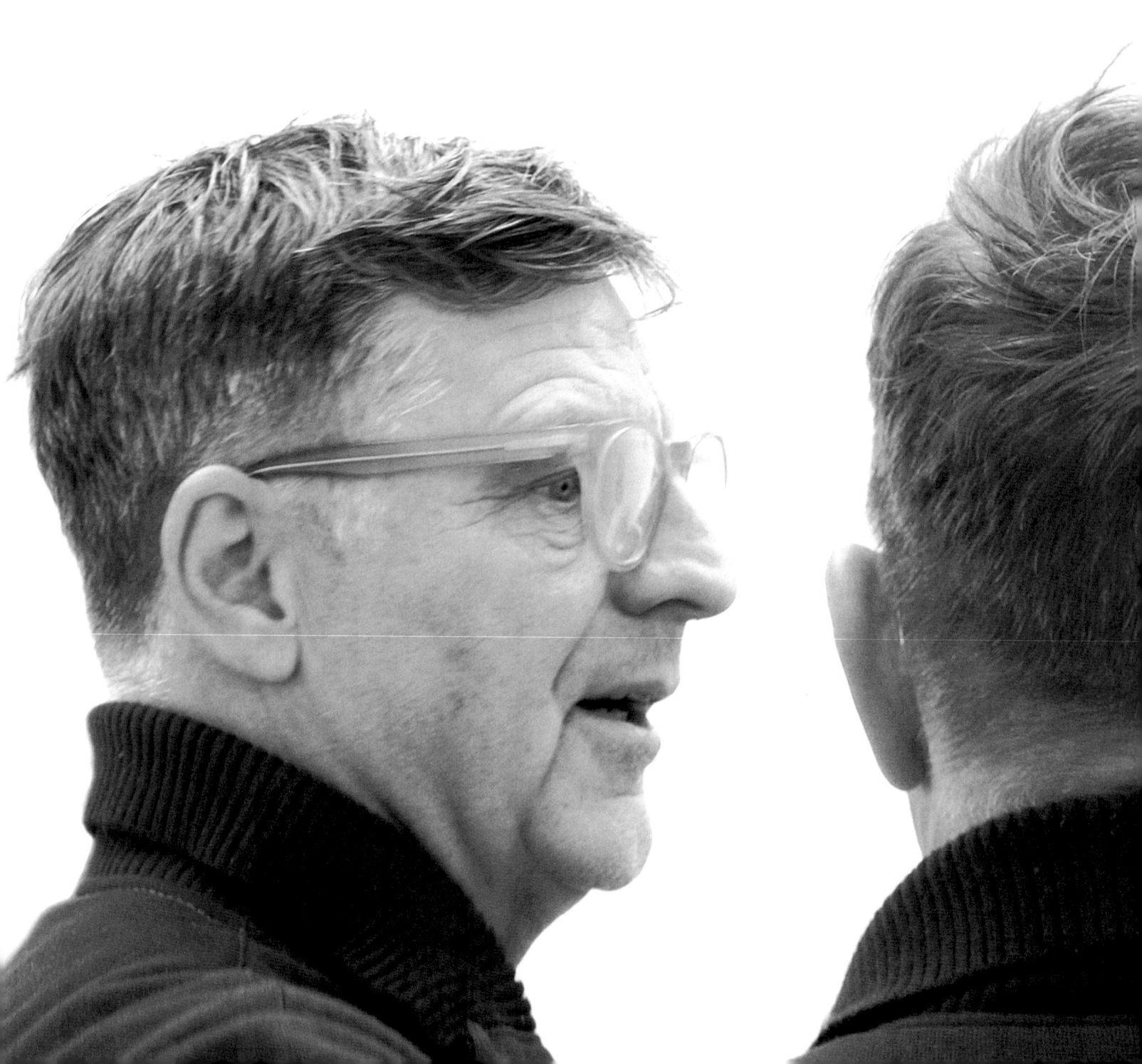

131

132   Ed Ruscha, 2002

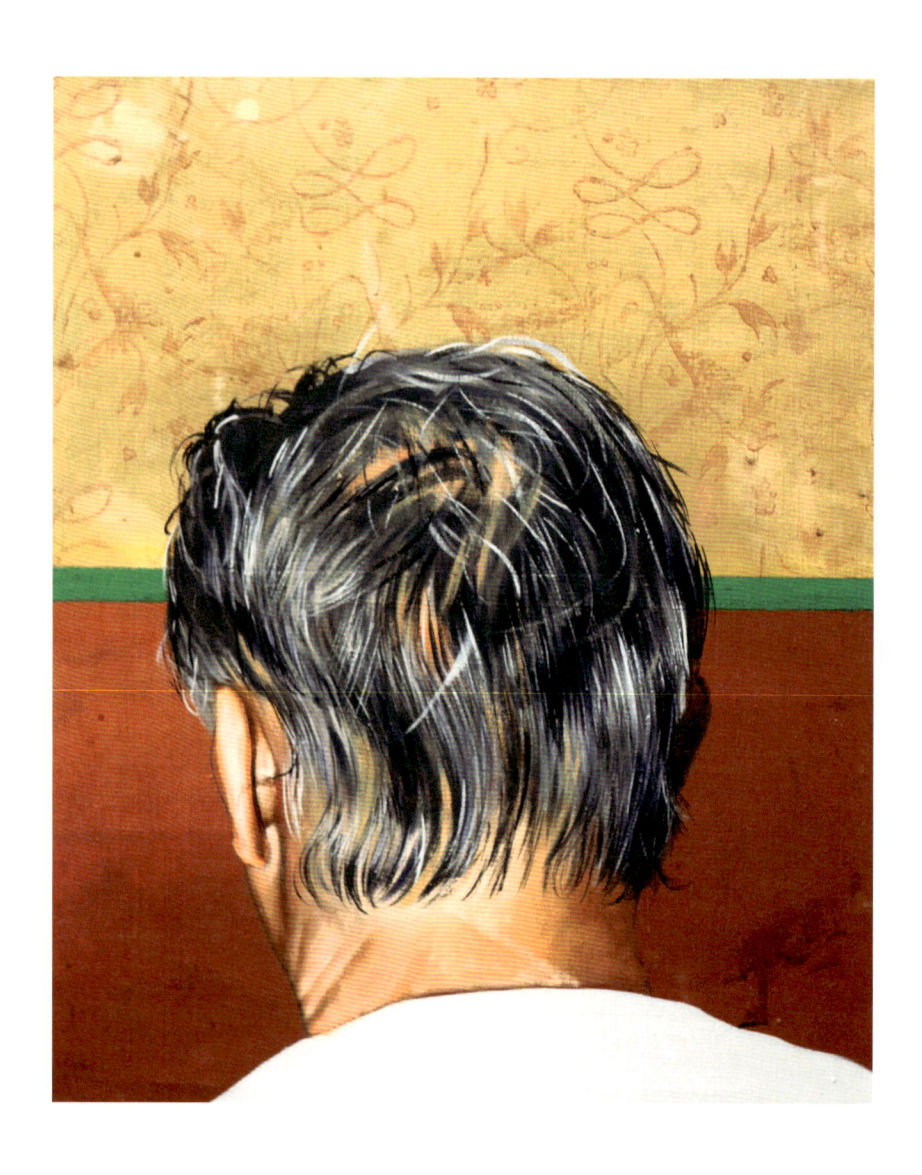

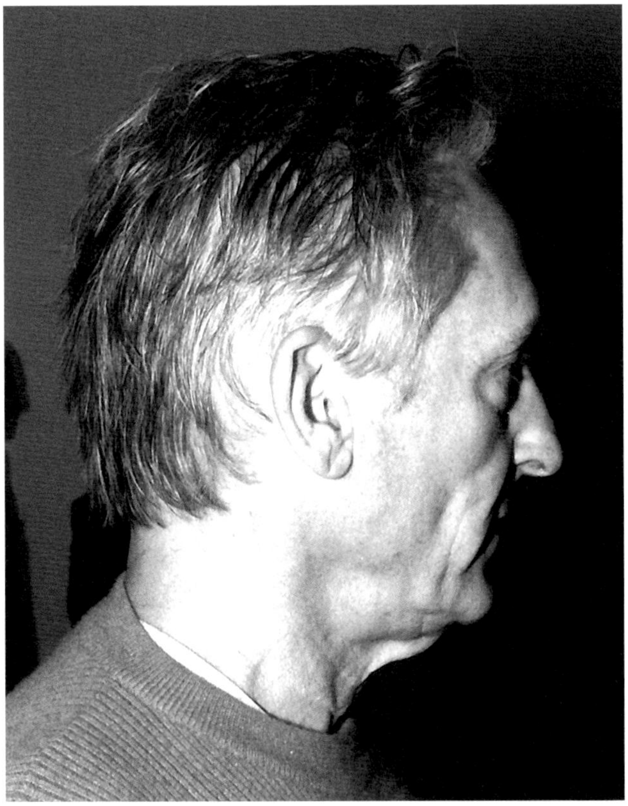

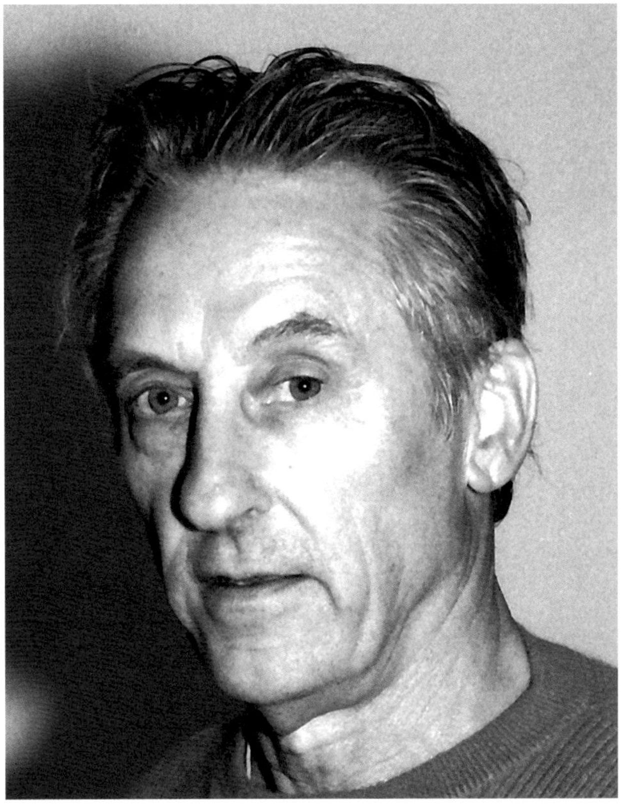

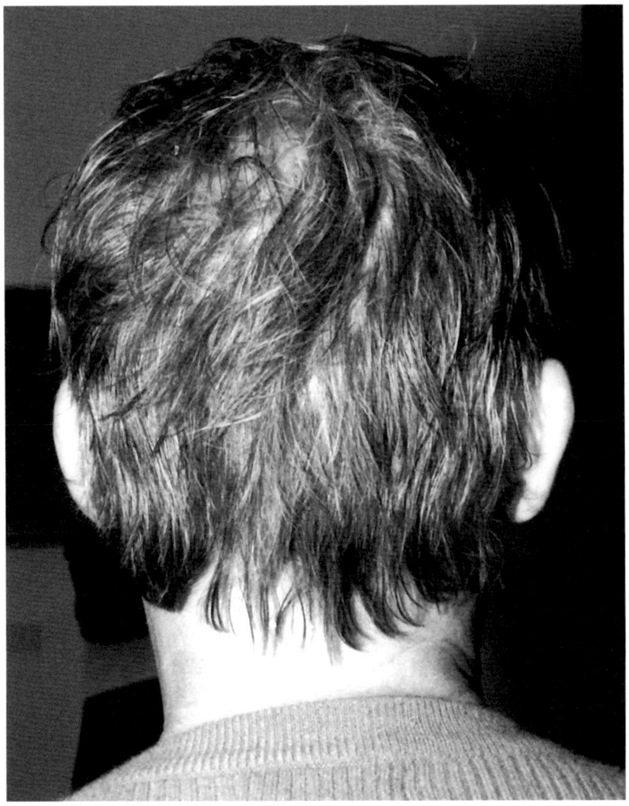

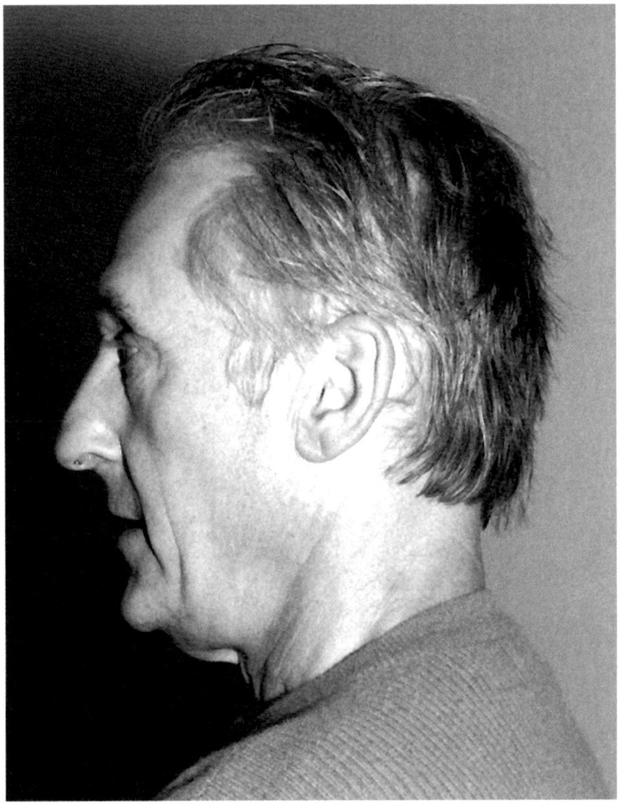

Eduardo Arroyo, 1999

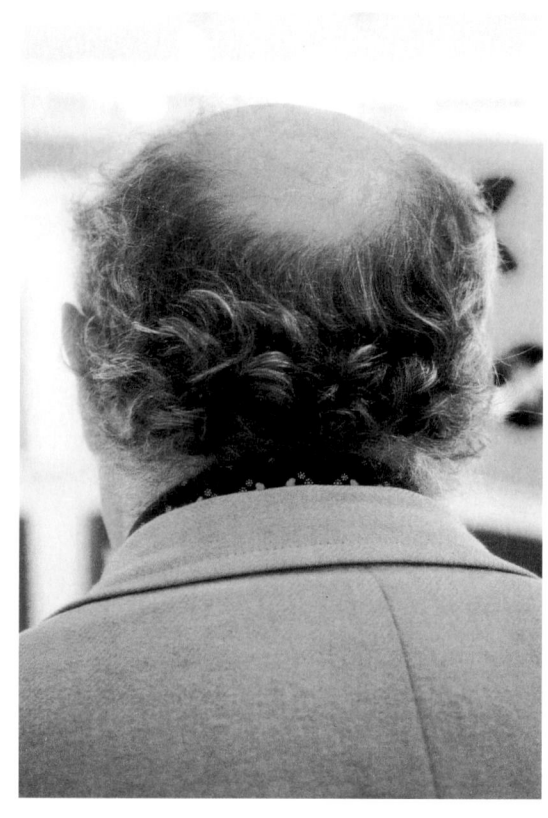

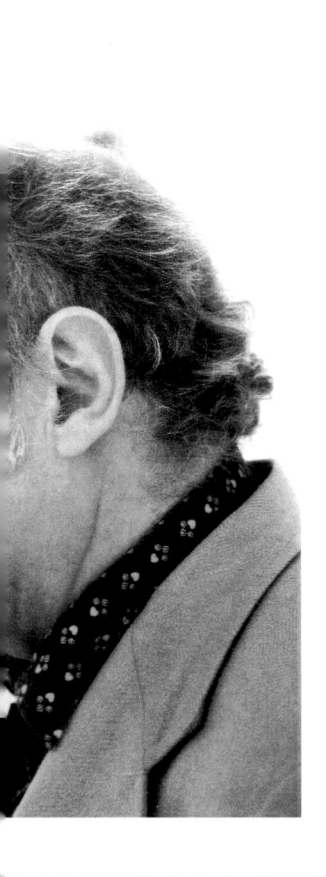

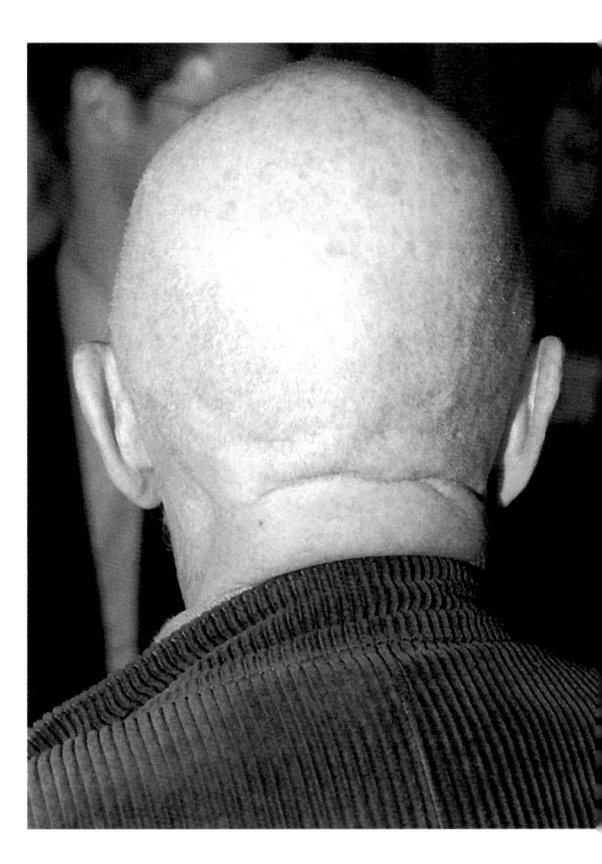

Pierre Alechinsky, 2005 (oben) | Taj Mahal, 1997 (unten)

135

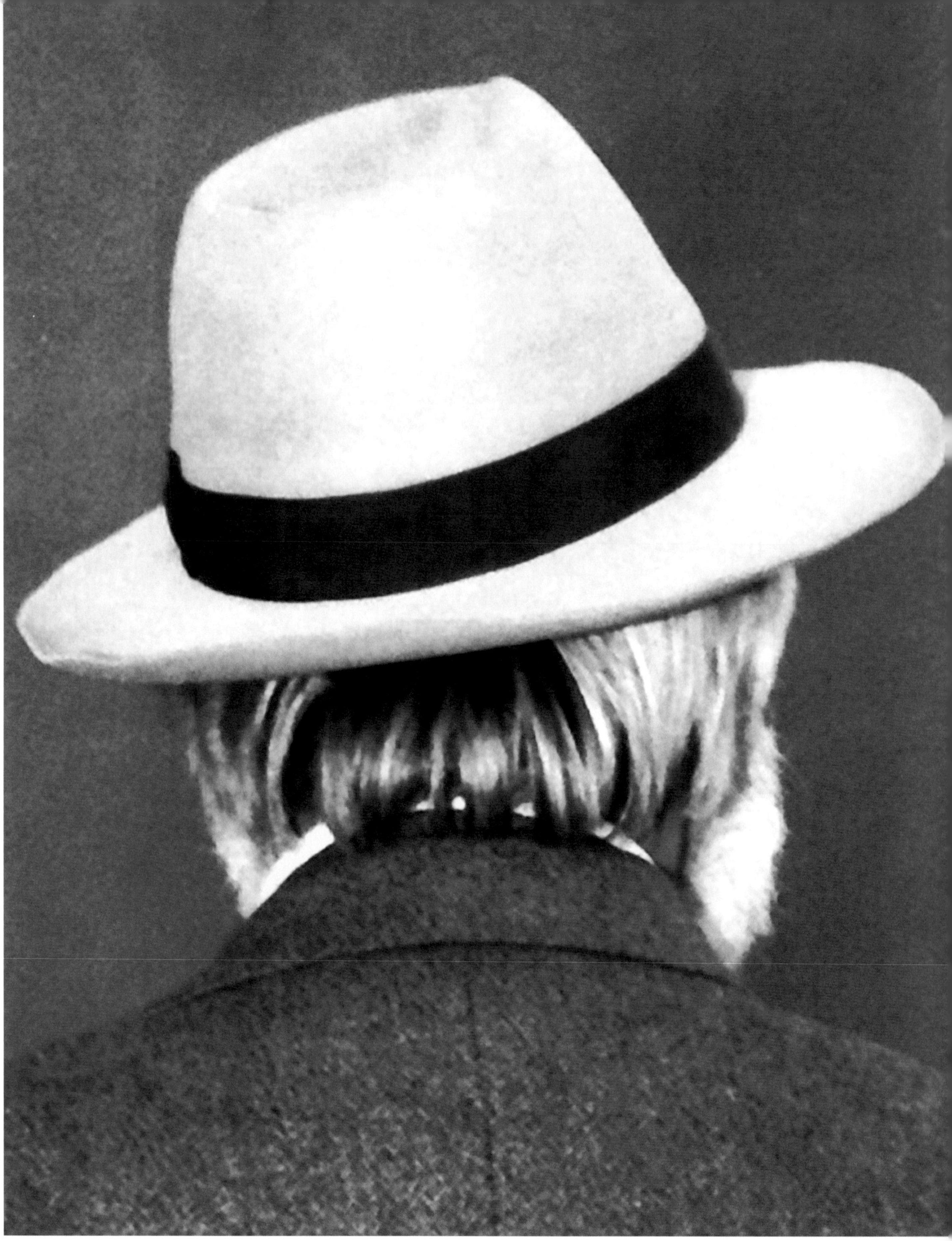

Gotthard Graubner, 2006

›Hinterkopf / Daniel Spoerri‹   Öl auf Leinen | 50 × 40 cm | 1999

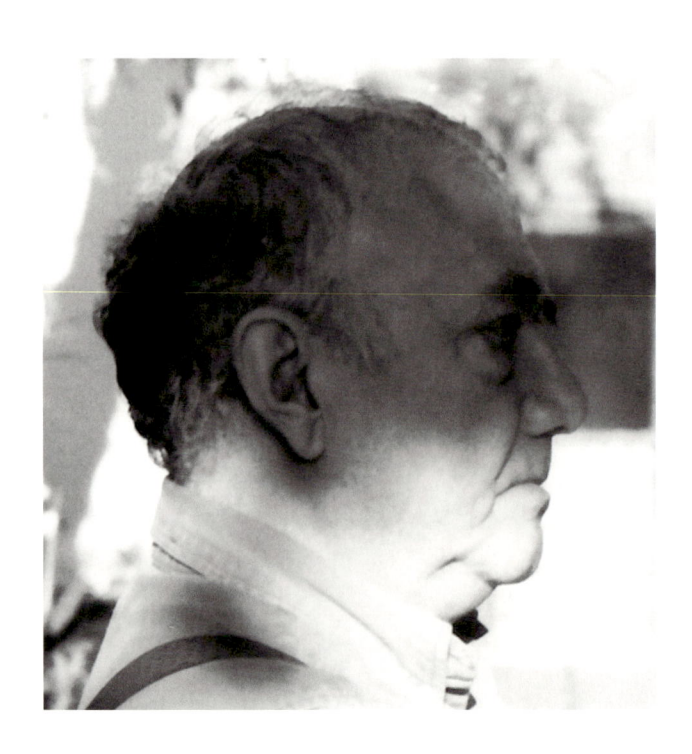

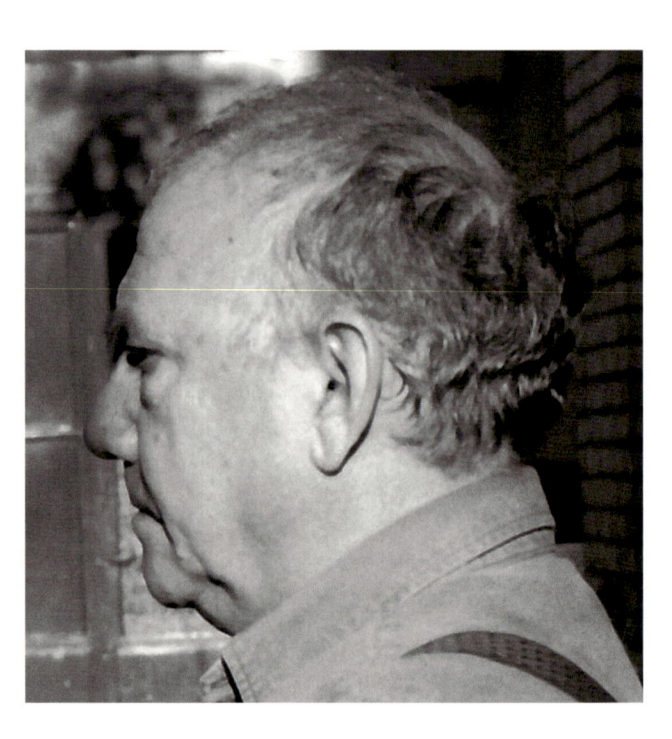

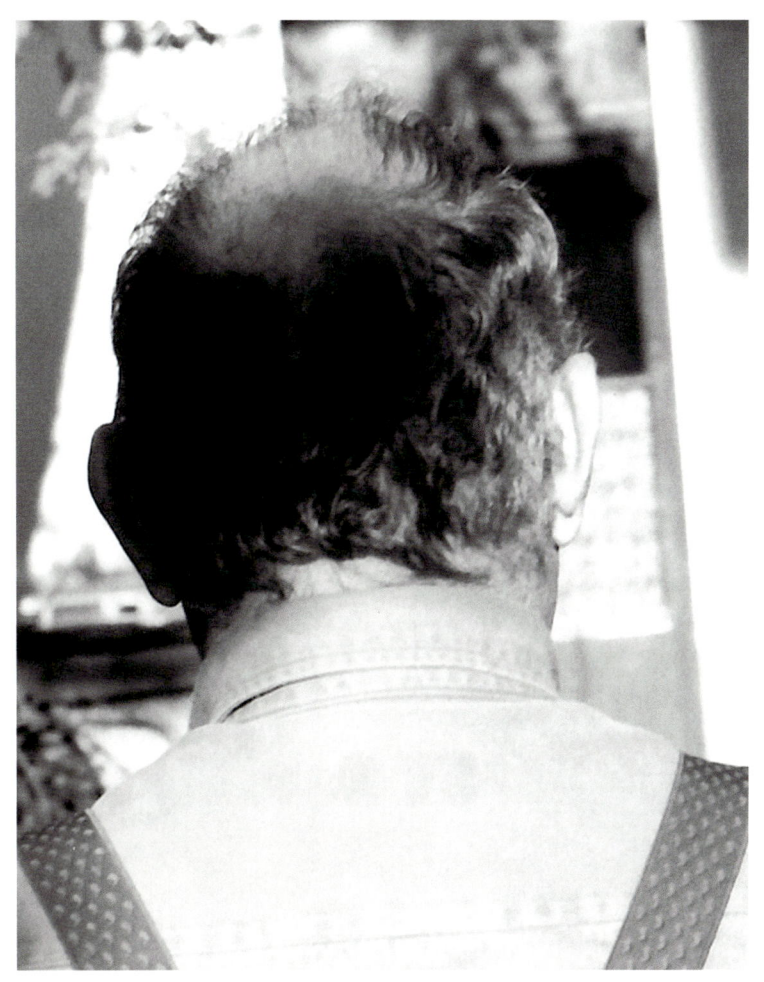

Daniel Spoerri   20. Arrondissement, Paris, 6. Oktober 1996

Ich hatte das imposante Vorderhaus über den Flur durchquert, trat dann in einen kleinen verträumten, übergrünen, sonnigen Garten, dessen Areal einigen großen Bäumen Platz bot. Daniel Spoerris Wohnhaus wirkte inmitten dieser Idylle eher zierlich. Er führte mich sogleich in die Küche und entschuldigte sich: Er müsse gerade seine Kartoffelsuppe vorbereiten, ob ich nicht ein paar dieser Erdäpfel schälen könne.

Ich machte mich an die Arbeit, und wir unterhielten uns über Olga Picabia, Ehefrau des verstorbenen Künstlers Francis Picabia, die mit ihren 91 Jahren noch prächtig beieinander war, und wir gedachten unseres ersten Zusammentreffens anlässlich seiner Ausstellung 1982 in der Galerie Beaubourg in Paris. Das brachte Spoerri auf die Sorgen, die er sich bezüglich seiner nächsten großen Ausstellung machte: Da er mittlerweile hauptsächlich in Italien lebte, genauer gesagt, in der Fondazione *Il Giardino di Daniel Spoerri*, wo es weit und breit keinen der Flohmärkte gab, die er für seine Kunst unbedingt benötigte, schien ihn die Situation zu beunruhigen.

Meinen Ablenkungsversuch – man könne ja vielleicht vorher nach Marseille fahren und das notwendige Material sammeln oder sich mit landesüblichen Devotionalien begnügen – nahm er wohlwollend amüsiert zur Kenntnis.

Dann waren die Kartoffeln geschält, die Fotos mit ihm im Garten aufgenommen und seine einzige Sorge war: dass ich bloß nicht vergessen sollte, die »Seinsoths« in Bremen von ihm zu grüßen.

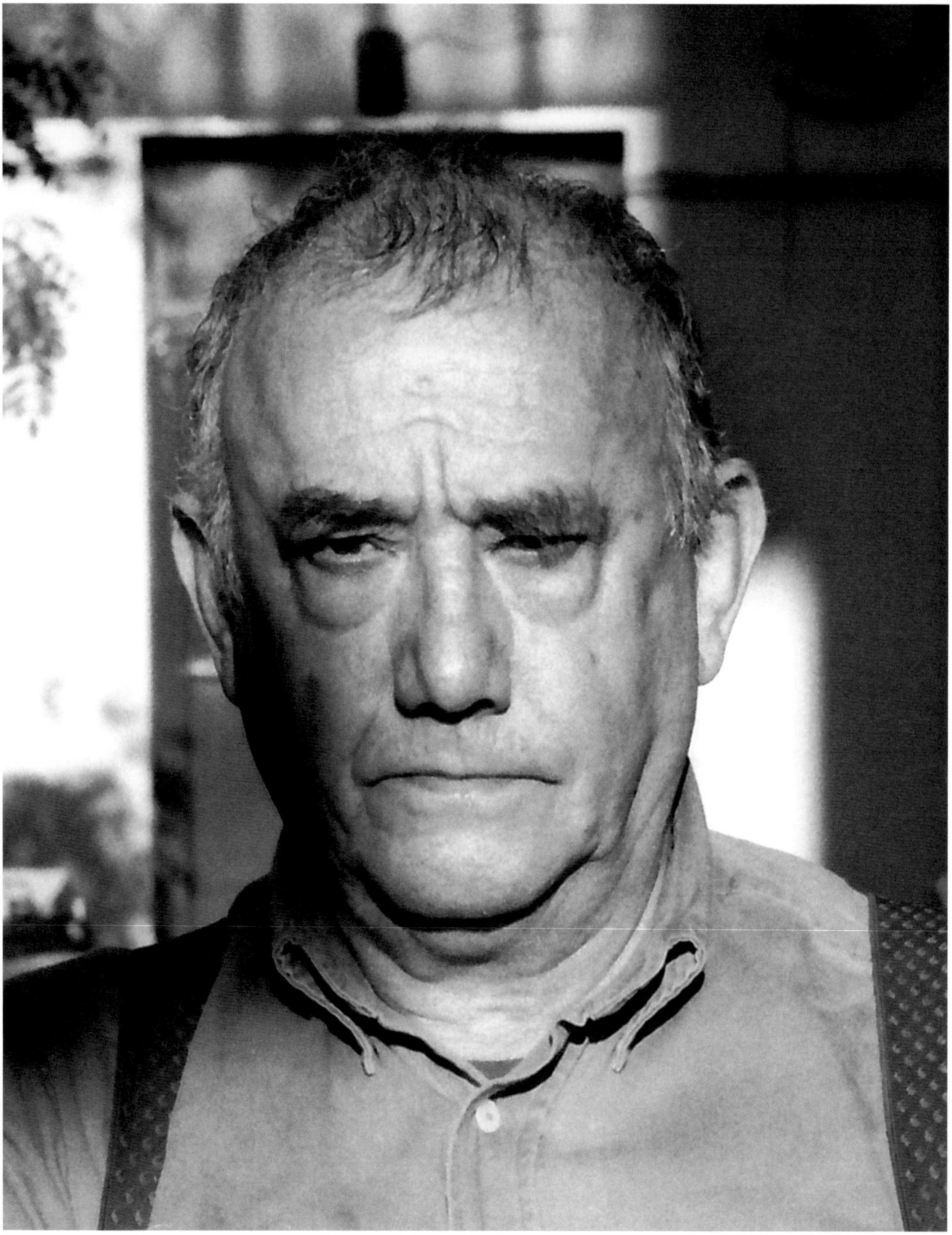

Per Kirkeby, 1997

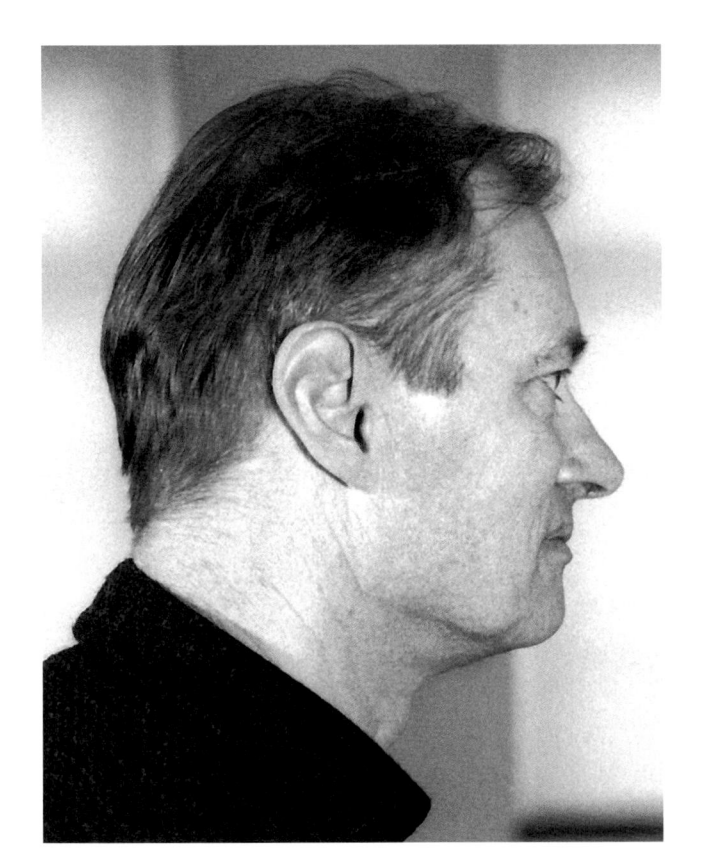

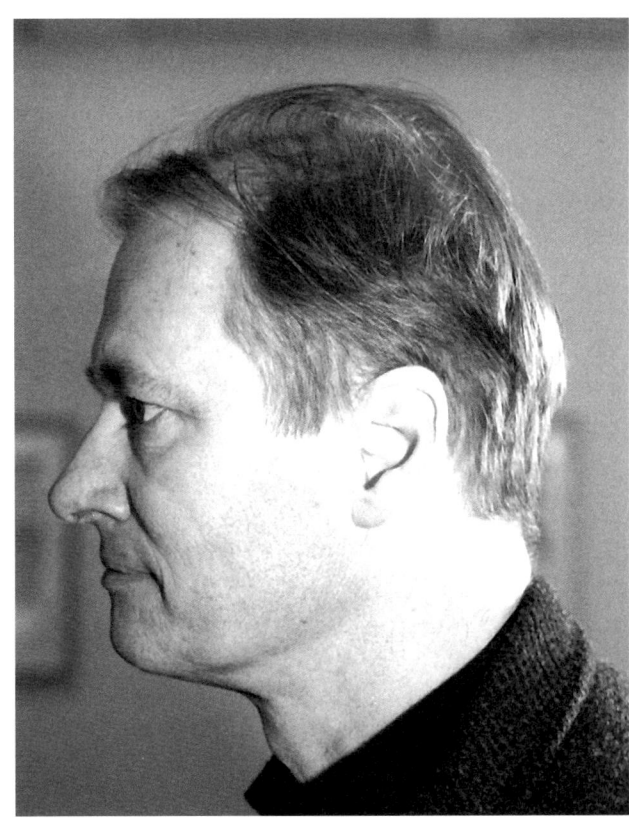

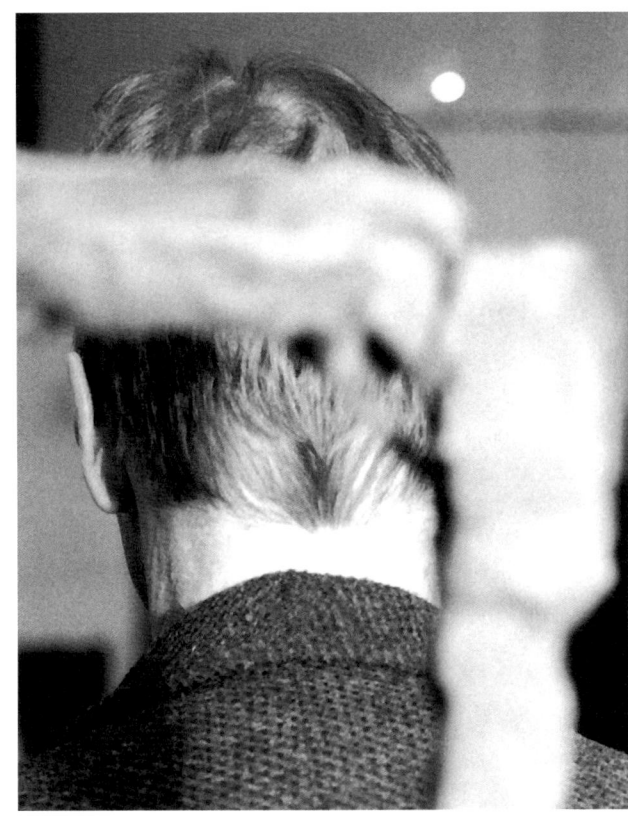

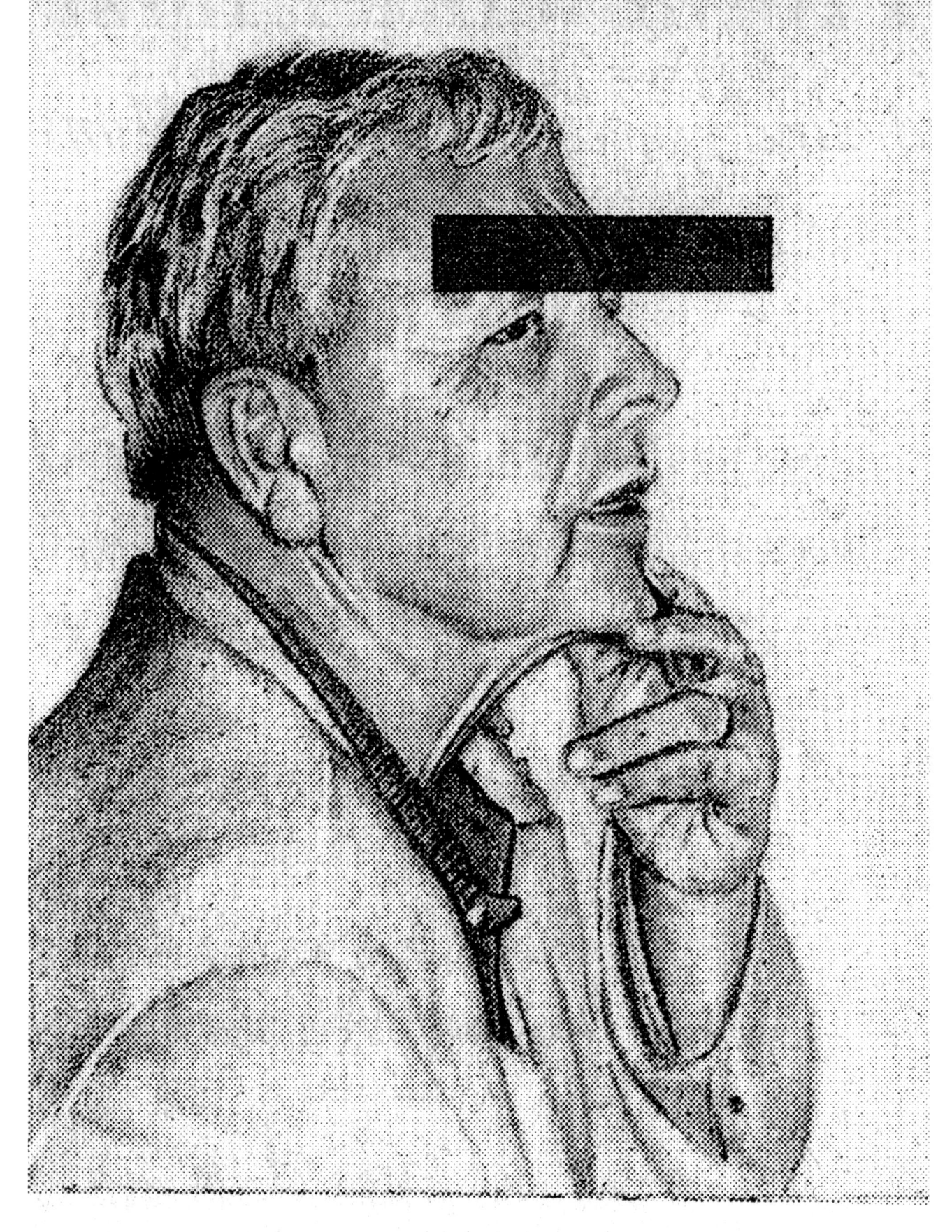

Eckhard H.: »Nachos.«

Eckhard Henscheid, 1997

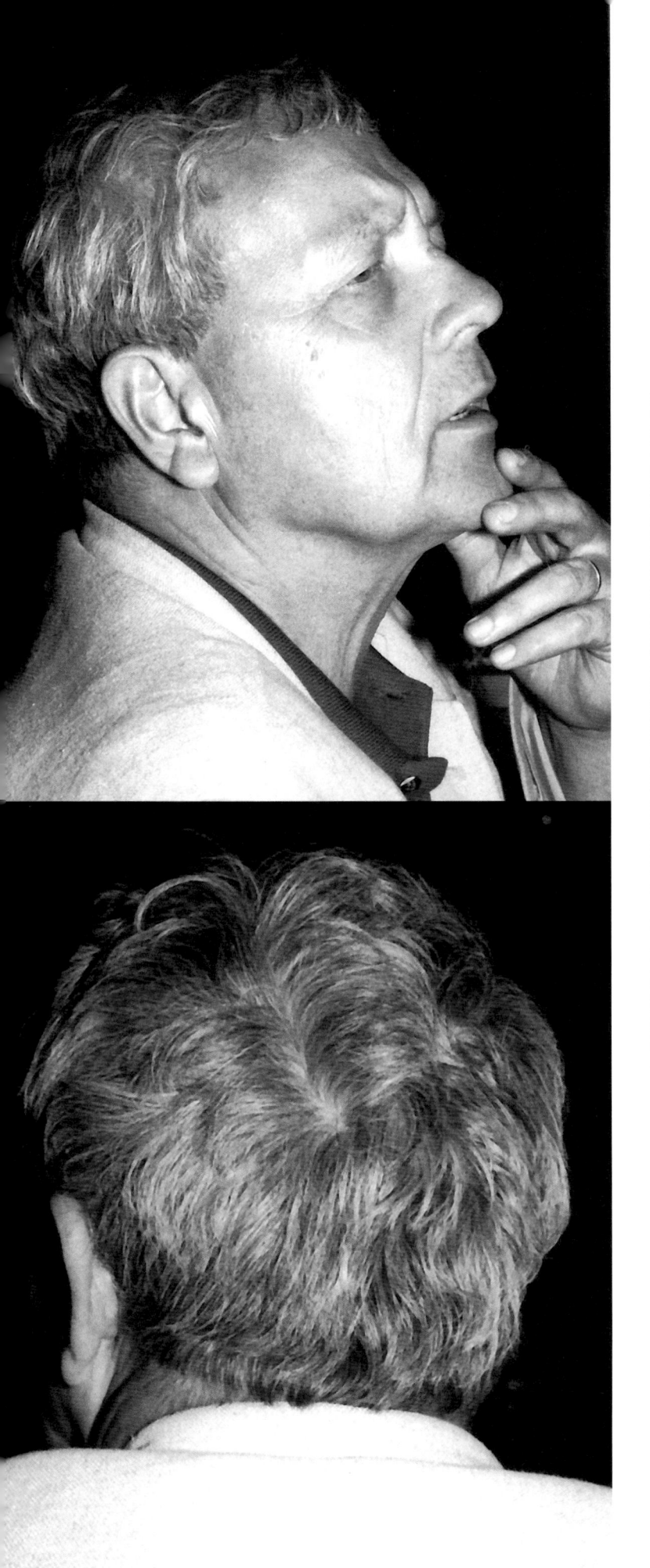

John Baldessari, 1999

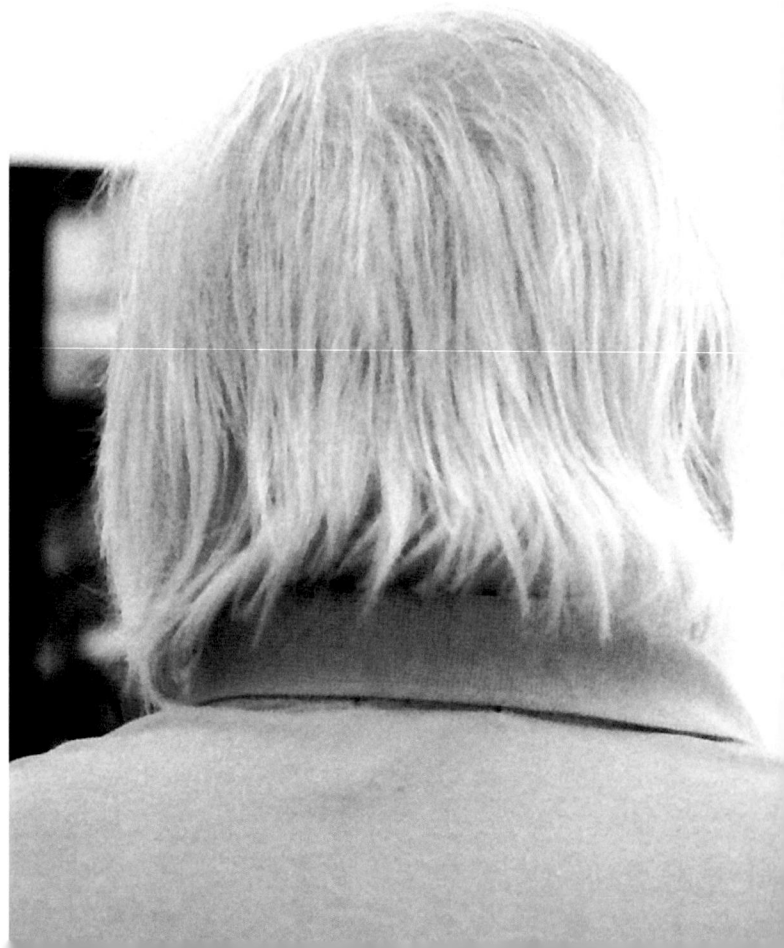

145

Julian Schnabel, 2004

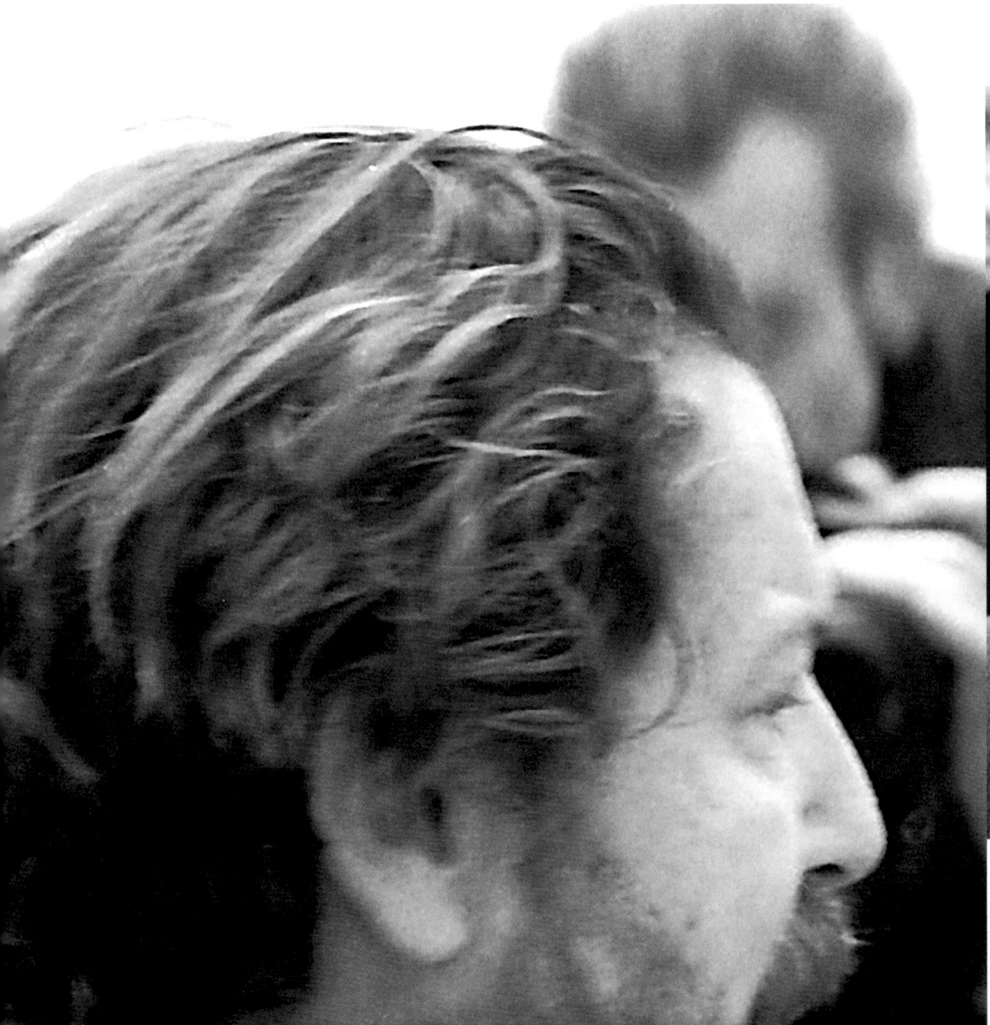

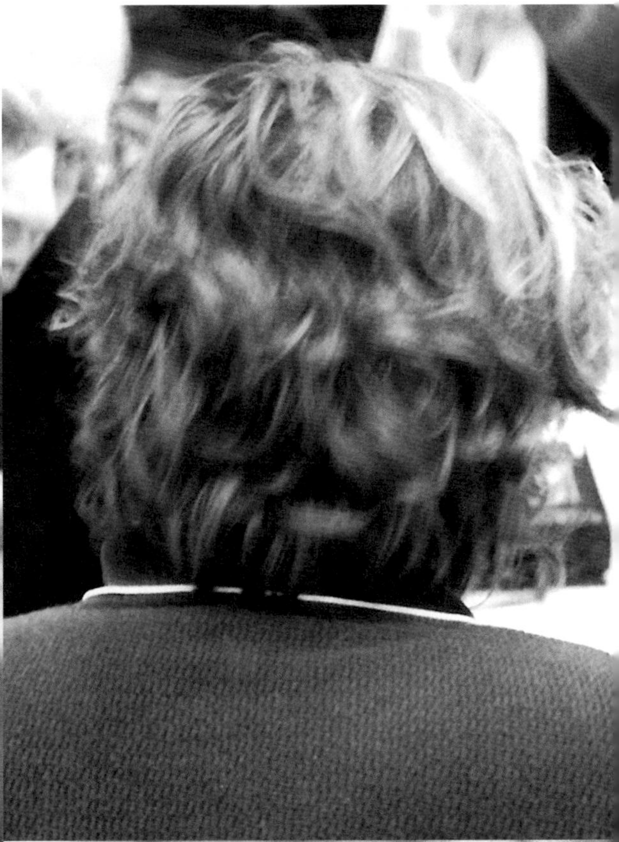

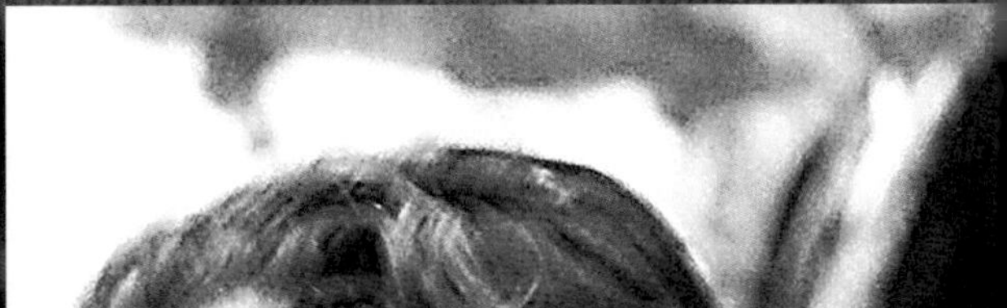

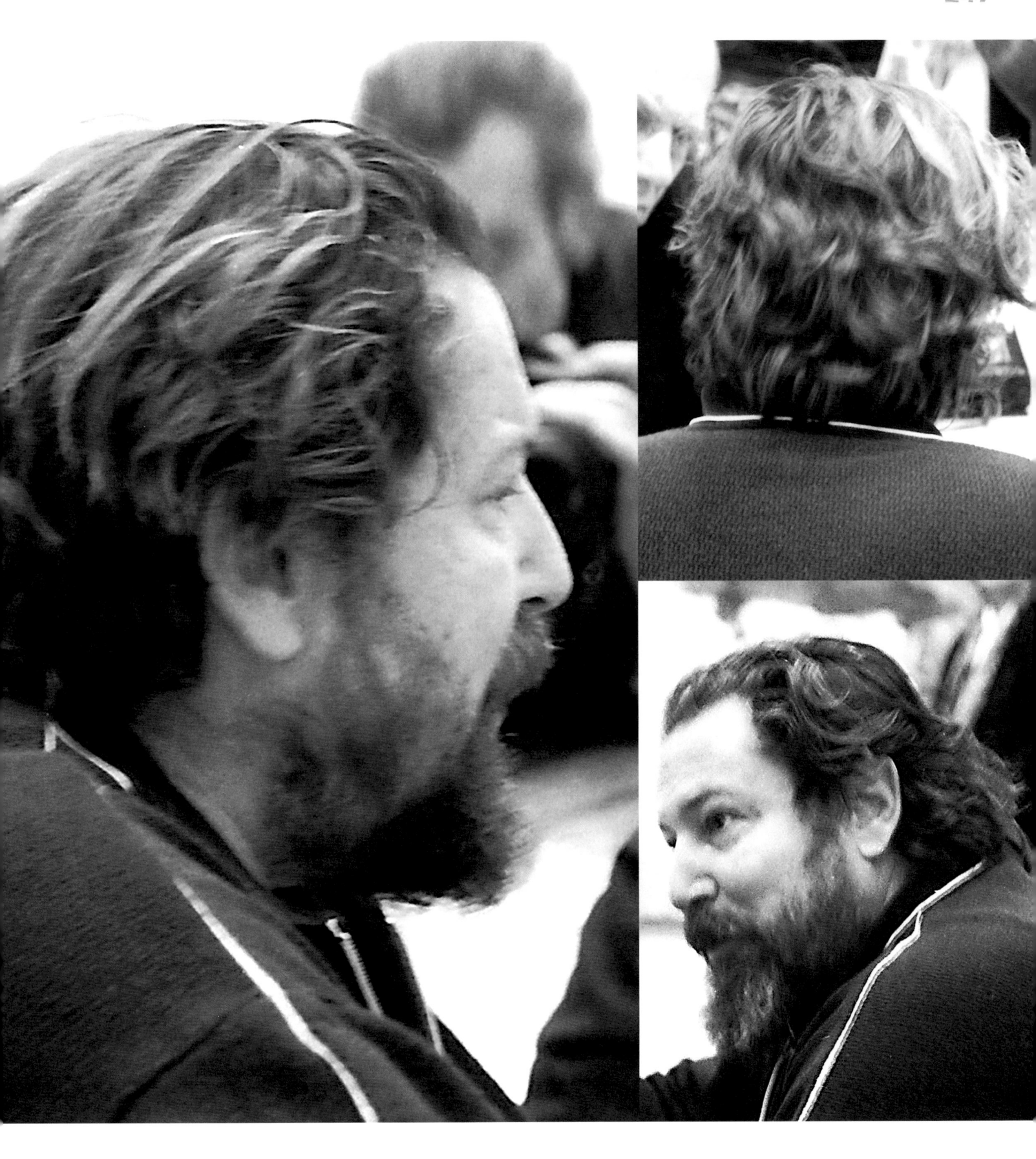

Brigitte Seinsoth – Galeristin der *Galerie Beim Steinernen Kreuz*, gemeinsam mit ihrem Ehemann Udo wie immer extrem zuvorkommend und unterstützend »netzwerkend« – hatte schon im Vorfeld der Eröffnung seiner Ausstellung »Die Wahrheit lügt« einen Porträttermin mit Ben Vautier für mich vereinbart.

Nachdem ich meine Aufnahmen gemacht hatte, saßen wir im Hinterzimmer der Galerie, dem Antiquariat, zusammen und unterhielten uns über ein Stipendium in Vallauris, das ich für das Jahr 2000 anstrebte. Ben Vautier lud mich ein, ihn bei dieser Gelegenheit in seinem Atelier im Norden von Nizza zu besuchen.

Zwei Jahre später war es so weit, doch die Vereinbarung eines Termins war dann nicht ganz so einfach und erforderte einige Ausdauer: Drei, vier Mal telefonierten wir, er schien ein wenig unaufgeräumt und steckte anscheinend mitten in der Arbeit. Seine immer wiederkehrenden Fragen, wer ich denn sei und woher wir uns kannten, schürten von Beginn an meine Zweifel am Zustandekommen eines Wiedersehens. Er schien meine zunehmende Verzweiflung zu bemerken und sagte laut und lachend: »M e n s t e r« – so nannte er mich inzwischen – »ich habe offenbar in letzter Zeit mit Schüben von Demenz zu kämpfen – auch gut, dann können mir die Kunstkritiker jedenfalls nicht vorwerfen, dass ich mich wiederhole!«

Zwei Tage später verbrachten wir einen wunderbar anregenden Vormittag miteinander in seinem nahezu musealen Atelier.

Im Jahre 2003 gab es dann ein erneutes unvergessliches Wiedersehen in Paris, anlässlich seiner Ausstellungseröffnung in der Galerie Daniel Templon »Ben's Bizart Bazart«; erstaunlich war, dass er sofort wusste, wer ich war und woher wir uns kannten. Er umarmte mich zur Begrüßung, erinnerte sich an jedes Detail unseres letzten Zusammentreffens, und – während er mich seinen Freunden vorstellte – sogar an meinen Namen: »Menster!«

Ben Vautier Galerie Beim Steinernen Kreuz, Bremen, 25. April 1998
Unten Ben Vautier im Badezimmer der Galerie Seinsoth
Links unten Skizze von Ben Vautier, 1998 (unterzeichnet: Ben 98)
Seite 150 ›Ben Vautier‹ | Öl auf Leinen | 50 × 40 cm | 2001

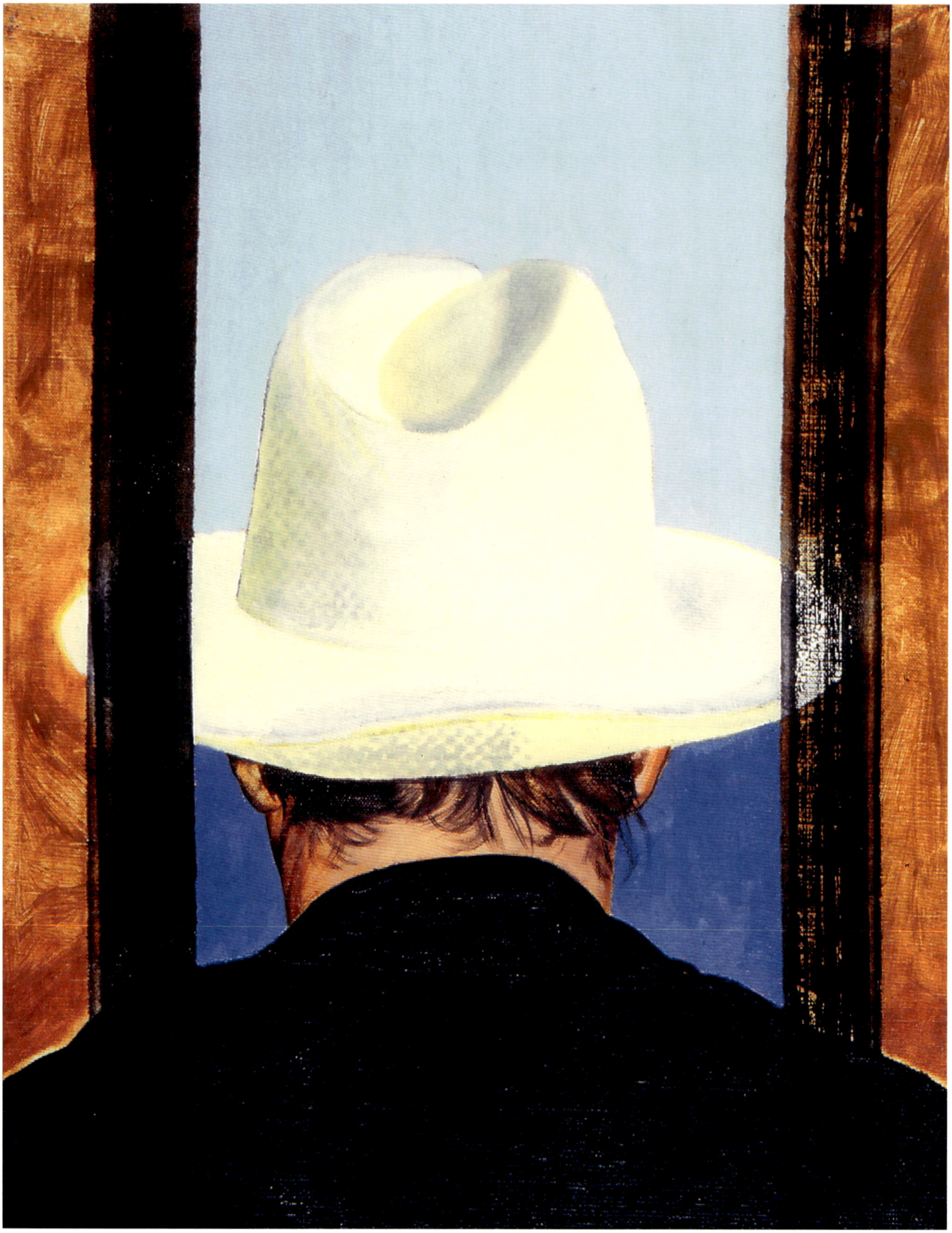

Felix Droese, 1999

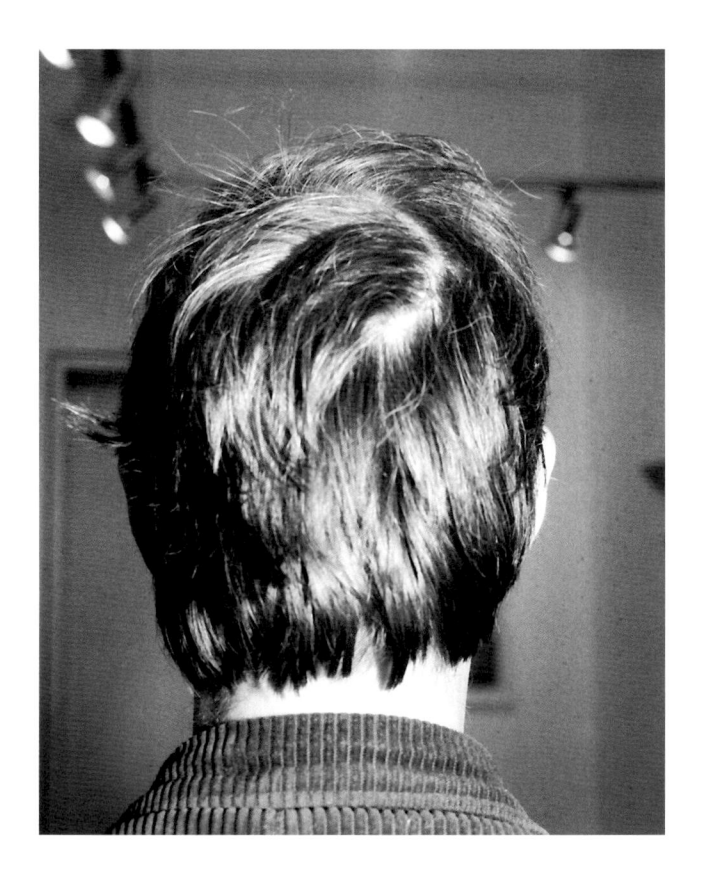

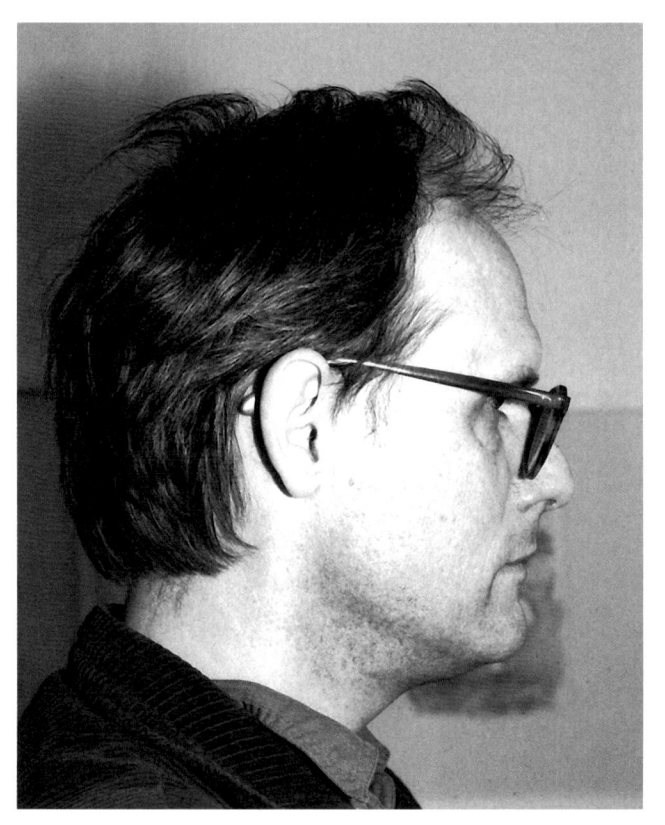

Gilbert & George, 2005

153

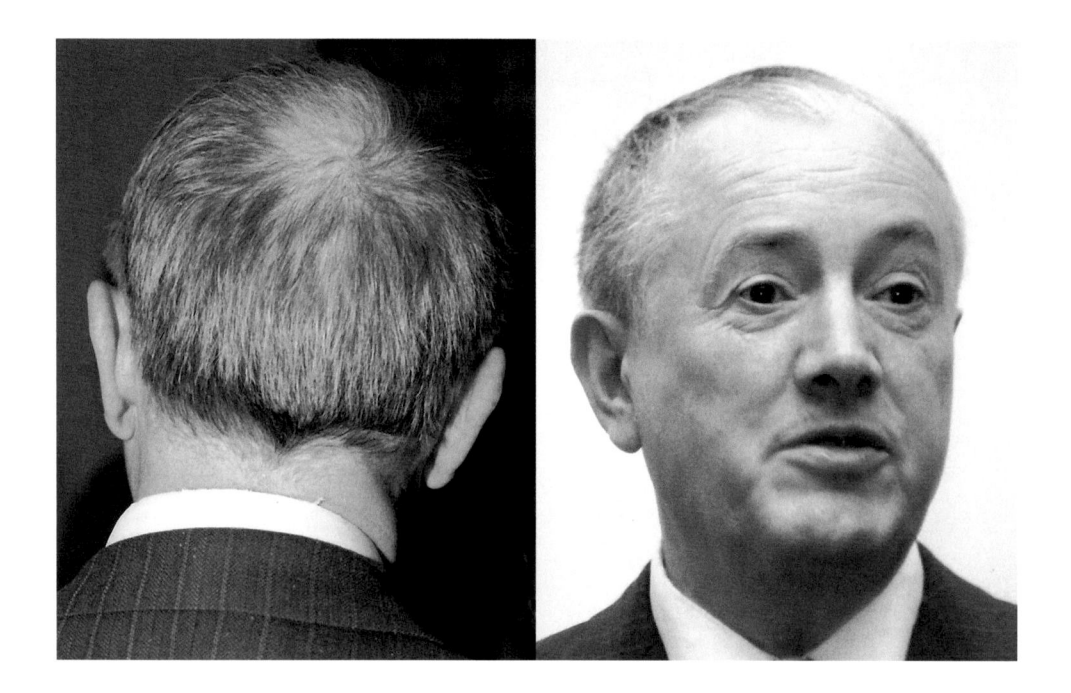

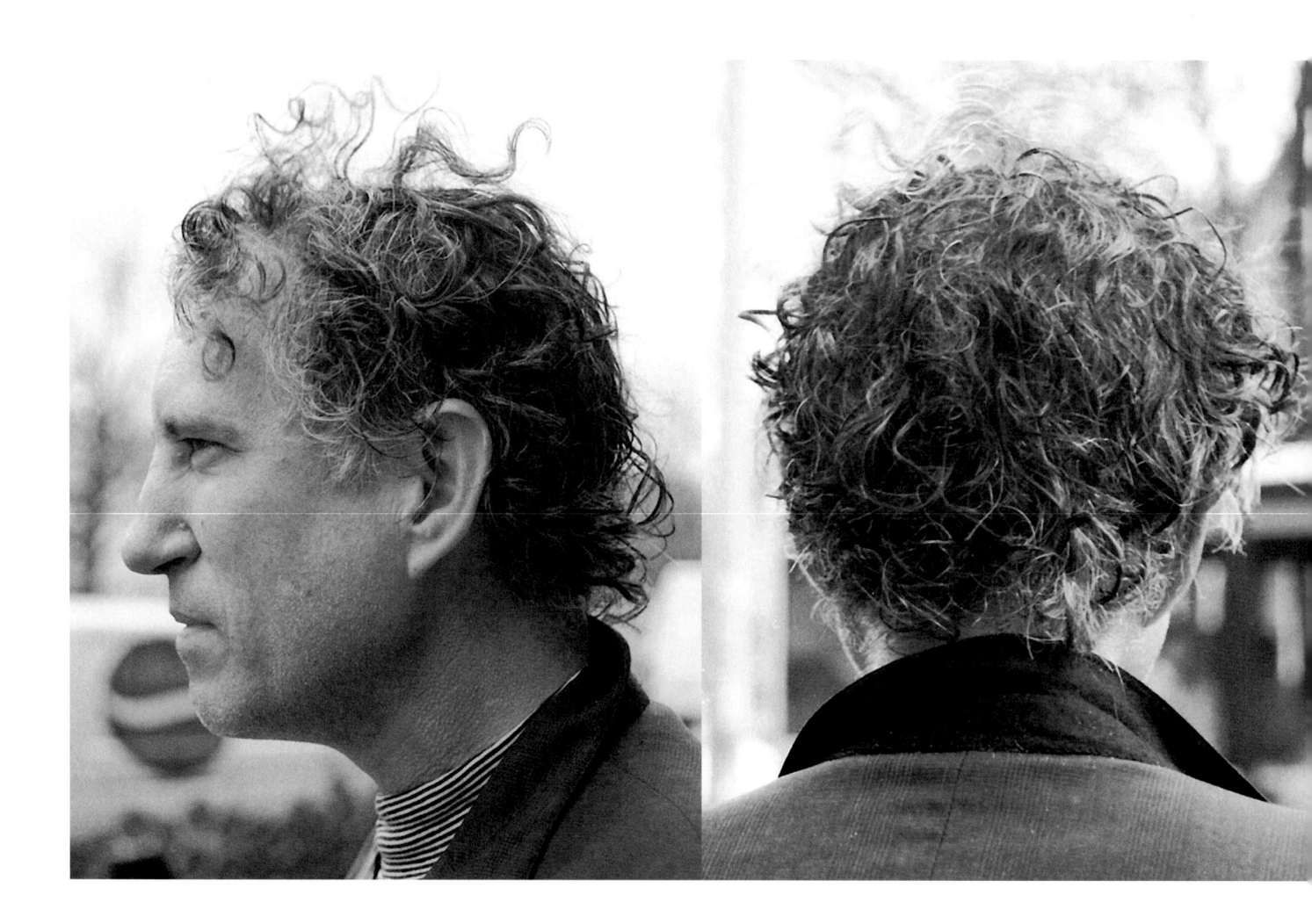

Gilbert Prousch, 2005 (oben) | Raymond Pettibon, 2007 (unten)

George Passmore, 2005 (unten) | Raymond Pettibon, 2007 (unten)

155

Stefan Szczesny, 1998

157

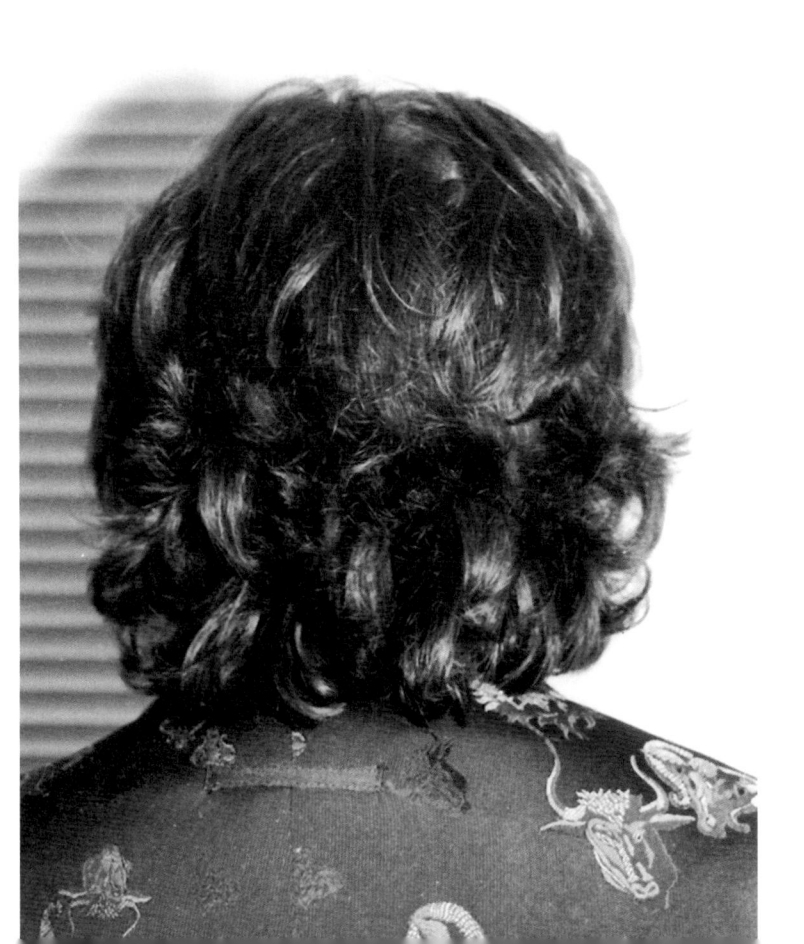

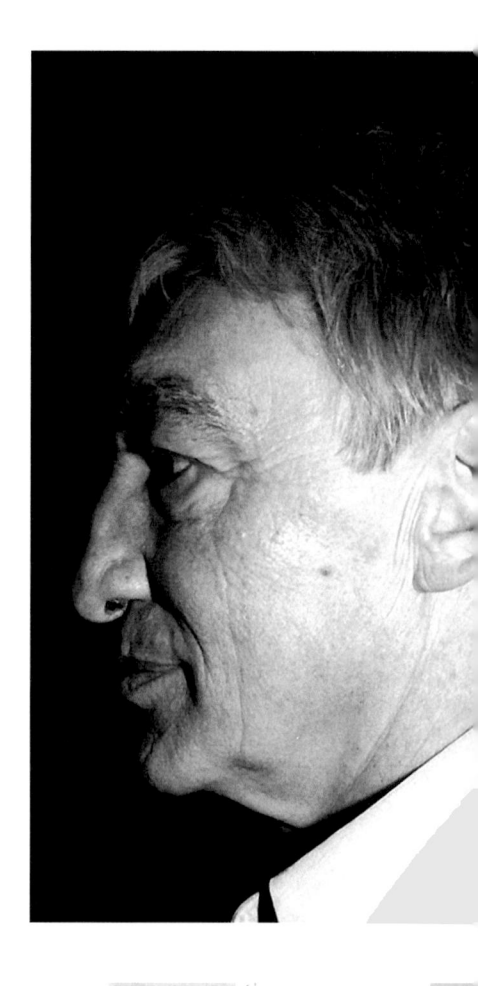

158 Gottfried John, 1999 (oben) | Michaël Borremans, 2009 (unten)

159

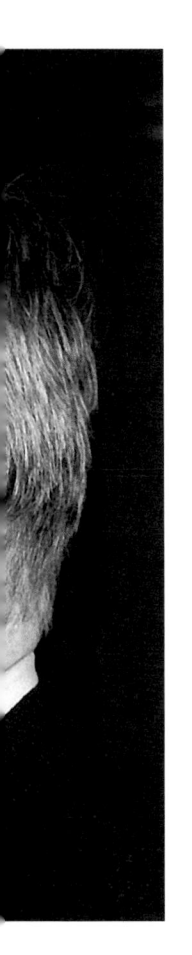

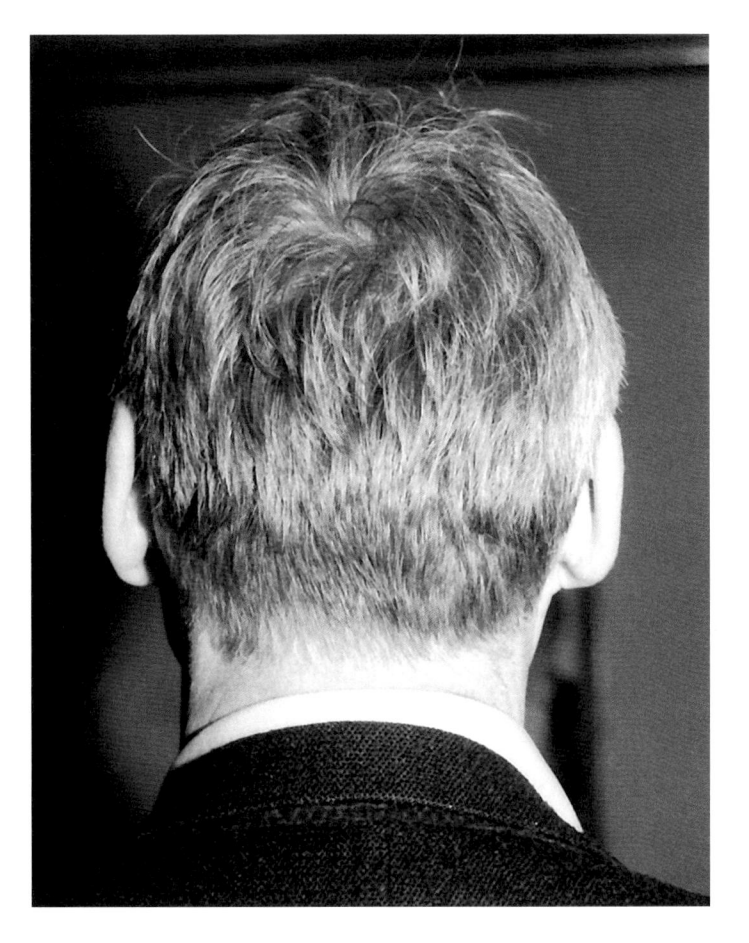

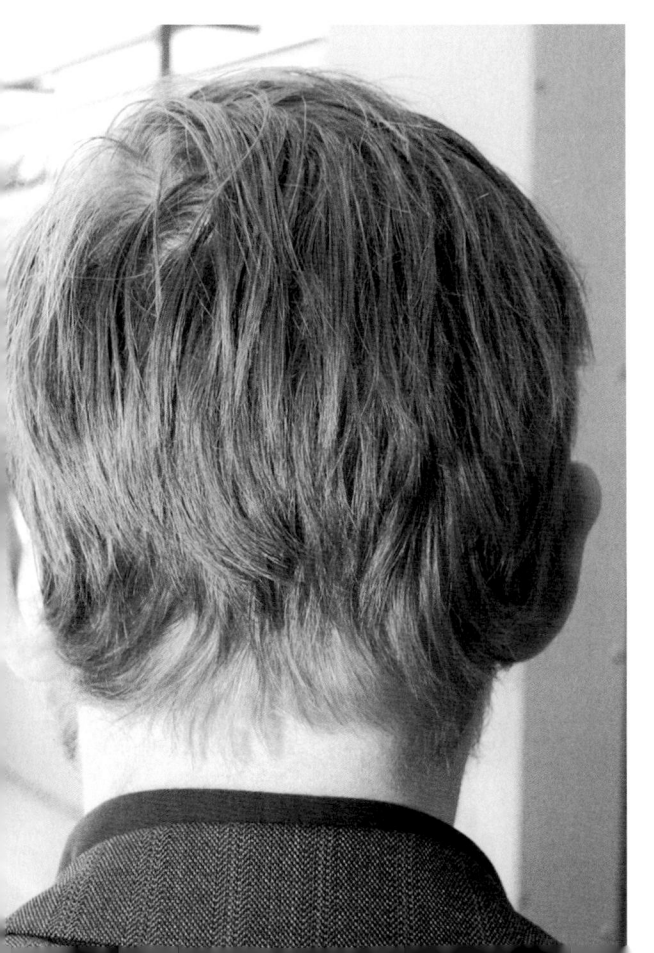

Nachdem Gerhard Richters RAF-Zyklus vom MoMA New York angekauft wurde, bemühte sich das K20 zusammen mit dem Lenbachhaus, auch ohne diese Aufsehen erregenden Arbeiten eine beachtenswerte Einzelausstellung des Künstlers der Öffentlichkeit zugänglich zu machen. Seine aktuellen Werke – Glasscheiben, halb reflektierend, halb durchlässig, 12 bis 14 an der Zahl, aneinandergelehnt – reichten dazu nur bedingt; also entschied man sich, eine Art Retrospektive zusammenzustellen.

Der Presseraum war schon 20 Minuten vorher mehr als gut gefüllt, und nach den Ausführungen der Ausstellungsmacher:innen und Kurator:innen sowie dem nicht enden wollenden Dank an die Sponsor:innen erklärte sich der Künstler bereit, während eines Rundgangs durch die Ausstellung Fragen der Journalist:innen zu beantworten.

Es sollten jedoch noch ca. 30 Minuten bis zum Start vergehen, da der schmächtig-unscheinbare Richter sofort von einer hechelnden Meute von Kultur-Aficionados umzingelt und mit Fragen bombardiert wurde.

Kein Wunder: Vor kaum einem Monat war der Künstler wieder mal auf Platz 1 des aktuellen Rankings im Kunstkompass des Ruhmes- und Geldbarometers der Zeitschrift *Capital* gesetzt worden. Ich stürzte mich in die Schlacht, um womöglich das ein oder andere Foto aufnehmen zu können, und wurde belohnt: Denn gerade noch konnte ich die drängende Frage eines Journalisten mitbekommen, der unbedingt wissen wollte, was Richter dabei empfinde, als weltweit bestbezahlter Künstler zu gelten. Richter, der sich gerade ein neues Atelier bauen ließ, sah aus, als habe er dabei ein eher ungutes Gefühl, und nannte auch den Grund. »Das lesen doch meine Handwerker leider auch!«, murmelte der sichtlich genervte Gerhard Richter – ich hätte ihn umarmen können.

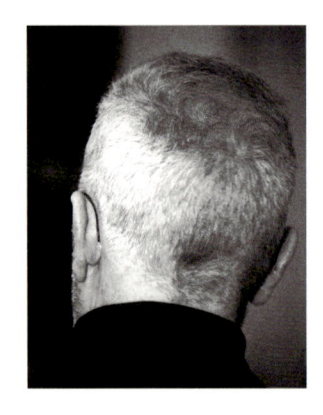

Gerhard Richter
K20 Kunstsammlung NRW, Düsseldorf,
12. Februar 2005

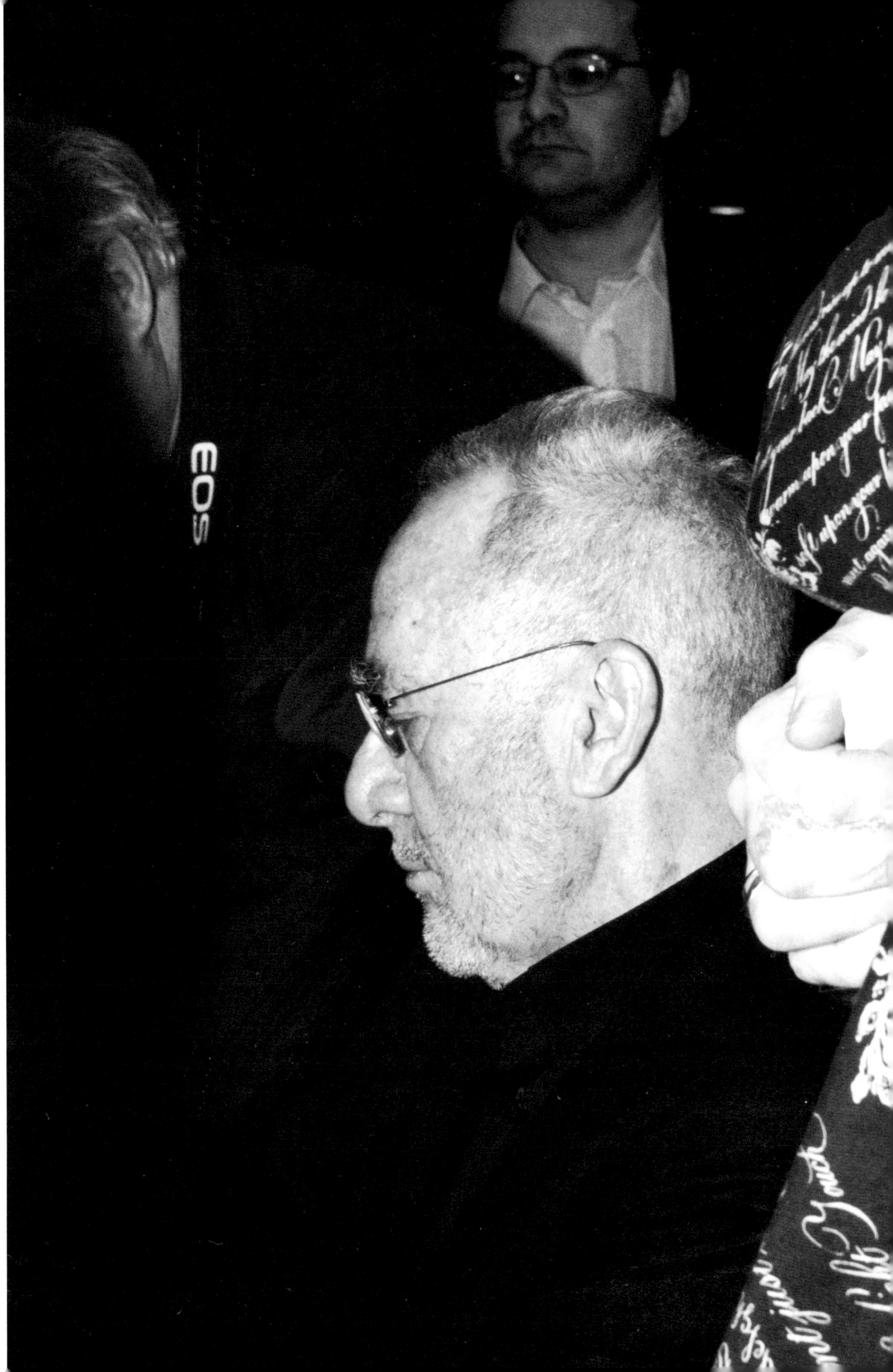
EOS

›Artist in Residence – Gerhard Richter in Dangast‹ Aquarell auf Papier | 24,5 × 34,7 cm | 2017
Seite 161 Gerhard Richter – umzingelt

163

Norbert Schwontkowski, 2007

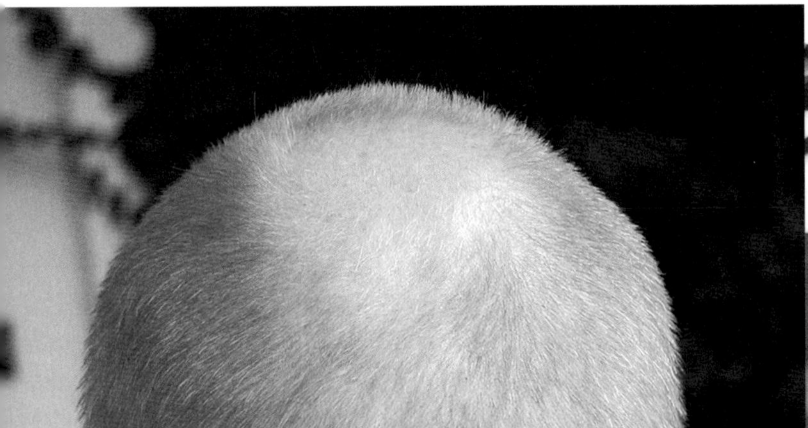

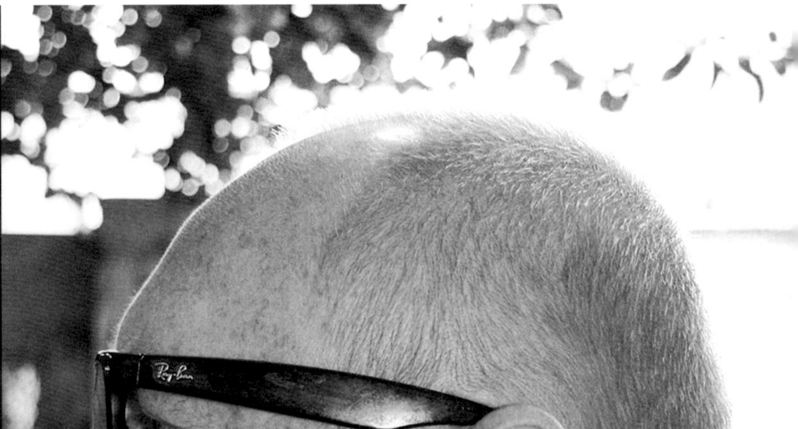

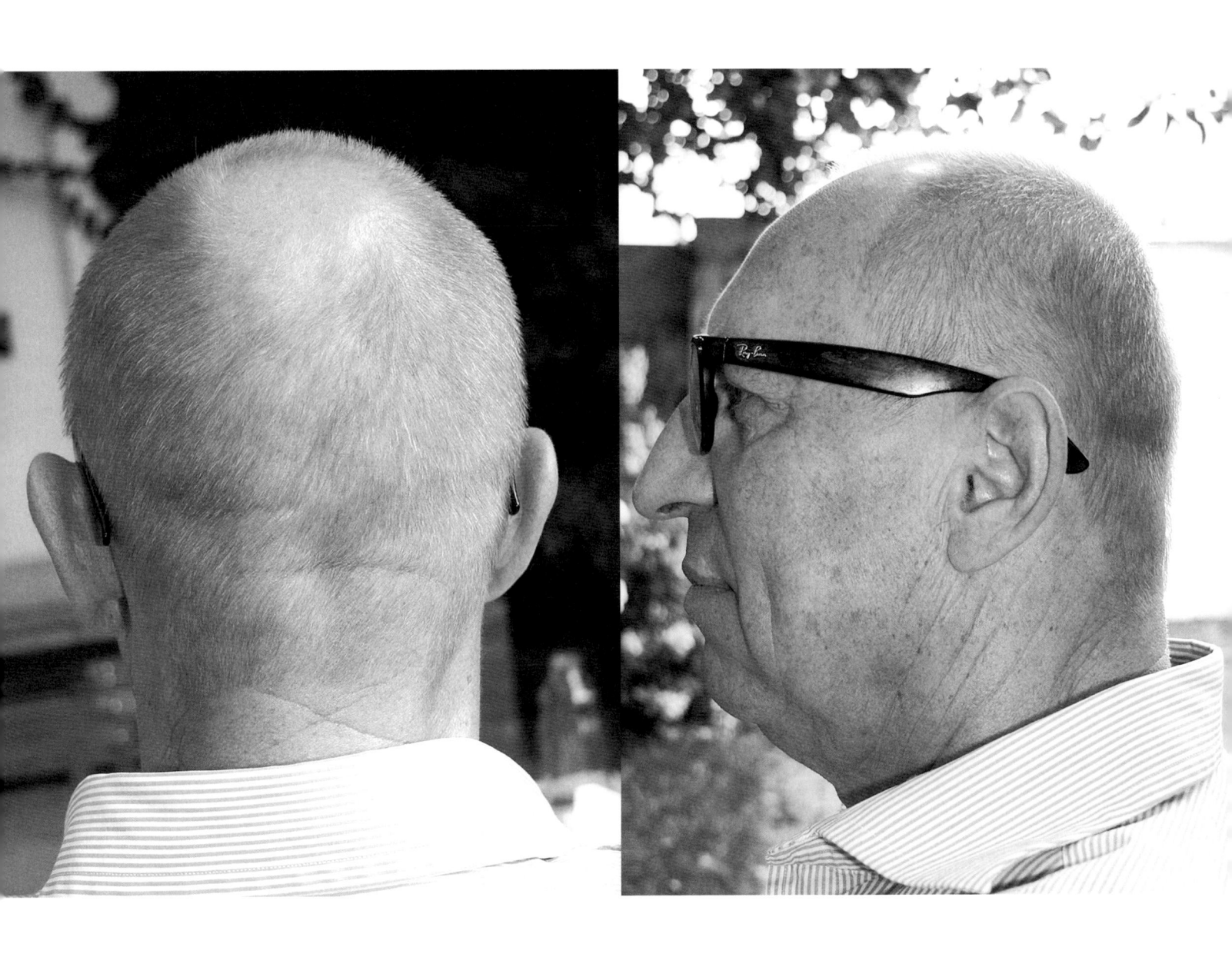

Jiří Georg Dokoupil, 2005

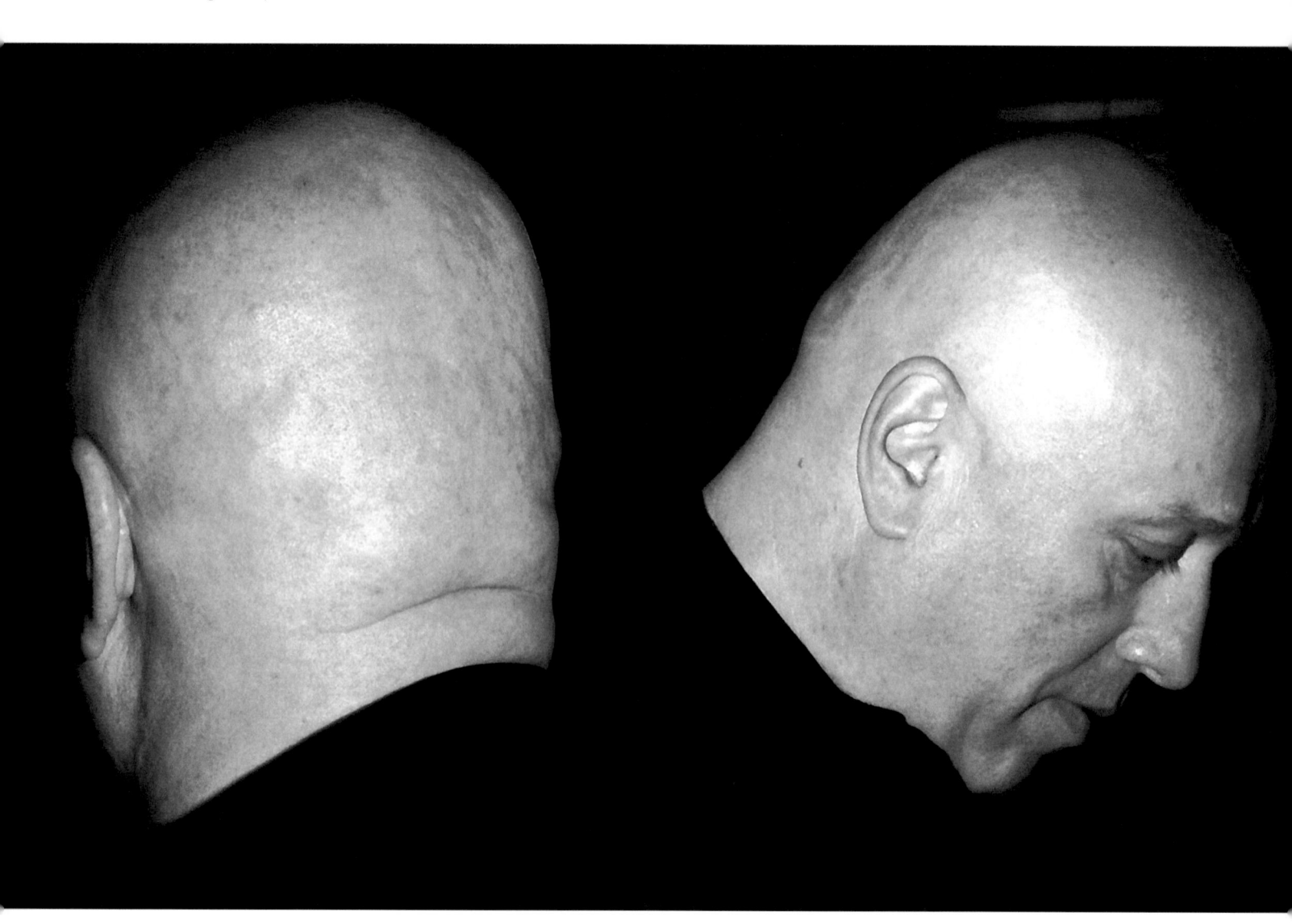

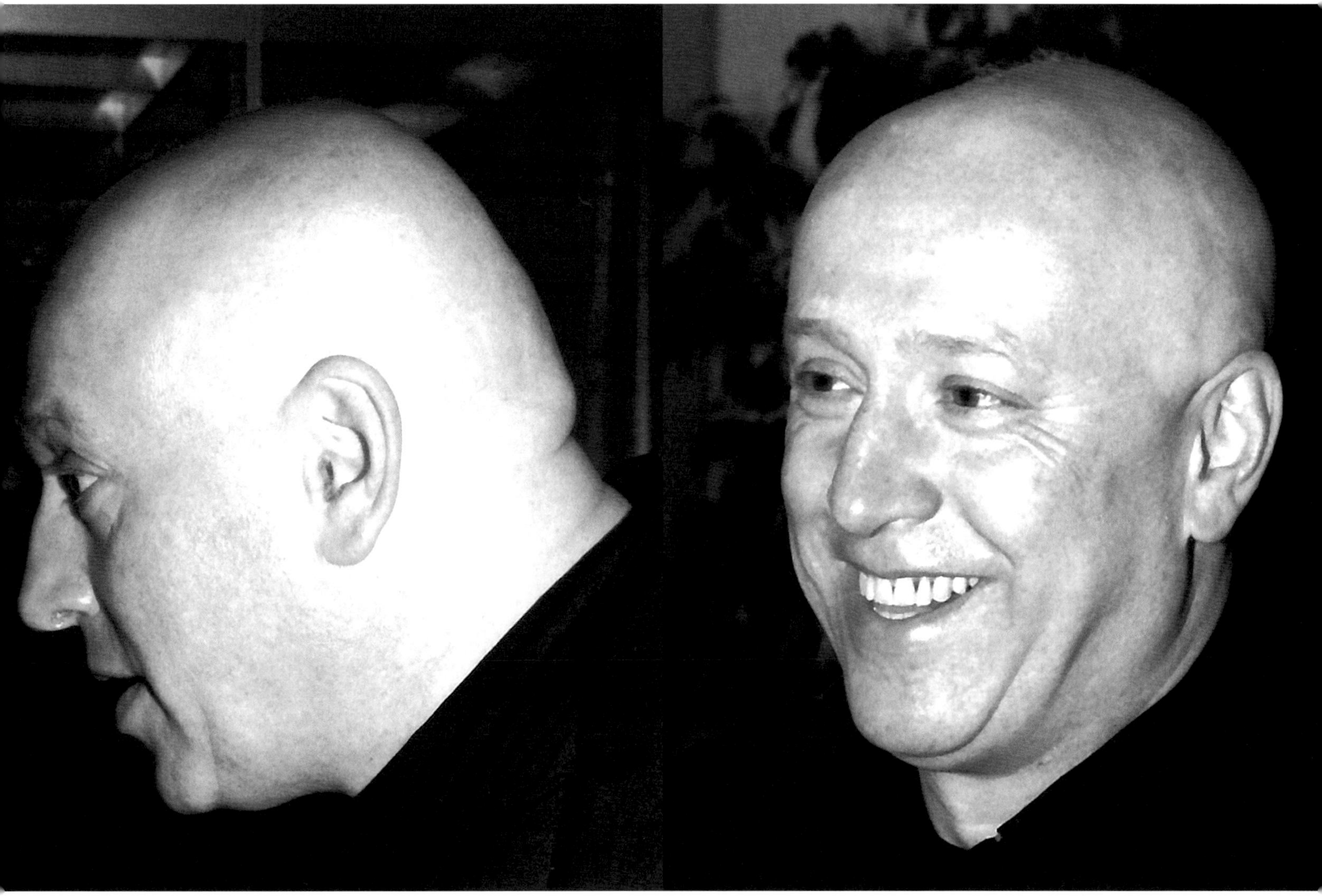

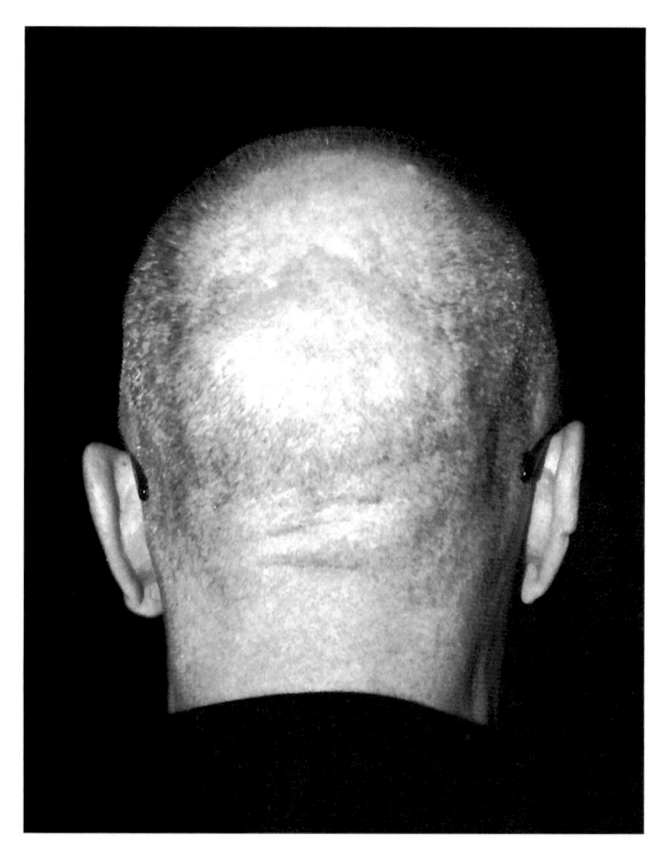

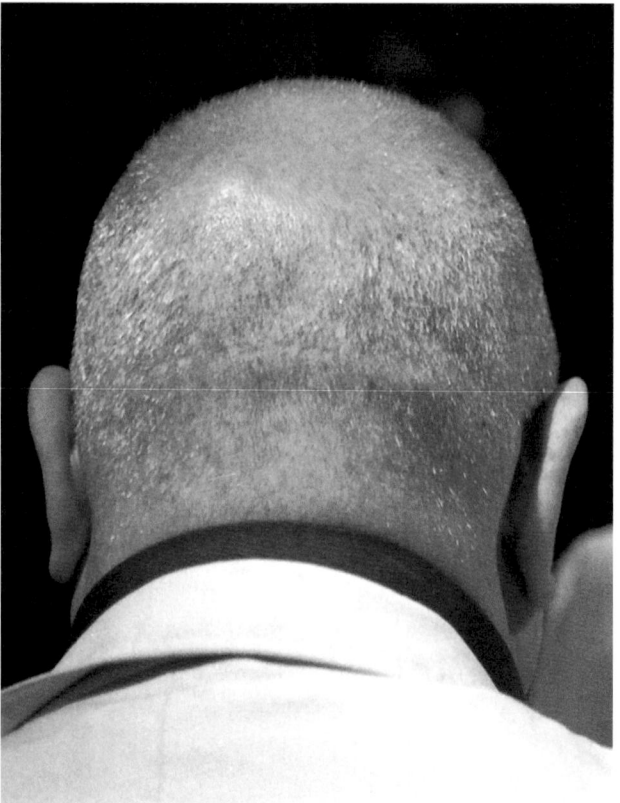

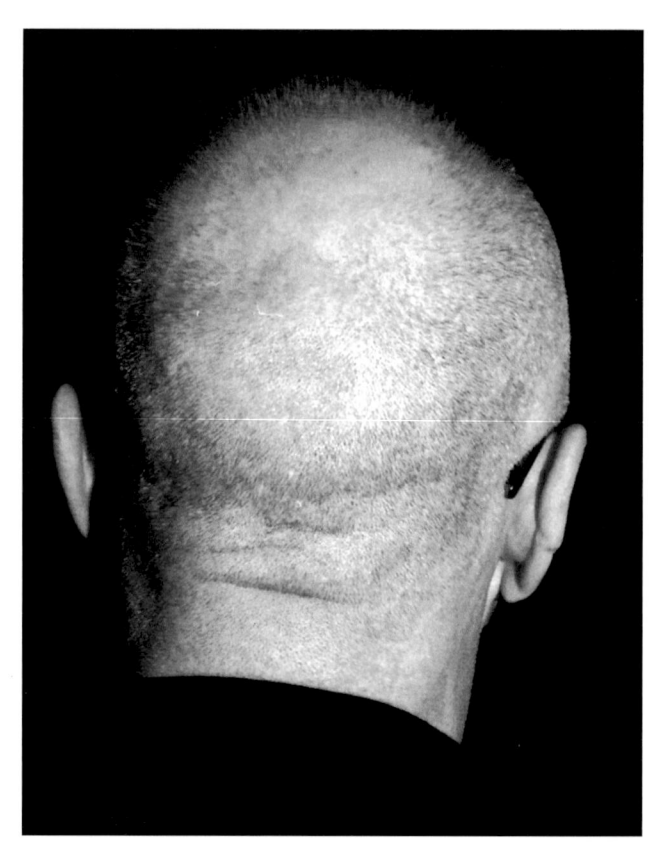

Christian Boltanski, 2004 (links) | Jörg Immendorff, 2003 (rechts)

Markus Lüpertz, 2004

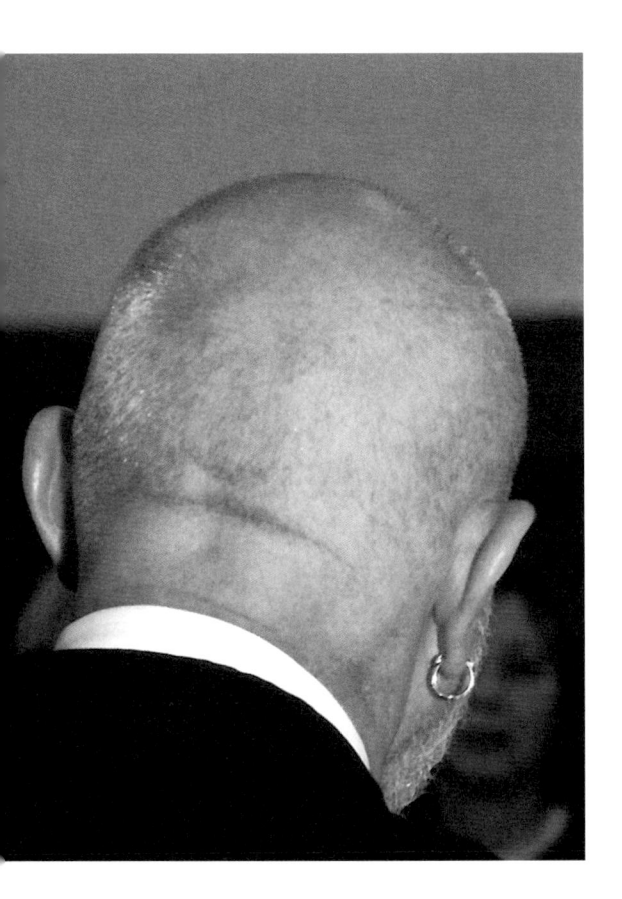

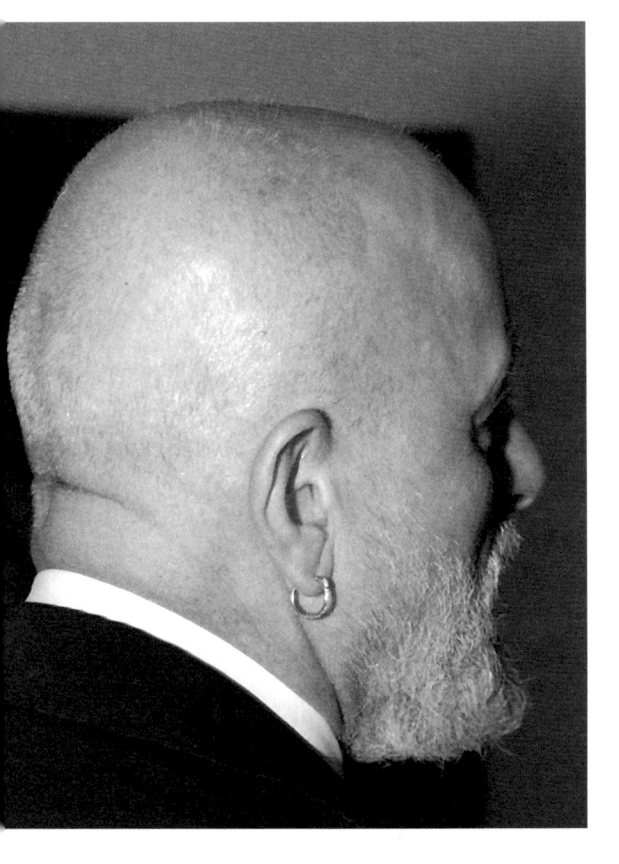

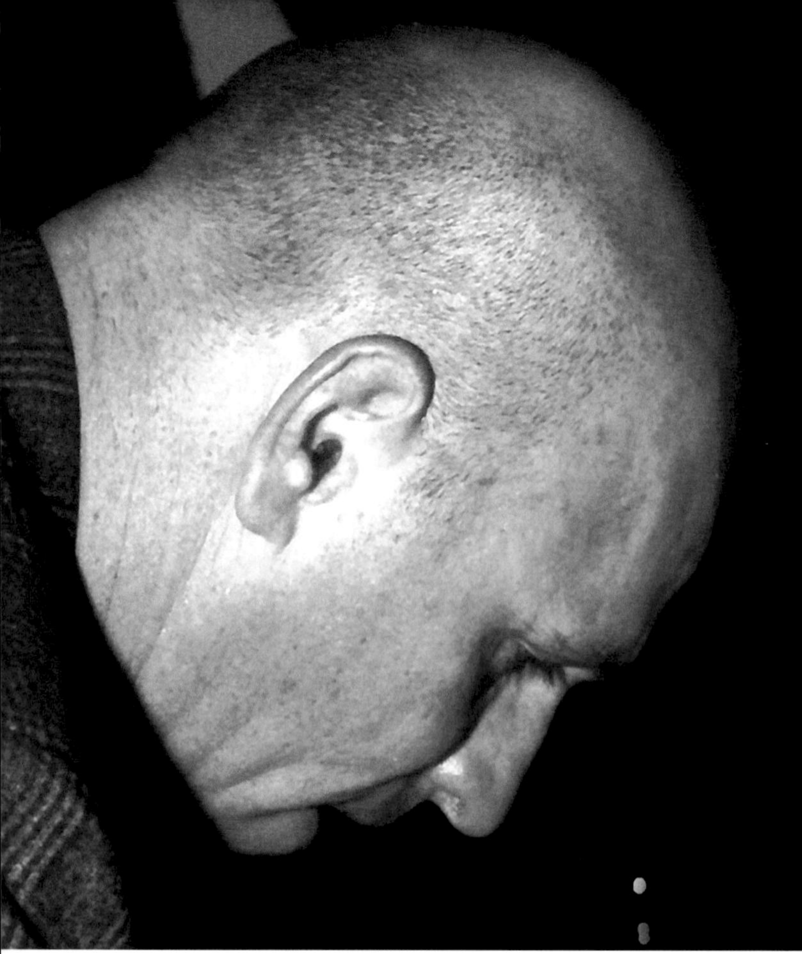
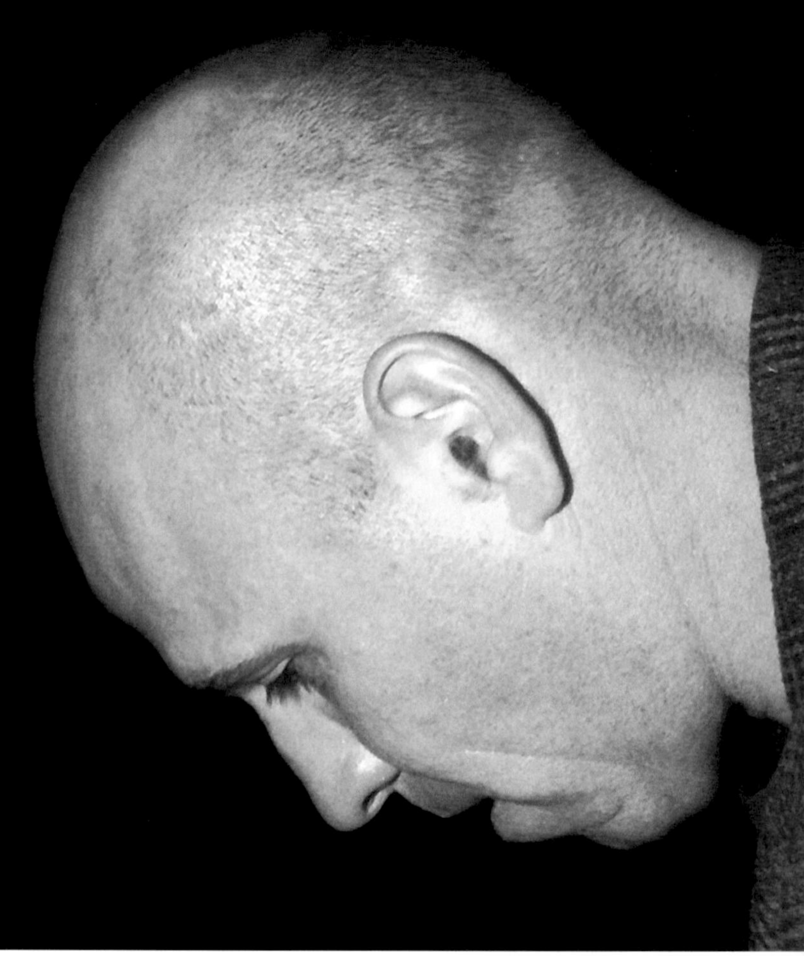
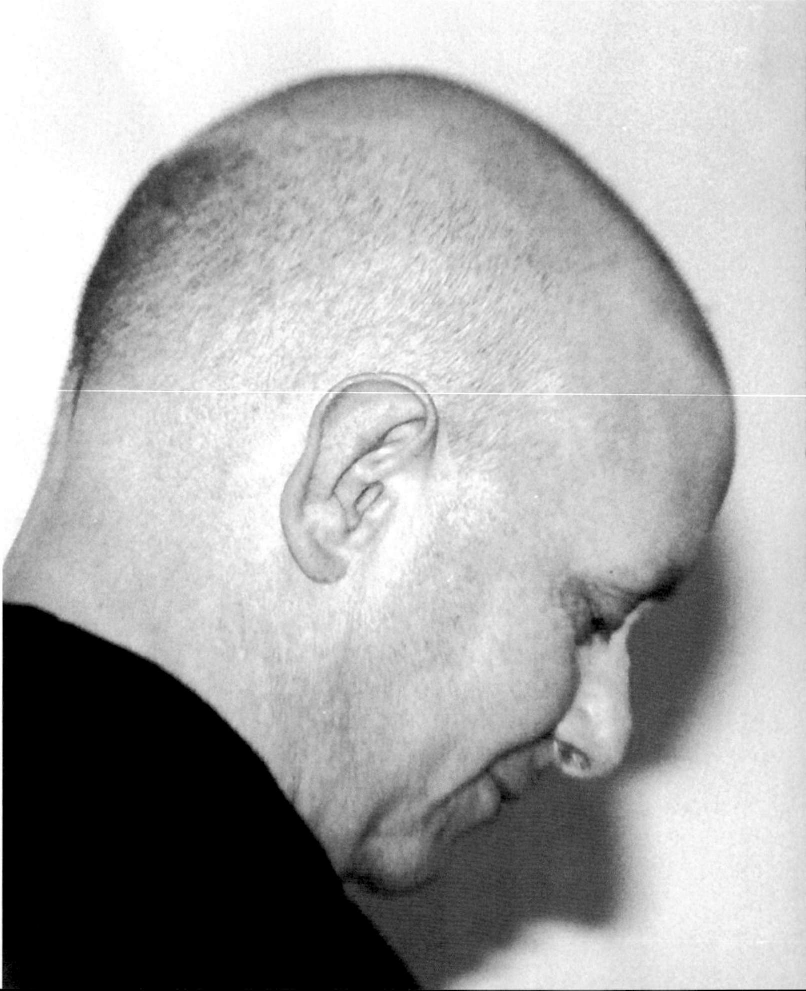

Peter Doig, 2005 (oben) | Nick Hornby, 2002 (unten)

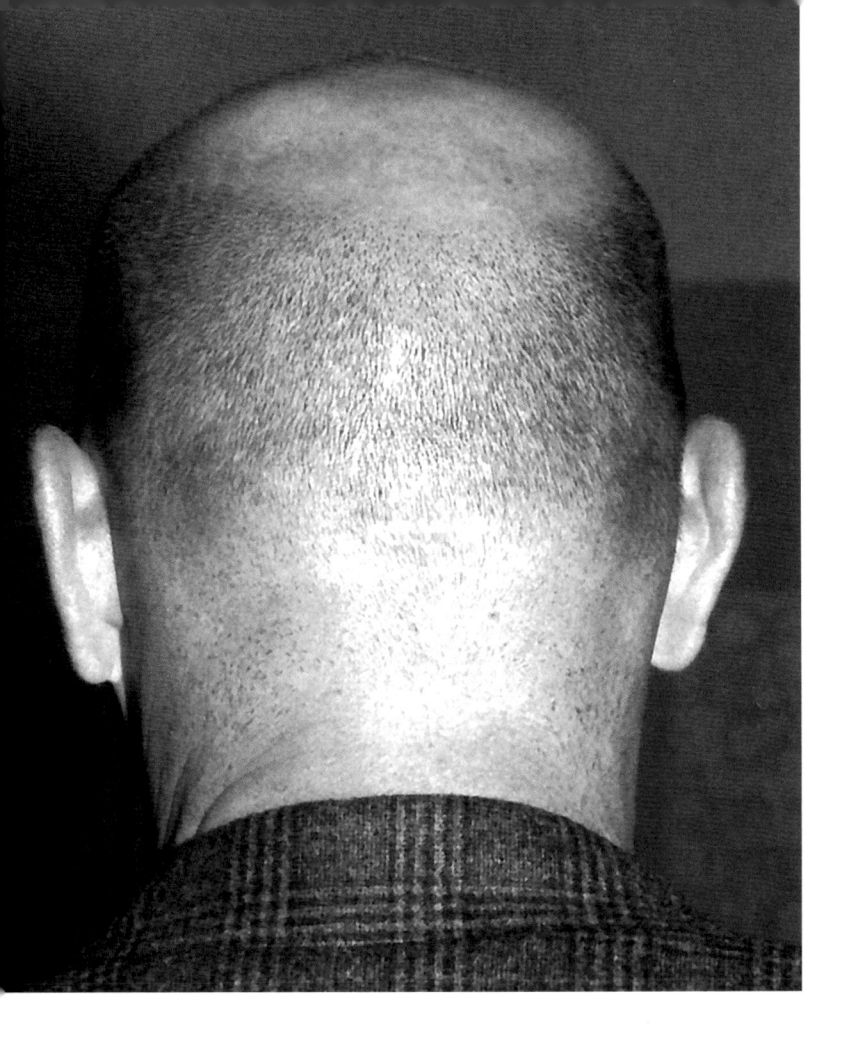

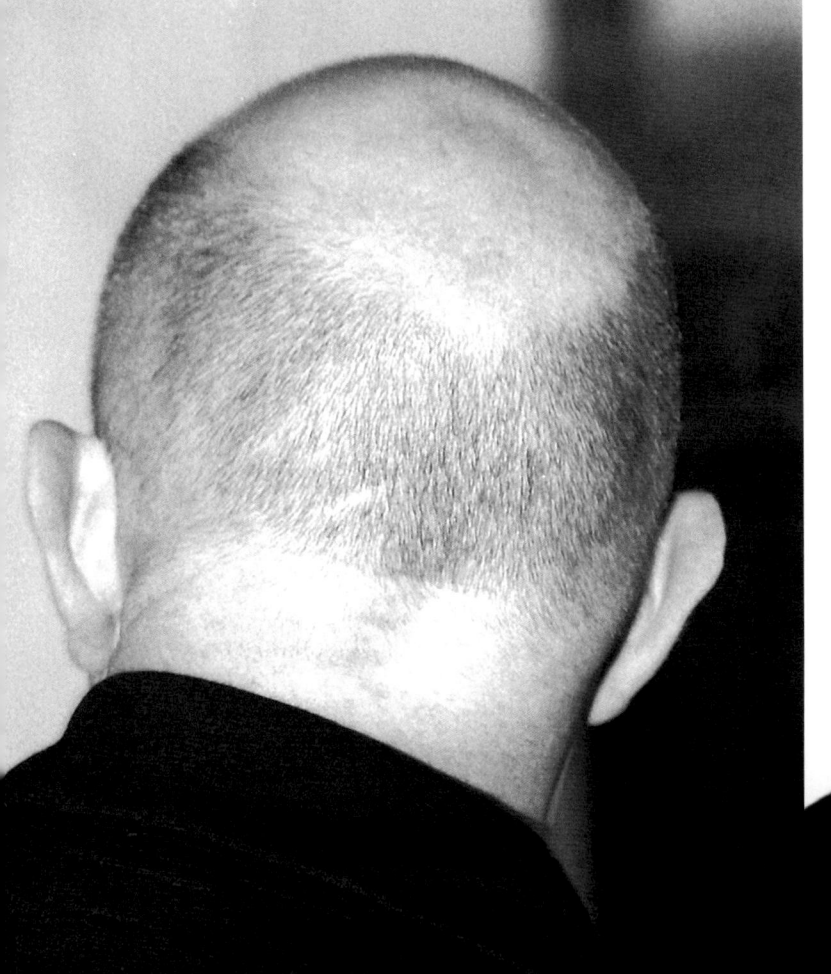

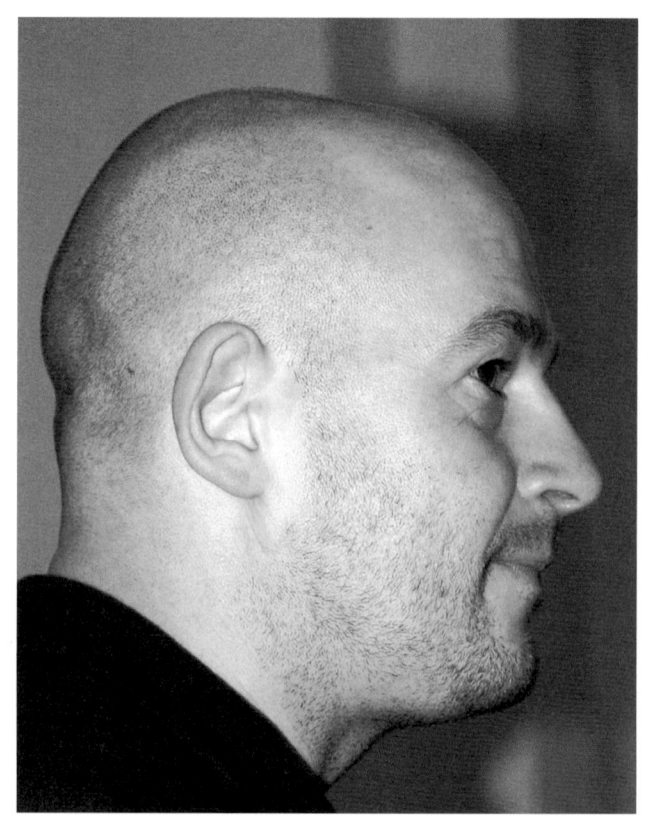

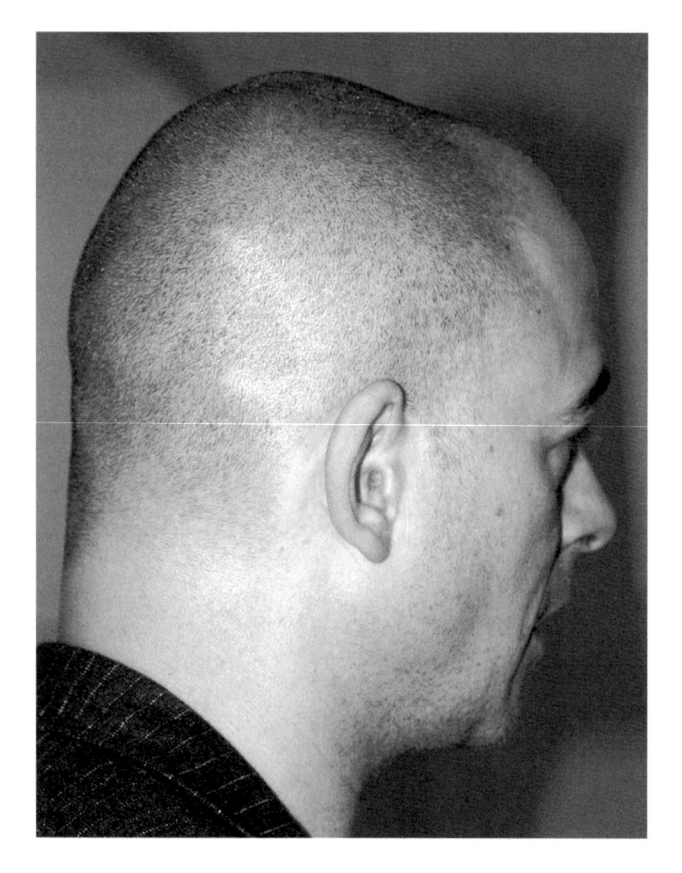

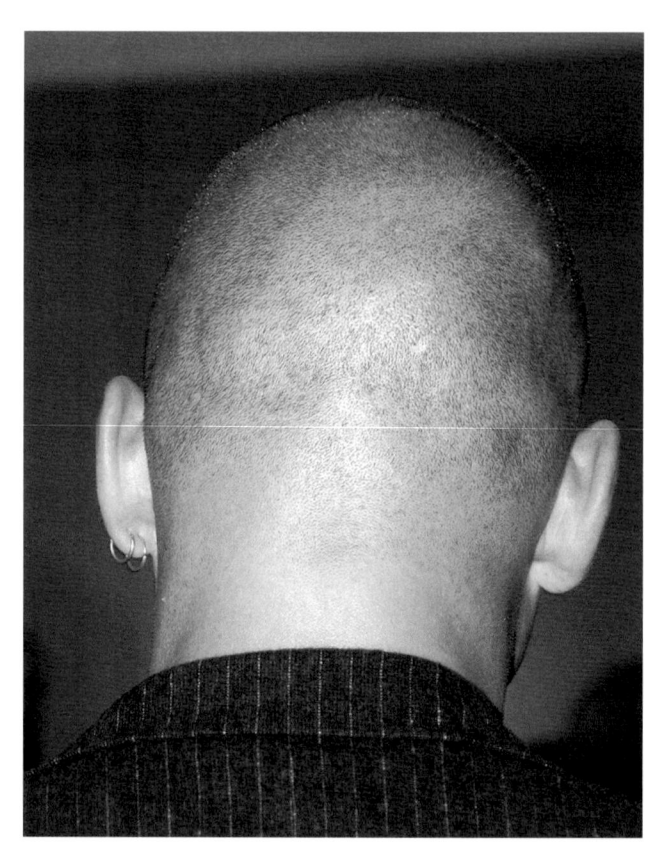

172 Jake Chapman, 2009 (oben) | Dinos Chapman, 2009 (unten)

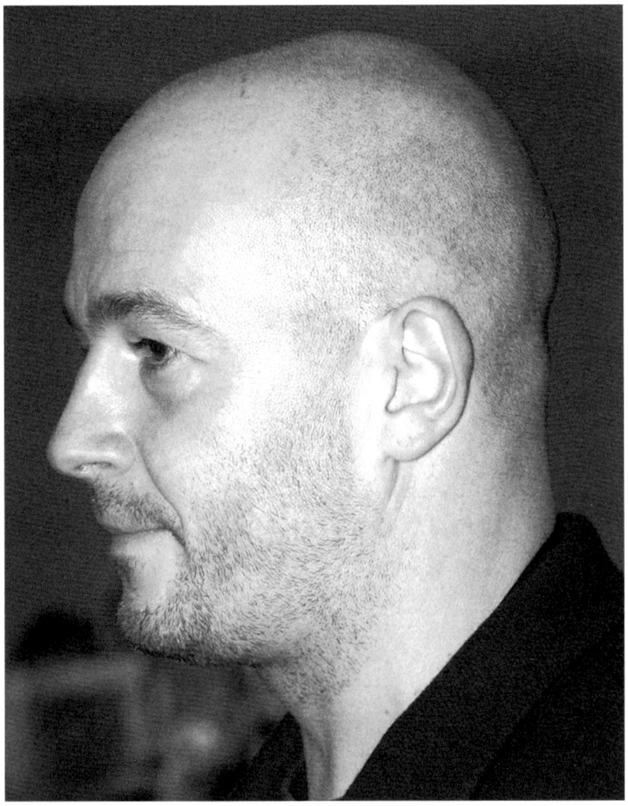

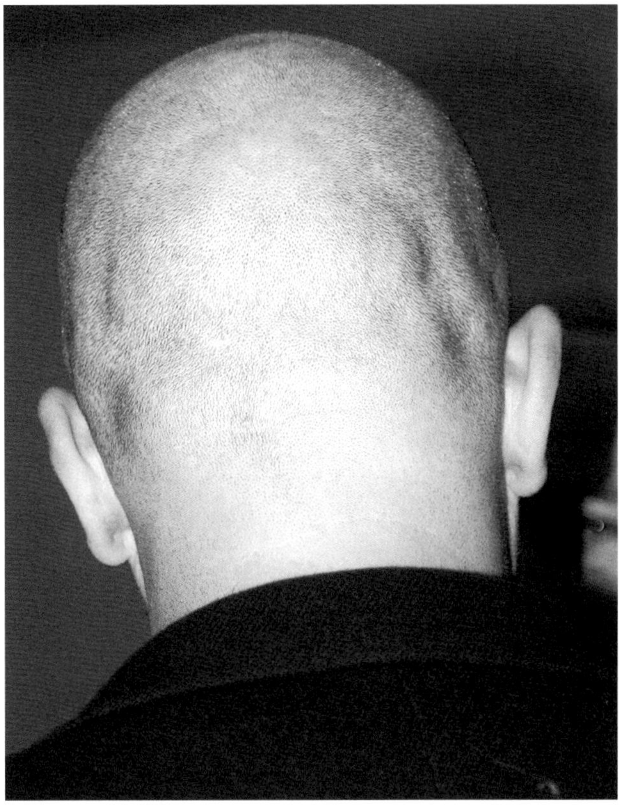

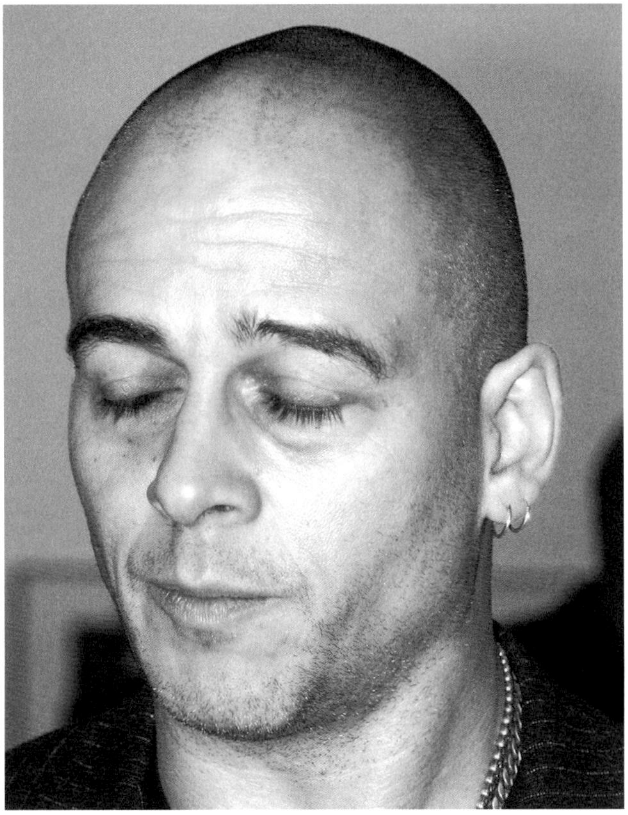

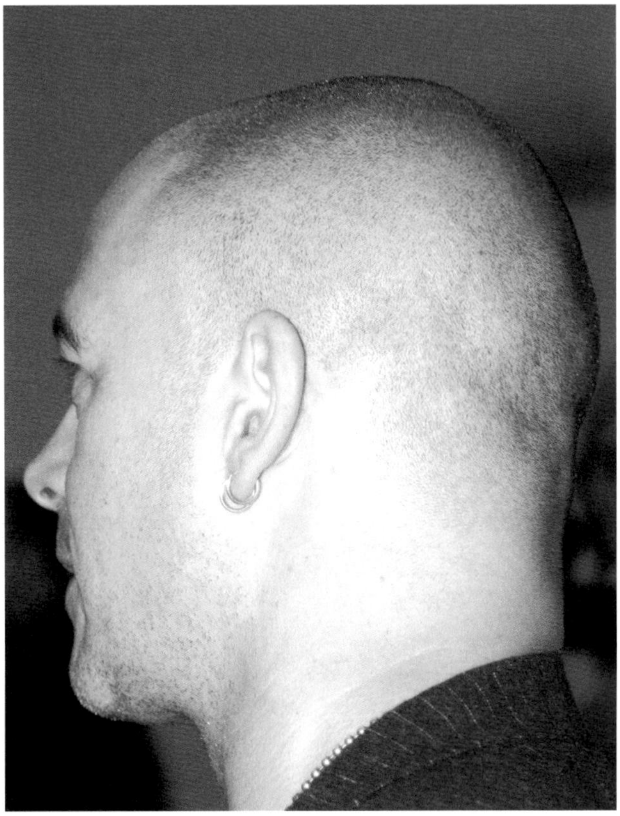

Georg Baselitz, 1998

Lou Reed, 2000

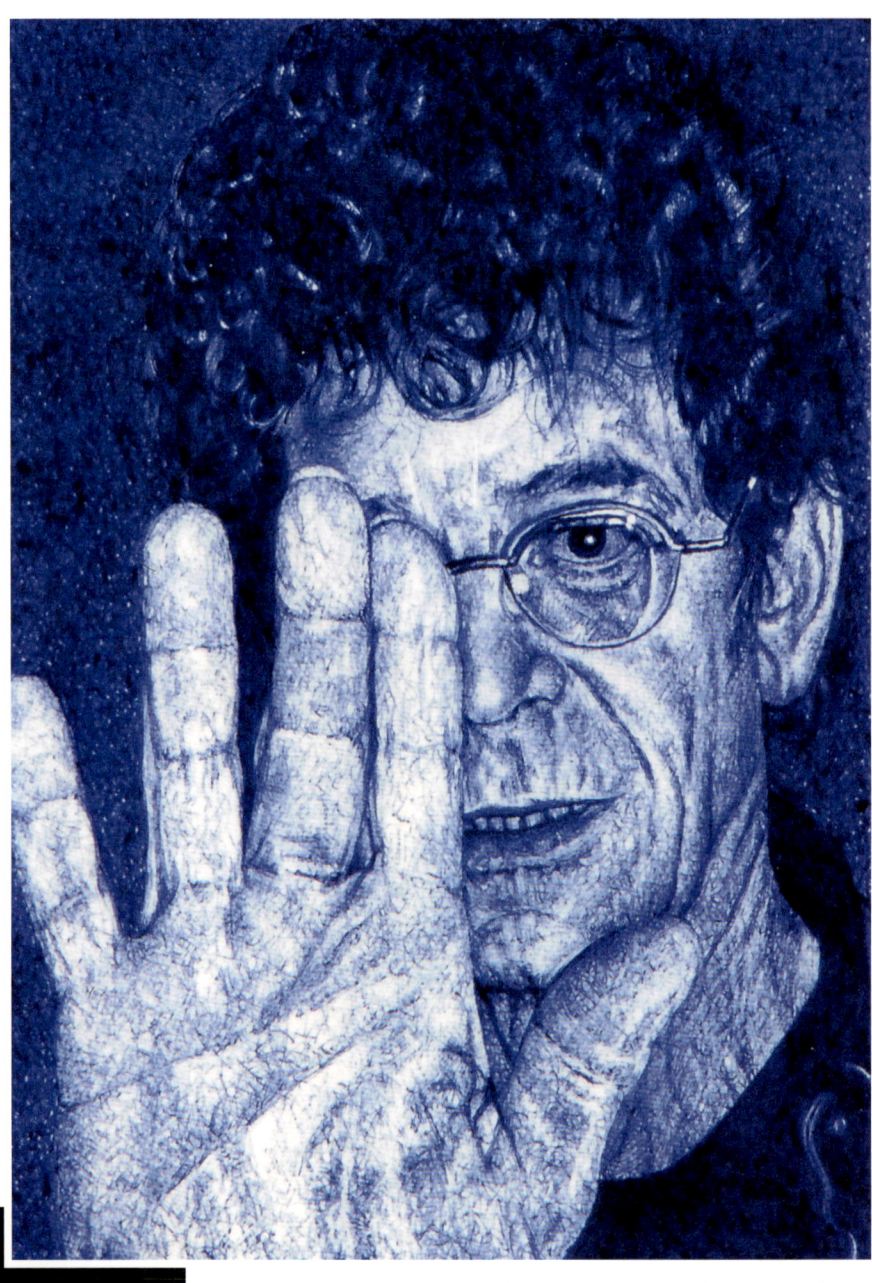

Robert Wilson & Lou Reed

›Lou Reed‹   Kugelschreiber auf Englisch-Pergament | 18 × 13 cm | 2002

Robert Wilson, der eigentliche Initiator und Anführer der auf Edgar Allen Poe aufbauenden Produktion *POEtry*, musste sich während der beginnenden Pressekonferenz mit der ungewohnten Rolle eines Nebendarstellers begnügen.

Die meisten der eher schmalspurig fragenden Journalist:innen machten auf mich den Eindruck, als wäre dieser Besuch des Thalia ihr erster Theaterbesuch und der Regisseur ein Unbekannter für sie. Zumindest bezogen sich die meisten ihrer Eingangsfragen keineswegs auf die bevorstehende Premiere – sie richteten sich vielmehr neugierig-unverfroren an Lou Reed, der Auskunft über seine im April erscheinende neue CD »Ecstasy« geben sollte.

Während dieser Anfangsphase wurde fortlaufend fotografiert, auch ich selbst knipste, was das Zeug hielt, bis, ja, bis Reed plötzlich verärgert aufsprang, betonte, dass weitere Fragen nach seiner CD zu einem Abbruch der Konferenz führen würden; außerdem verbat er sich endgültig jedes weitere Foto. Stille – die schuldbewusste Ruhe nach einem strengen Verweis – keinerlei Geräusche ... Bis genau in diesem Moment mein Rollfilm an sein Ende gekommen war und wie in einer Endlosschleife metallisch-klickend unendlich langsam zurückspulte.

Beschämt, ertappt, ohne aufzuschauen, versuchte ich, im Boden zu versinken, schob dann die verräterische Kamera verstohlen unter mein Jackett und schlich gebückt durch die viel zu lange Stuhlreihe Richtung Toilette.

Damit – das stand für mich fest – hatte ich meine Chance auf einen exklusiven Fototermin endgültig vertan. Weitere Annäherungen waren für mich sinnlos geworden, dennoch ging ich – nachdem ich einen neuen Film eingelegt hatte – auf Zehenspitzen in Demutshaltung zurück an meinen Platz.

Die Situation schien unverändert angespannt, verlegen schaute ich hinauf zum Podium: Lou Reed direkt in die Augen – und statt mich mit einem Blick zu vernichten, bedankte der sich lächelnd für mein rücksichtsvolles Verhalten. Nach der Pressekonferenz stehe er mir für meine Porträtfotos gern zur Verfügung.

Lou Reed   Thalia-Theater, Hamburg, 28. Januar 2000

William Kentridge, 2004

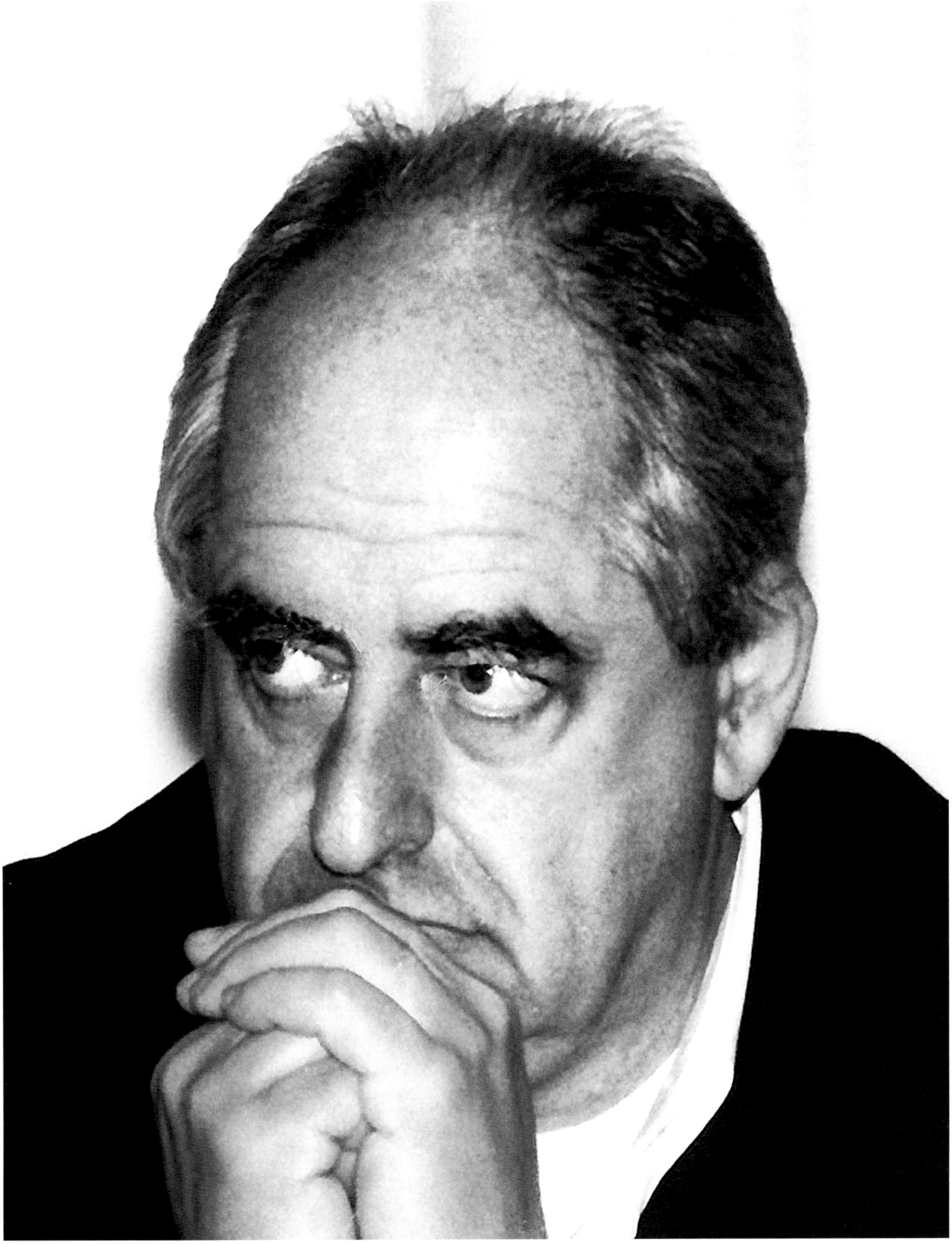

Ilya Kabakov, 1998

181

Philippe de Broca, 2003

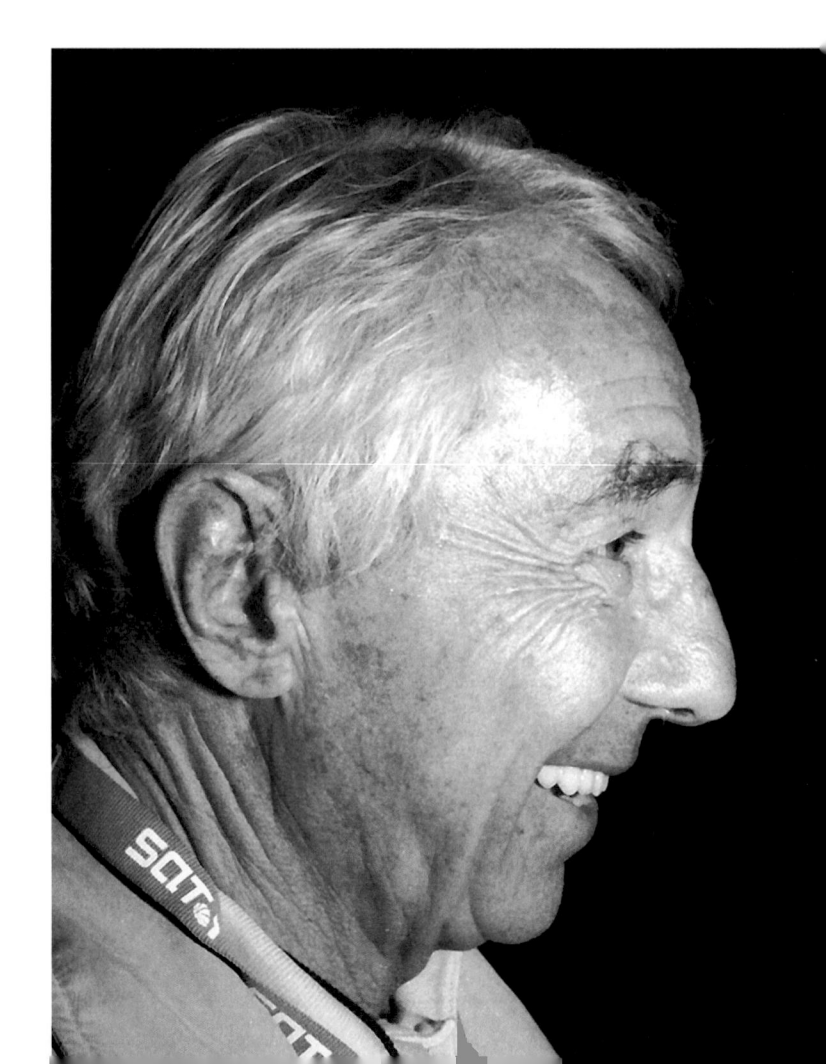

183

Mark Dion, 1998

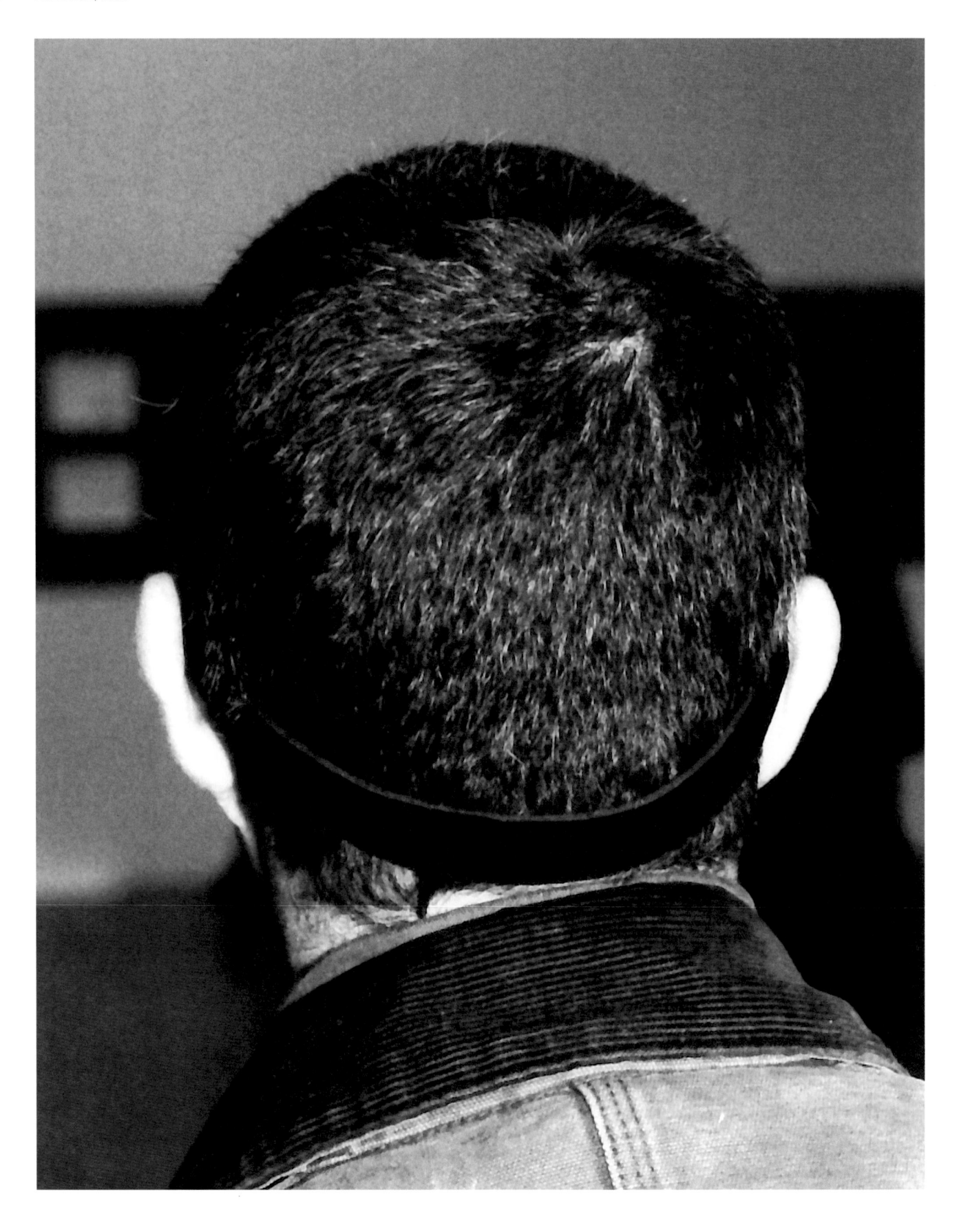

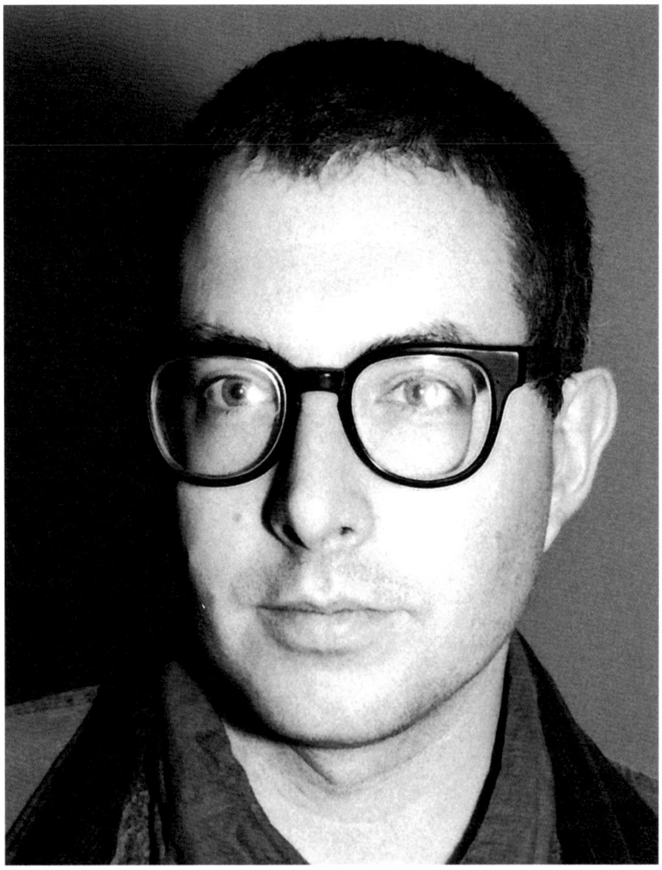

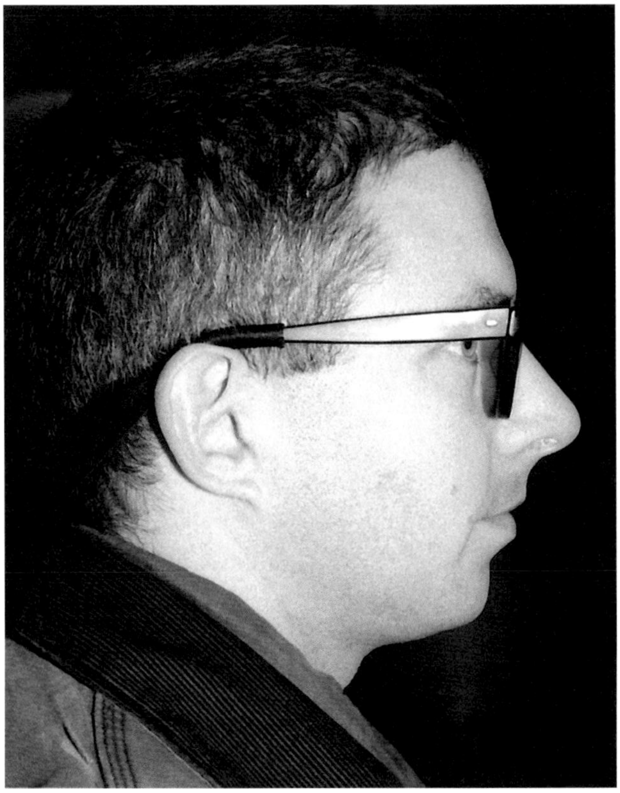

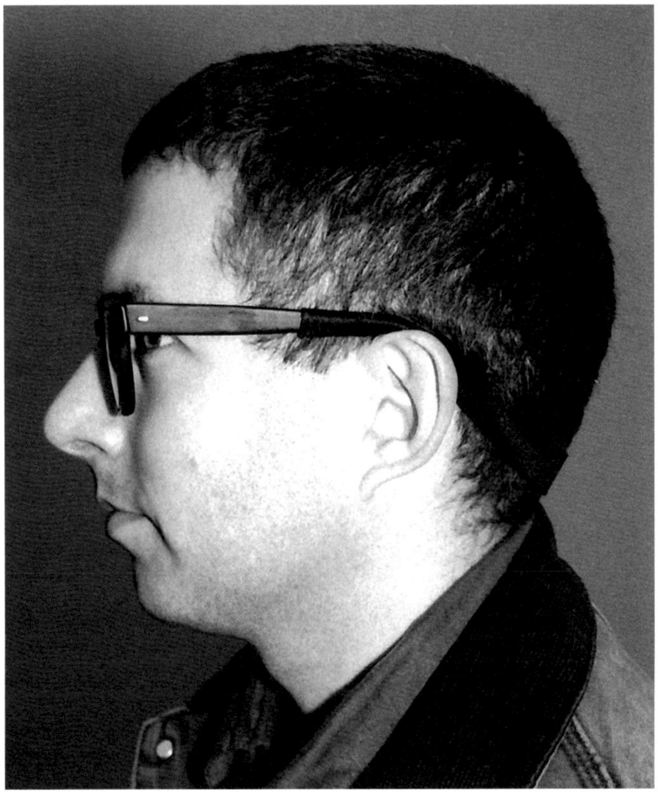

Nach dem Inkrafttreten des Nichtraucherschutzabkommens konnte ich mir schon denken, was die große Menschengruppe, die sich vor der Eingangstür der Galerie Haas & Fuchs in Berlin befand, zu bedeuten hatte. Die Sonne schien – ein herrlicher Spätsommertag –, eine illustre Runde, in Vorfreude auf den Besuch des berühmten amerikanischen Künstlers. Und dennoch schienen viele Besucher:innen wegen seiner bereits angekündigten Verspätung und der Neuerung, nicht in geschlossenen Räumen ihre Nikotinrückstände abblasen zu können, eher missmutig zwischen den leicht erhöht liegenden Galerieräumen und dem davor liegenden Bürgersteig zu pendeln: Kunstbetrachtung – Nikotin – Smalltalk – Nikotin – Alkohol – Nikotin …

Es ging längst nicht mehr um zehn oder 20 Minuten, Berlin war dicht, Verkehrsstaus auf allen möglichen Zufahrtswegen. Immerhin strahlte nicht nur der blaue Himmel, als mit etwa eineinhalbstündiger Verspätung der Künstler vorgefahren kam – von seinen Fans lautstark, ja nahezu euphorisch begrüßt.

Frank Stella strahlte auch, hob lässig die Hand zum Gruß, entnahm seiner offenen Hemdtasche eine überlange Mega-Zigarre, führte sie zum Mund – ihm streckte sich augenblicklich ein Meer von kleinen, offenen Flammen entgegen –, bedankte sich artig für ein Streichholz, zog dann mehrfach hastig an den kubanischen Blättern und blies, während er sich den Stufen zur Galerie näherte, blies, als er die Eingangstür passierte, und blies vor seinen Reliefs und Leinen eine weiße Wolke wohlriechenden Tabakrauchs nach der anderen in die Luft; im Gefolge eine wunschlos glückliche Gästeschar, die sich bereits jetzt im vernebelten siebten Himmel wähnte.

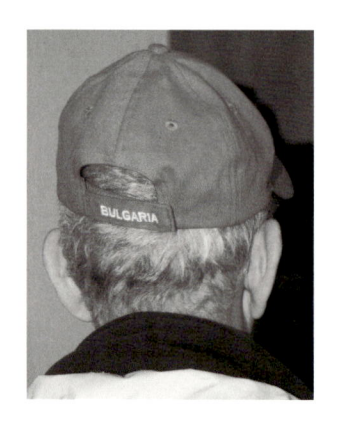

Frank Stella
Galerie Haas & Fuchs, Berlin,
29. September 2007

›Artist in Residence – Frank Stella in Villingen‹   Aquarell auf Papier | 23,8 × 34,3 cm | 2017

A. R. Penck, 1999 (oben) | Udo Kier, 2008 (unten)

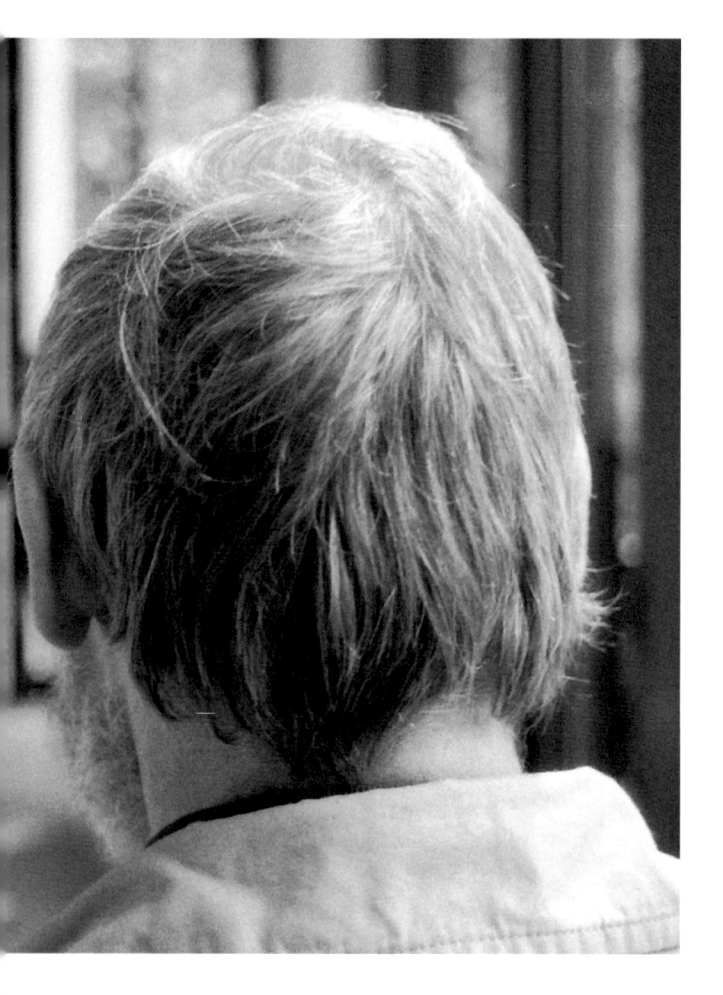

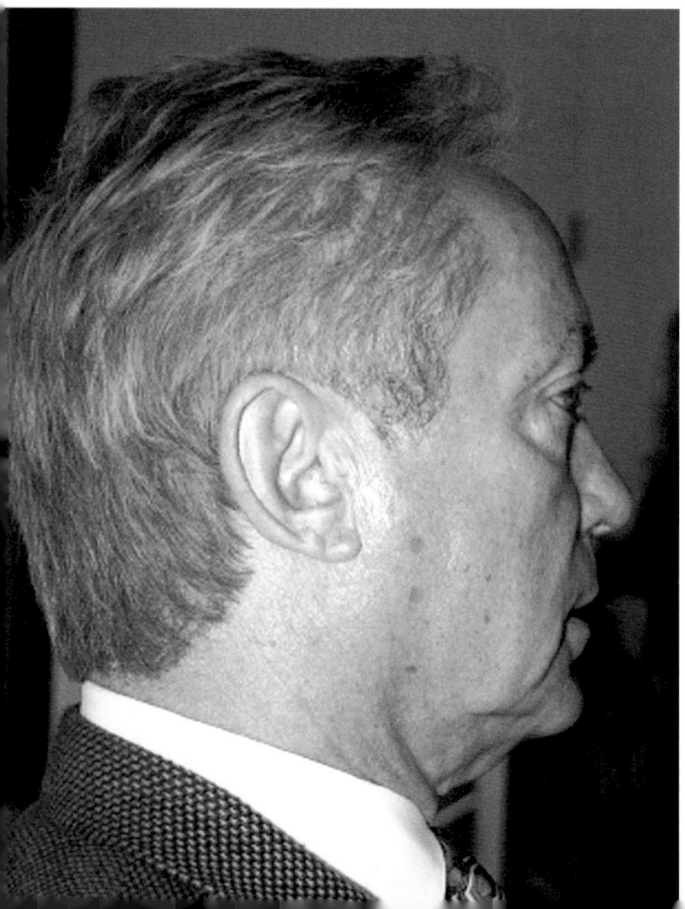

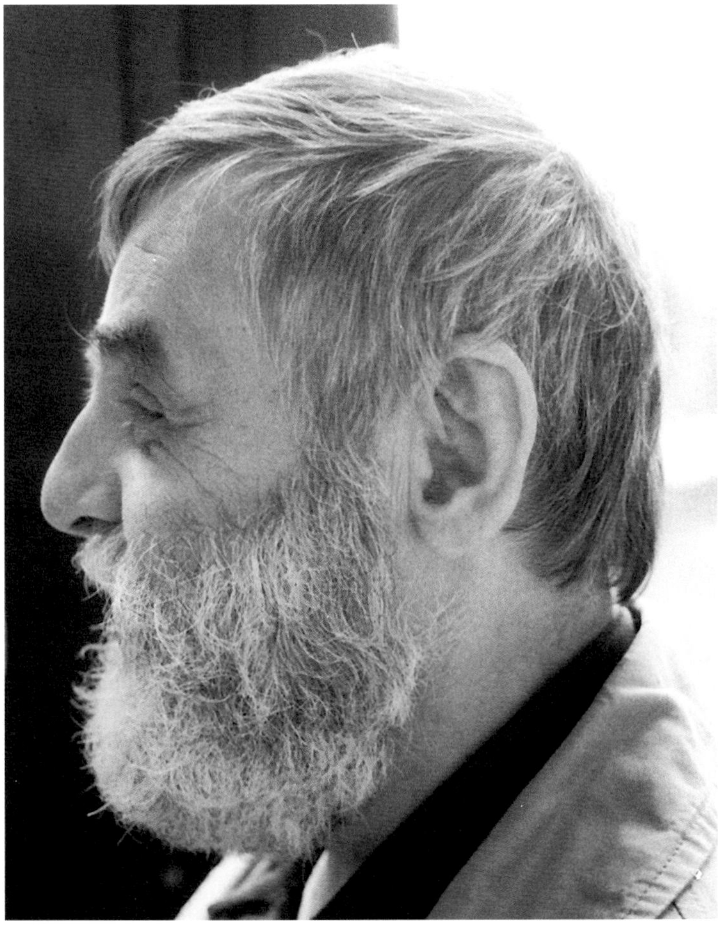

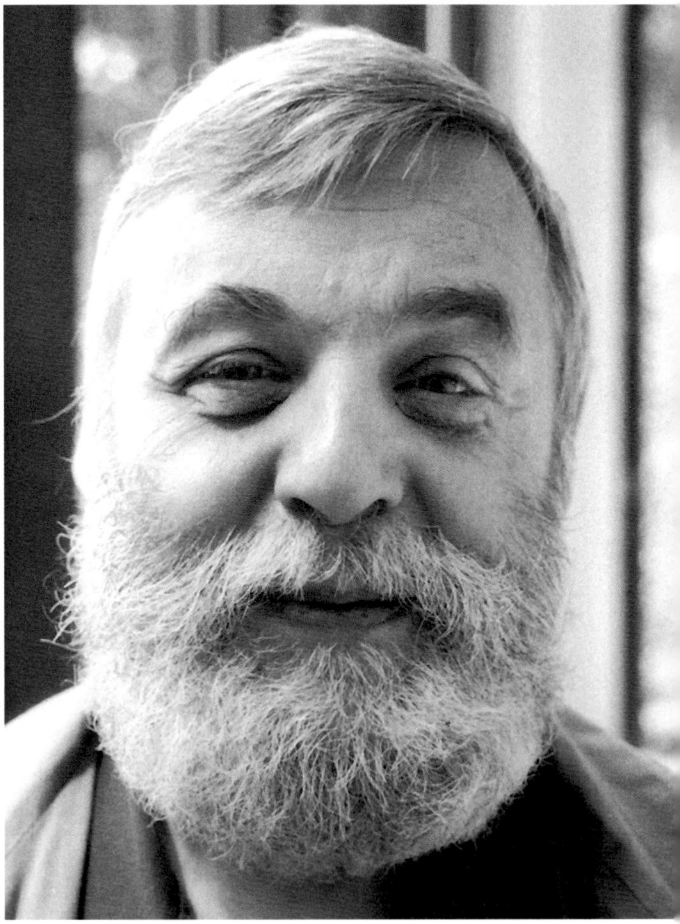

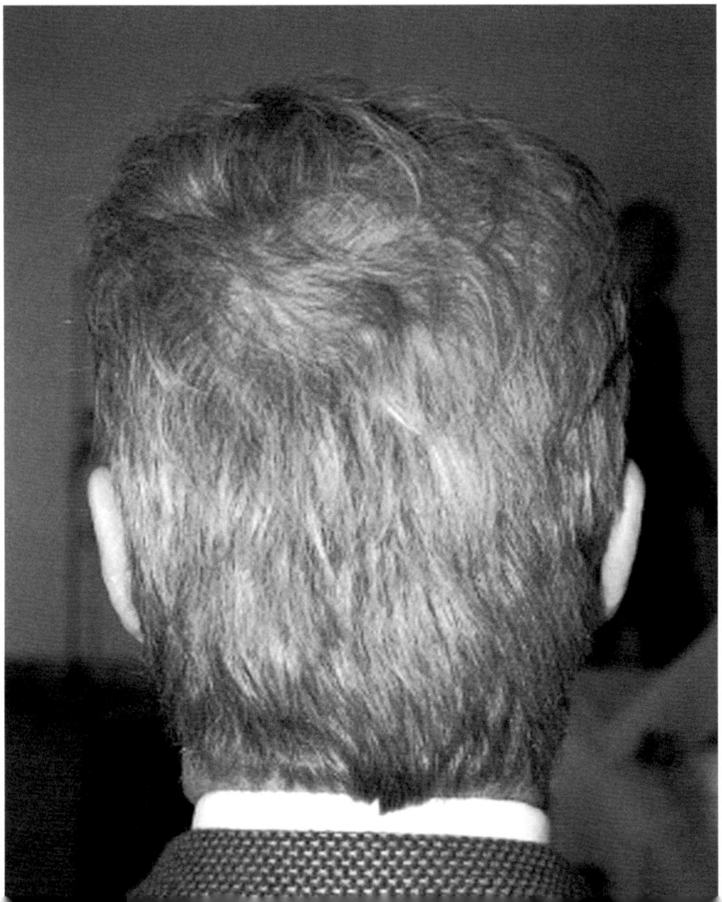

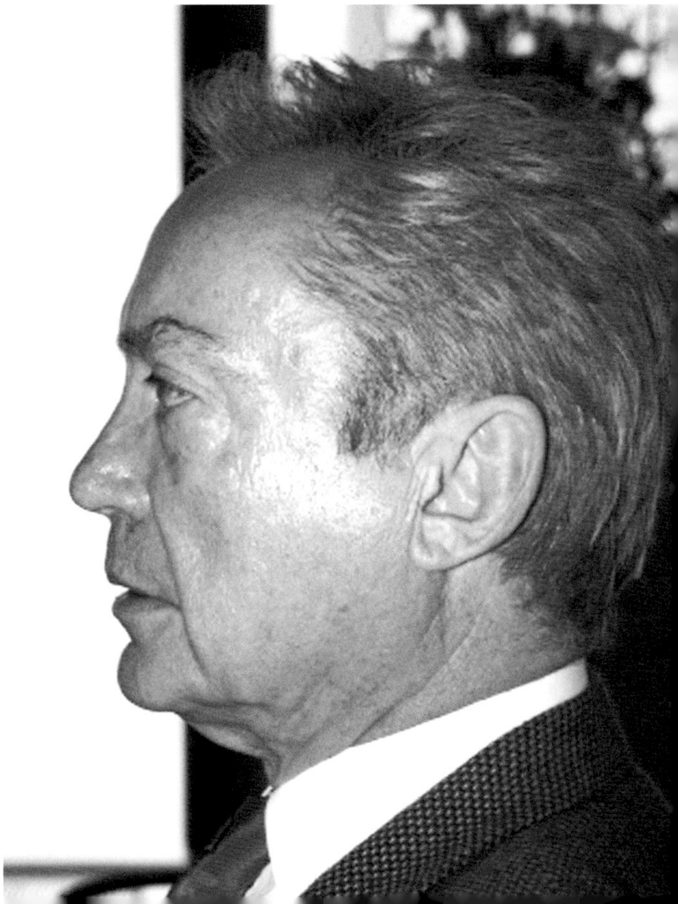

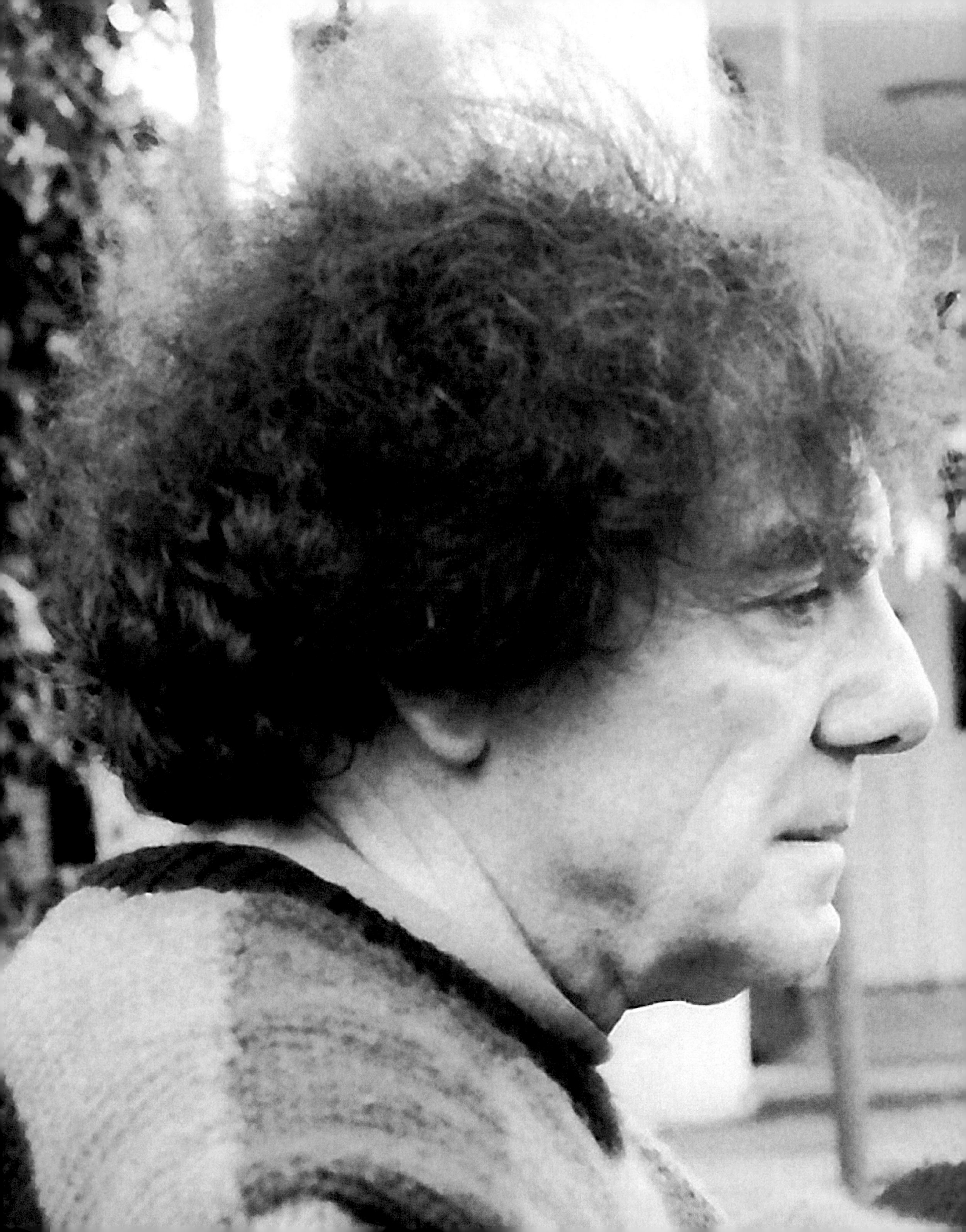

Luis di Matteo, 1996

Jan Fabre, 1999

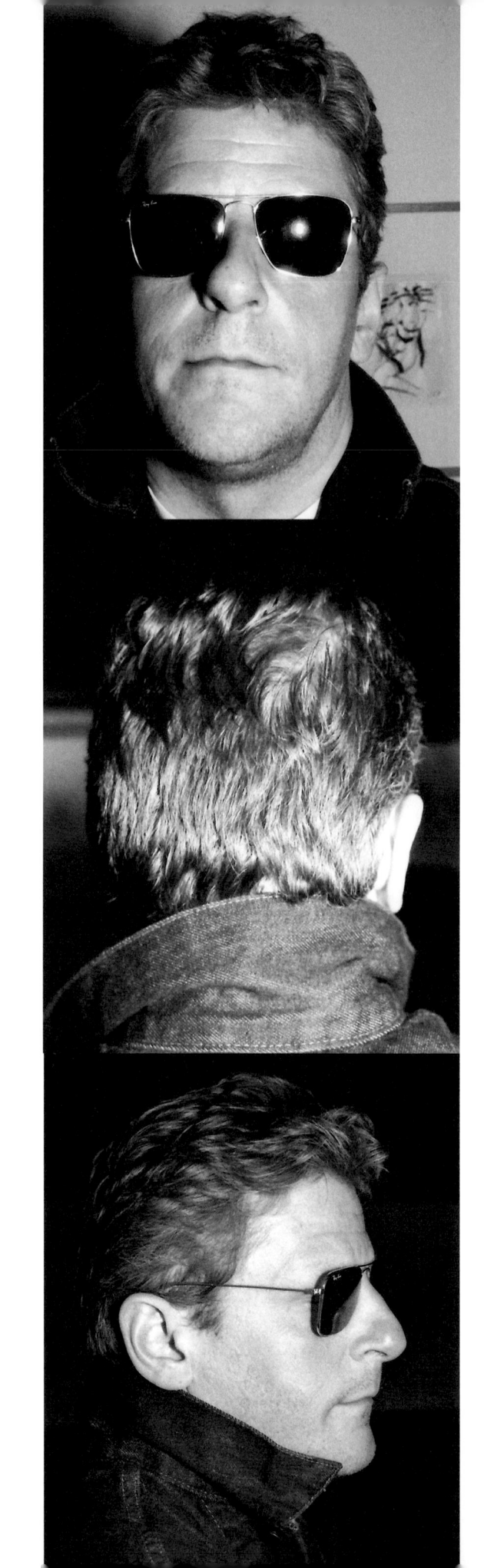

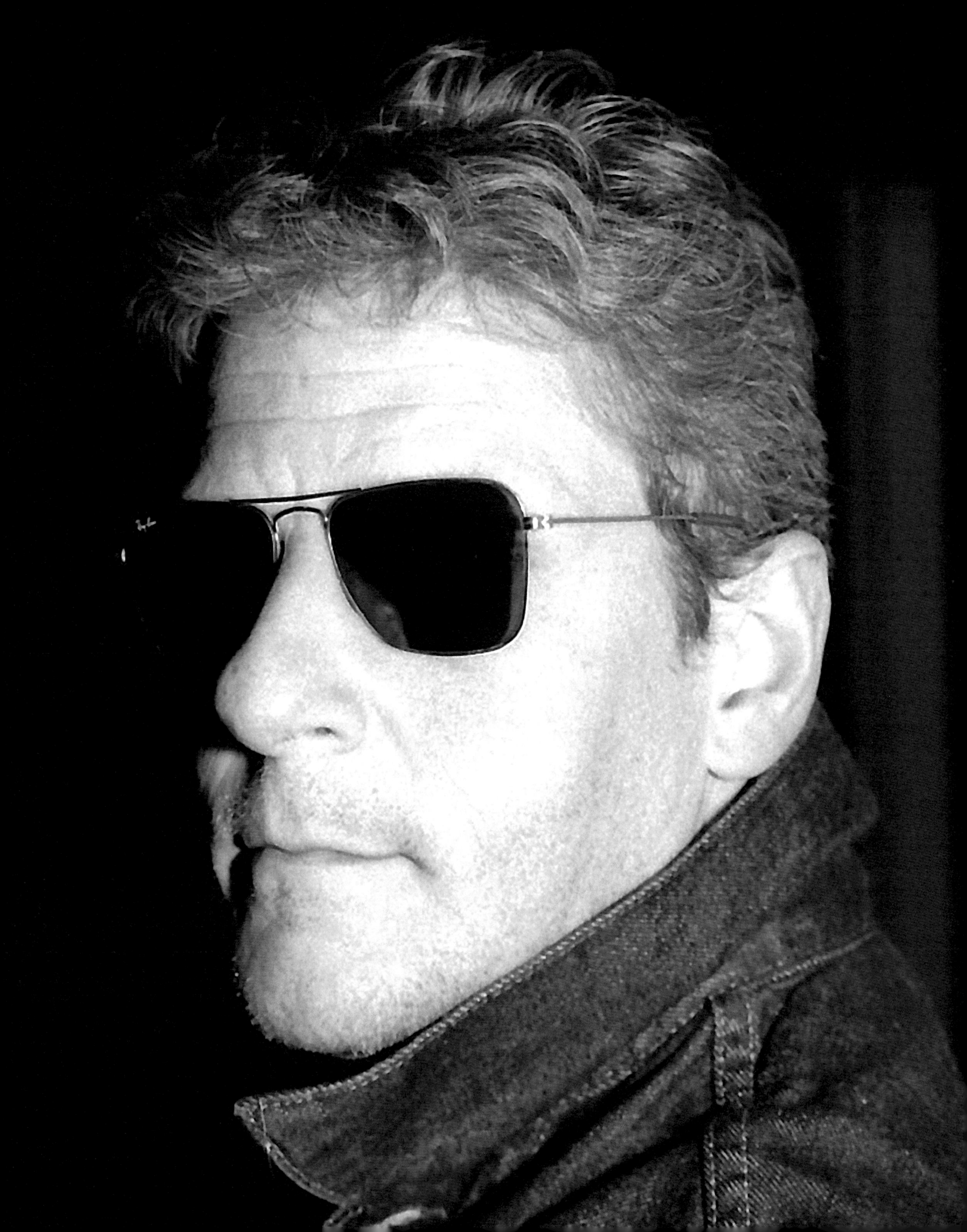

Daniel Richter, 2007

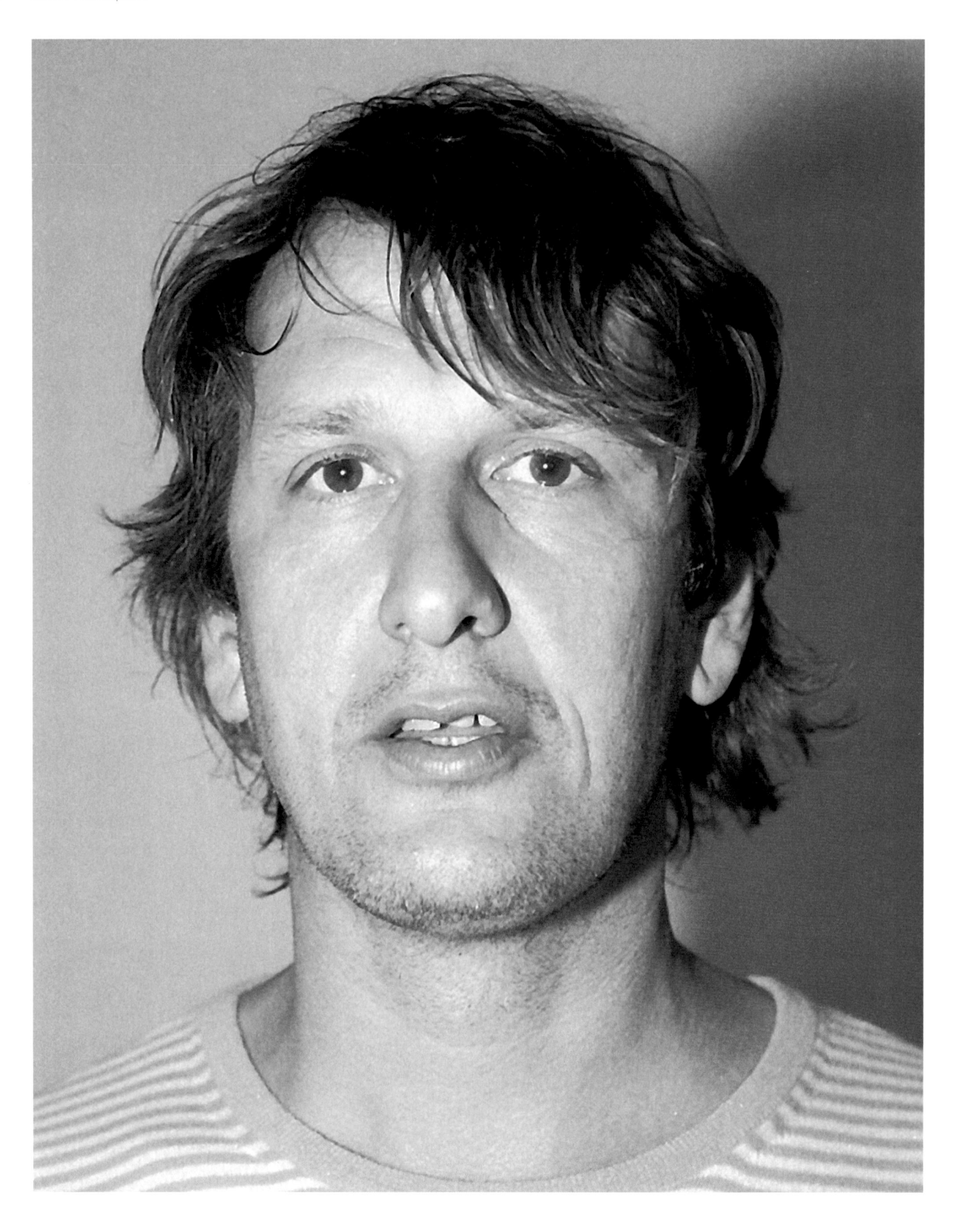

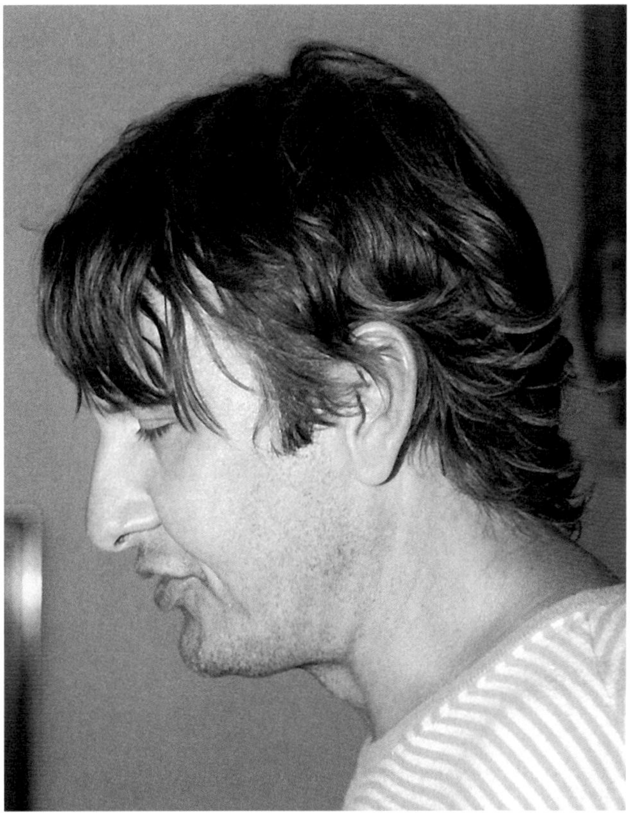

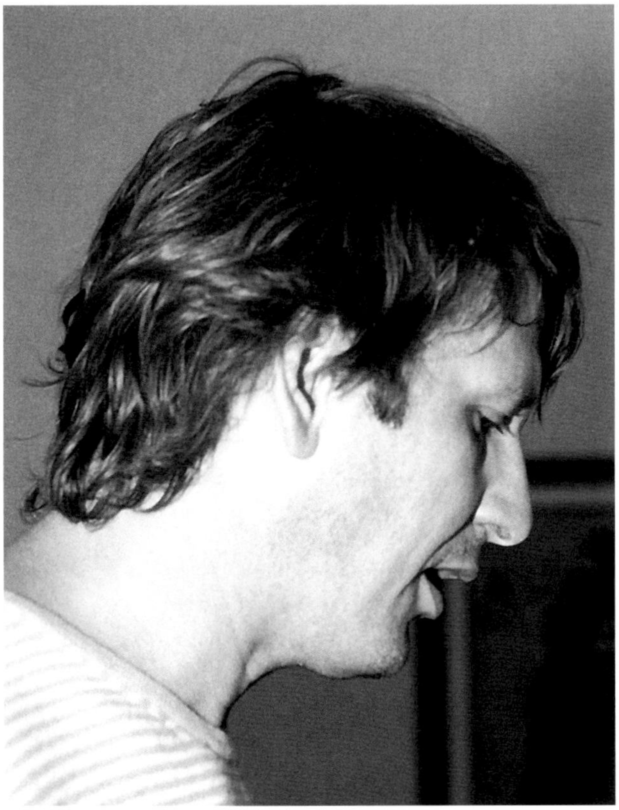

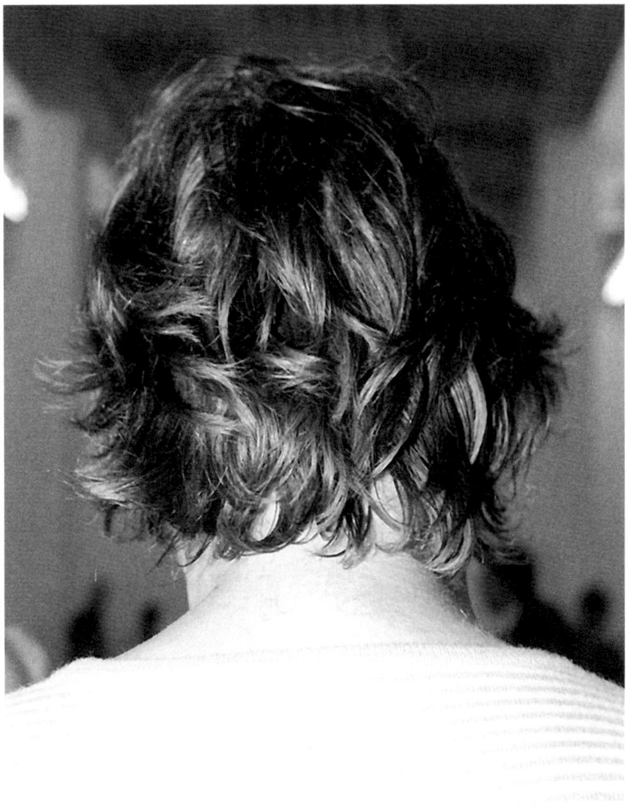

Robert Rauschenberg, 1998

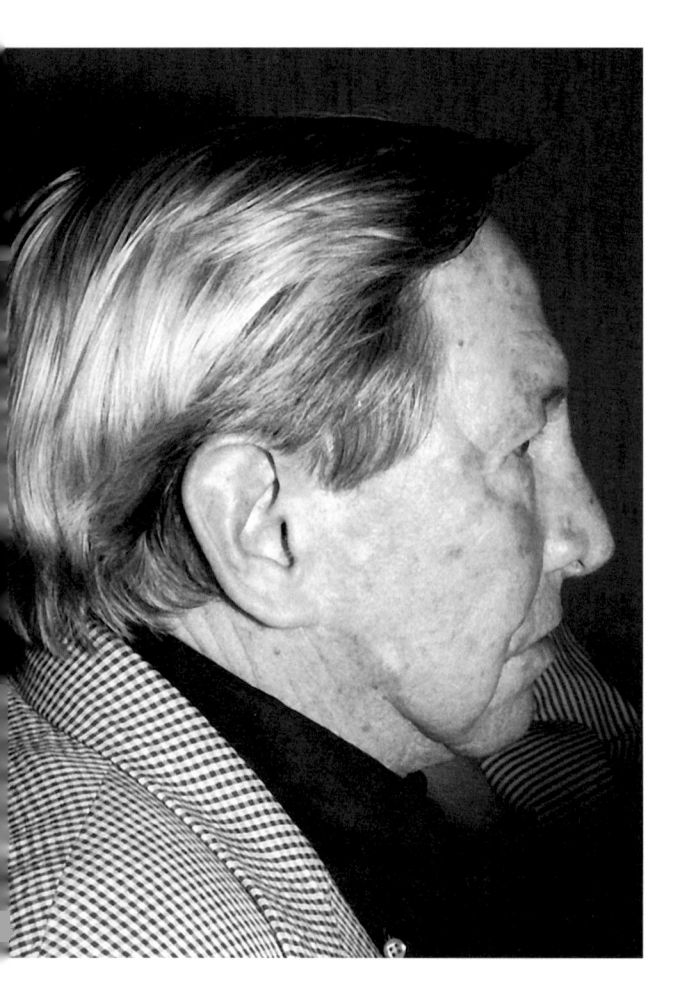

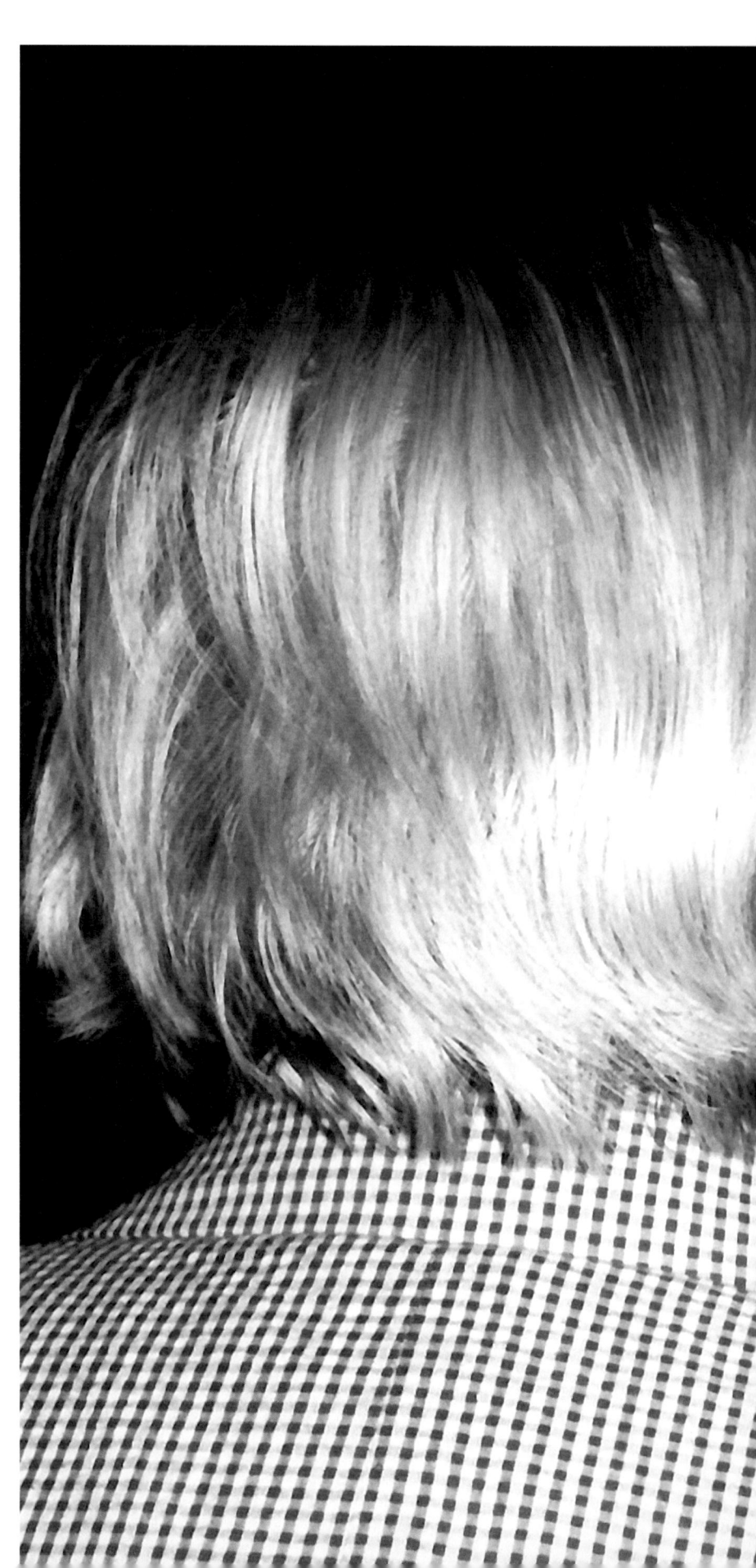

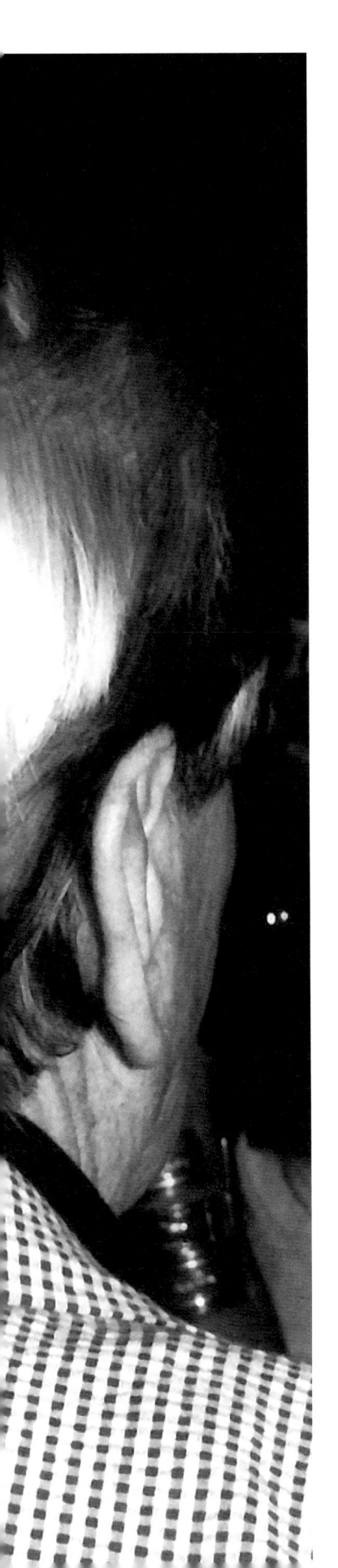

Richard Hamilton, 1996

Einer der einflussreichsten und markantesten Künstler der Nachkriegszeit war Gast der *Galerie Beim Steinernen Kreuz* in Bremen: Der englische Künstler Richard Hamilton zeigte sein »Work in Progress«, grafische Arbeiten zum Roman *Ulysses* von James Joyce. Er galt als schwieriger Künstler, deshalb war ich den Galeristen Brigitte und Udo Seinsoth besonders dankbar dafür, mir den Fototermin ermöglicht zu haben. Hamilton gilt als Erfinder der Pop-Art, wollte aber nie ihr Vater sein: ein großartiger Artist, der nicht zuletzt wegen seiner Freundschaft und Zusammenarbeit mit Marcel Duchamp bis heute großen Einfluss auf junge Künstler:innen ausübt.

Wieder einmal diente das Antiquariat der Galerie als Studio, und als ich ihn bat, eine ganz bestimmte Pose einzunehmen, die der gleichen sollte, die bereits vor Jahren von einem britischen Fotografen aufgenommen worden war, zeigte er sich sichtlich erfreut, da er das Buch bzw. das Foto von sich bisher nicht gekannt hatte und die zeitliche Verschiebung ihm offenbar Spaß machte.

Um die Fotos aufzunehmen, ging ich einmal um ihn herum, bedankte mich und überreichte ihm als Geschenk den Porträtkatalog mit der Vorlage. Er strahlte – vermutlich auch, weil ich so wenig seiner kostbaren Zeit in Anspruch genommen hatte – und murmelte mehr zu sich selbst »QuickShortShots!«.

Richard Hamilton
Galerie Beim Steinernen Kreuz,
Bremen, 7. Juni 1996

Rechts
›Hinterkopf/Richard Hamilton‹ |
Öl auf Leinen | 50 × 40 cm | 2000

199

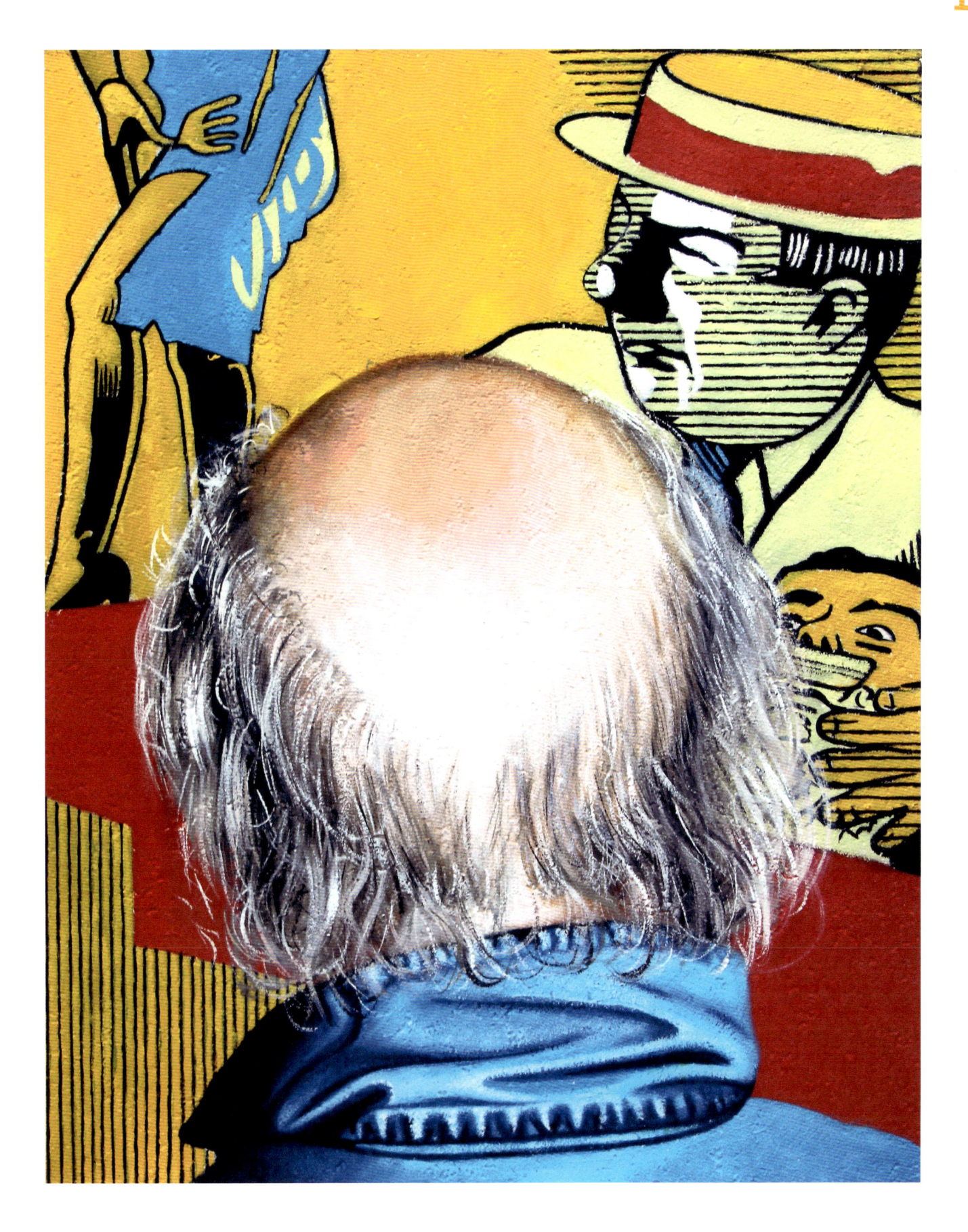

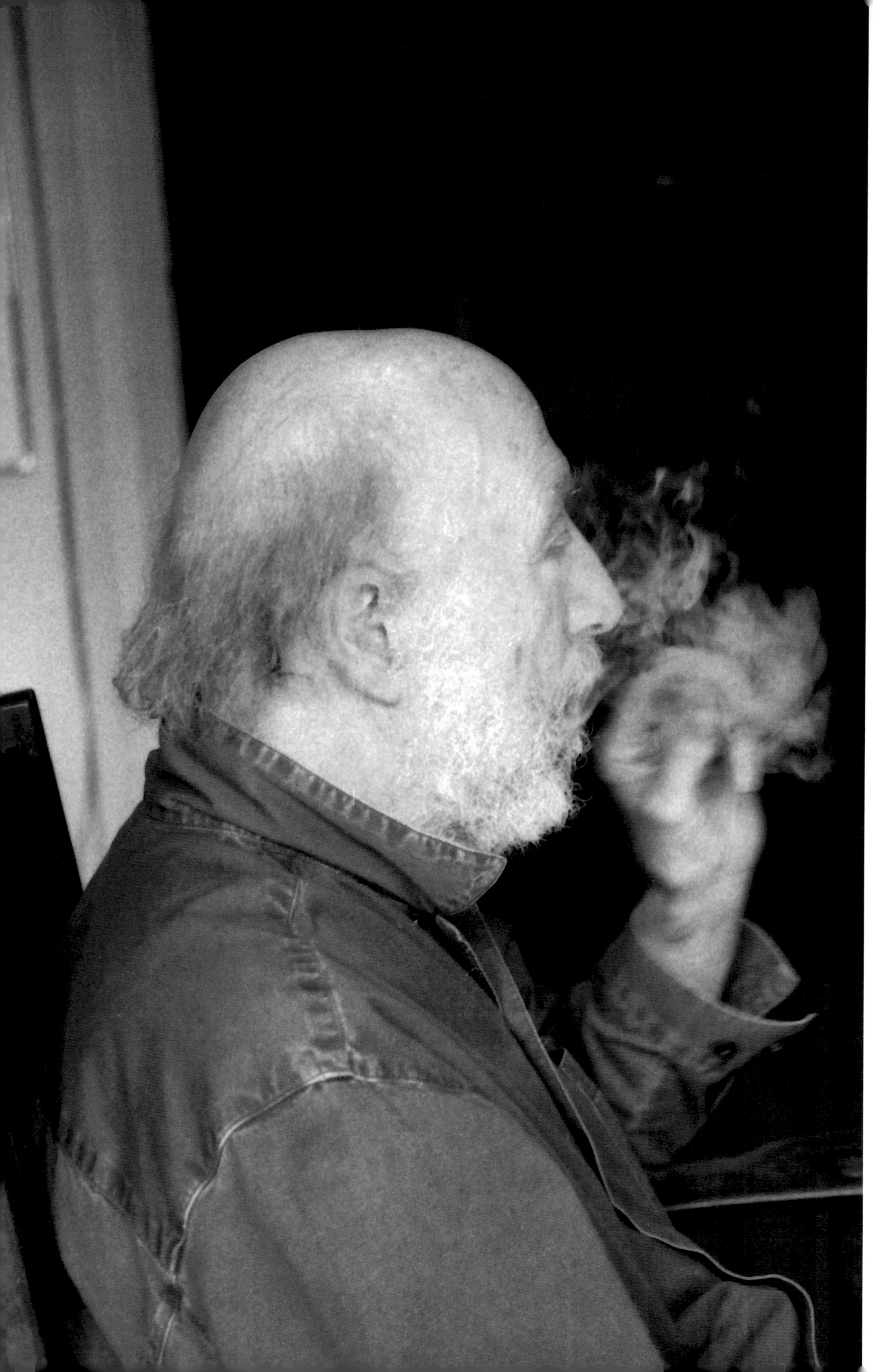

David Salle, 2009 201

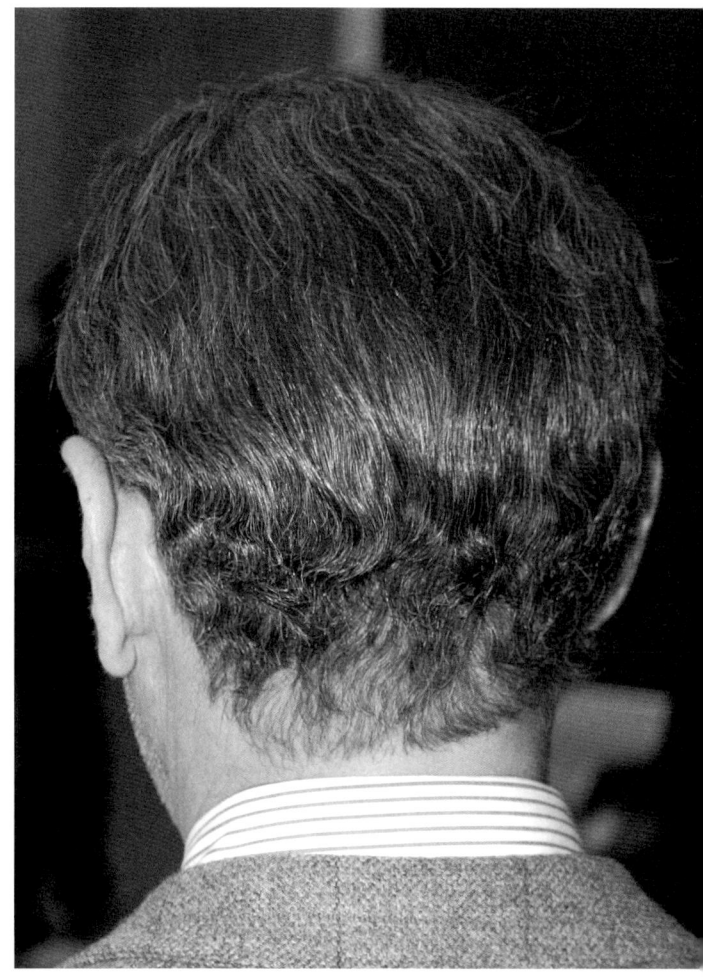

Luc Tuymans, 2003

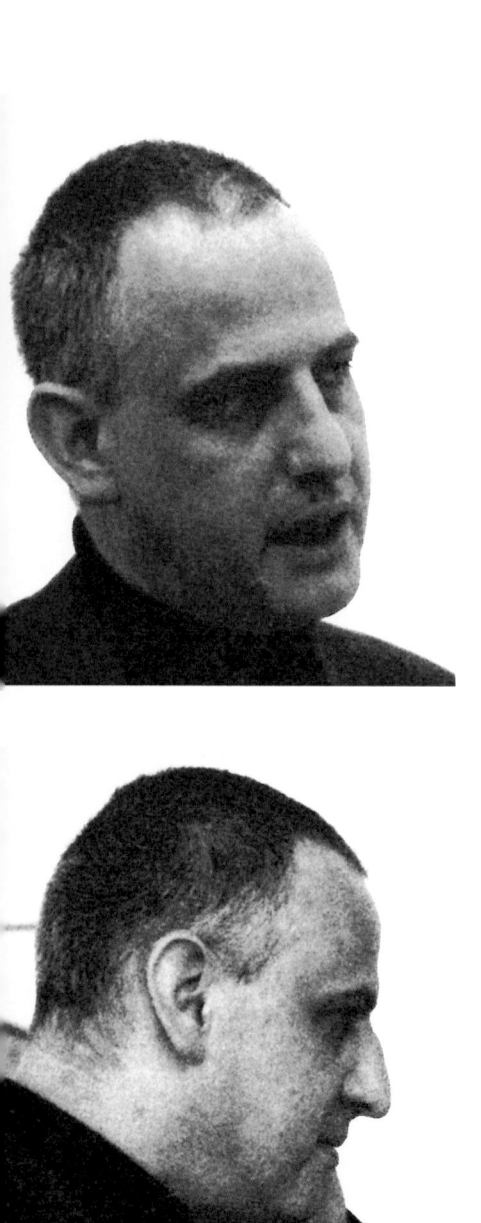

Franz Gertsch, 1999

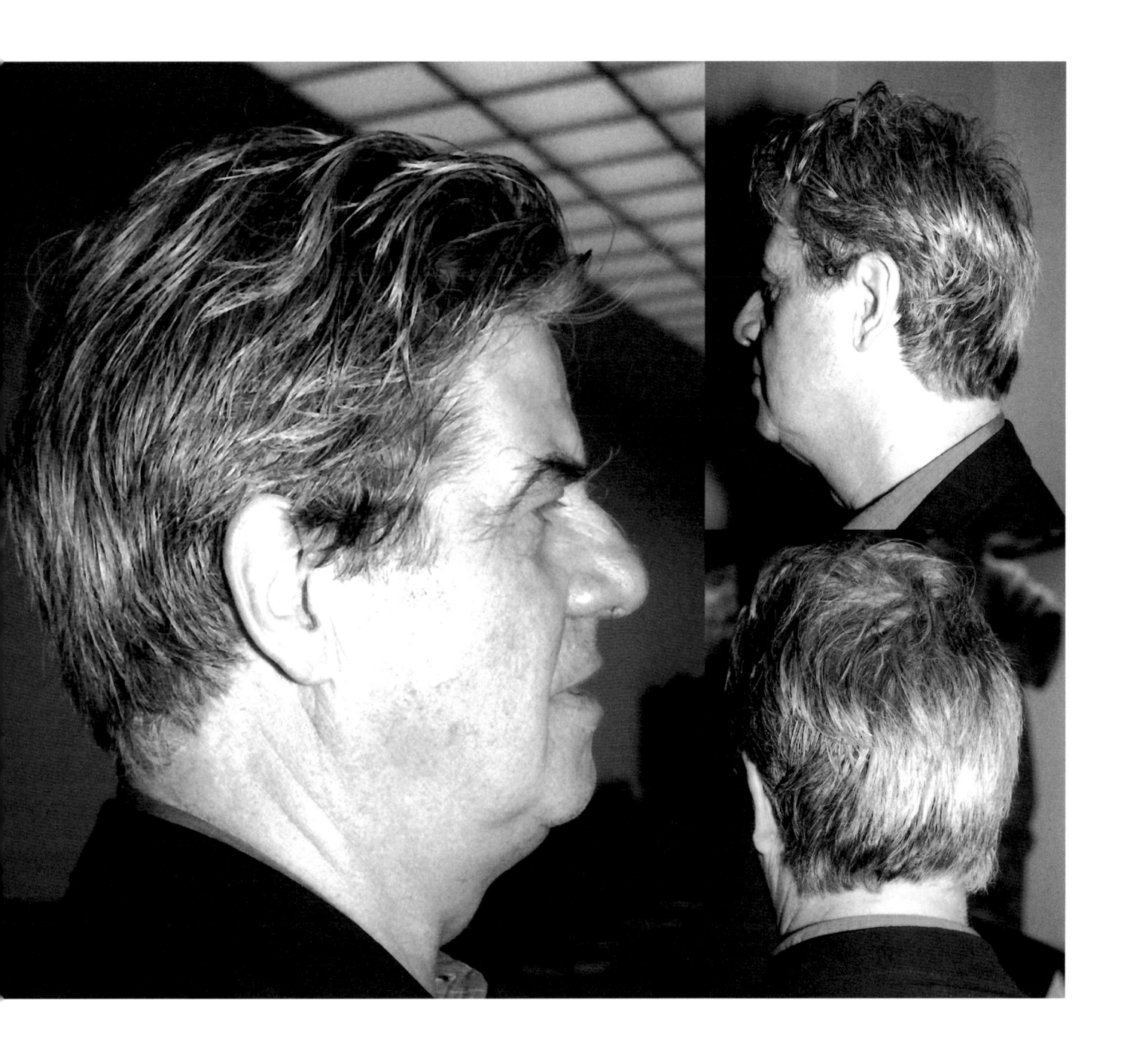

Ben Becker, 1998

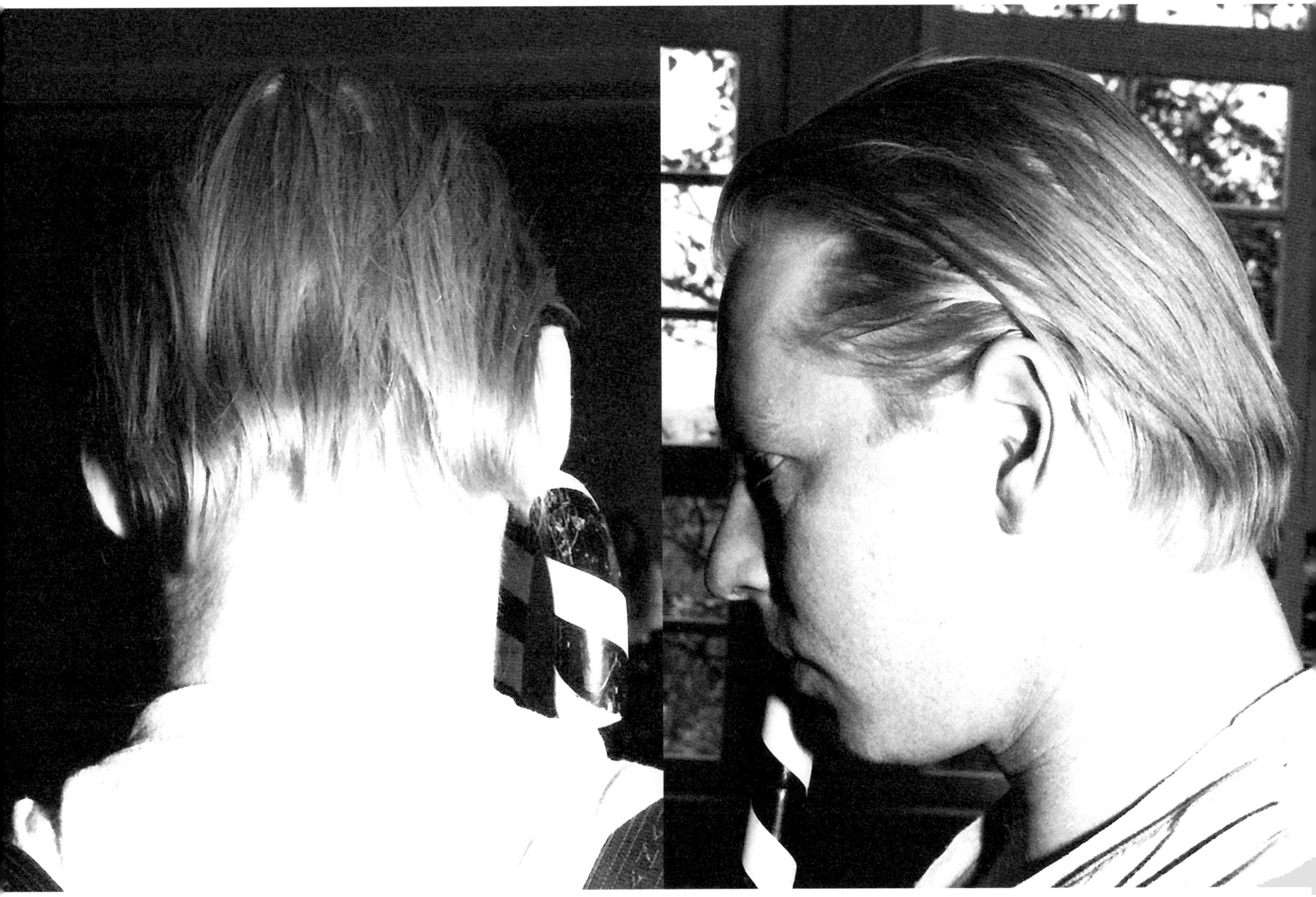

206

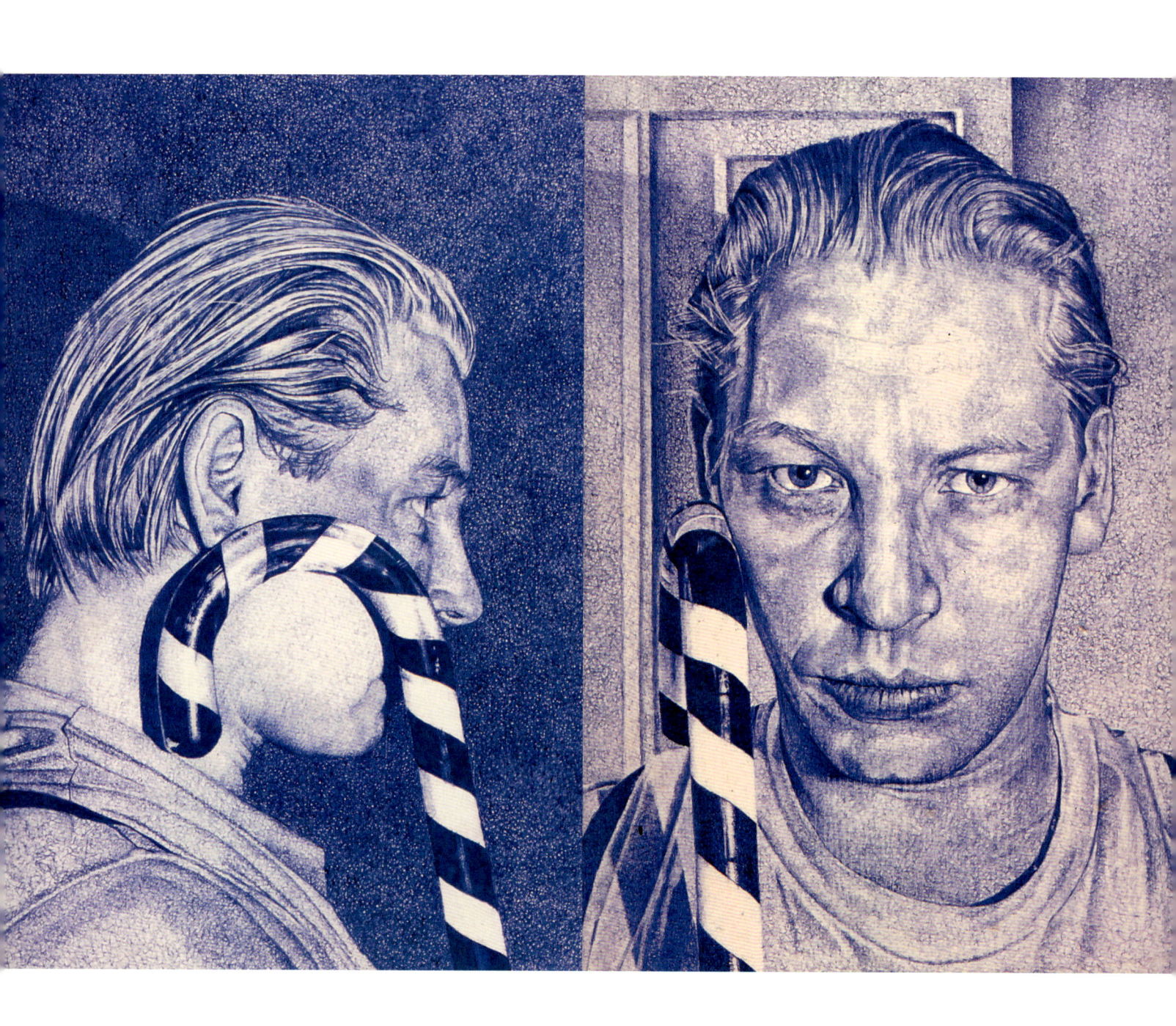

207

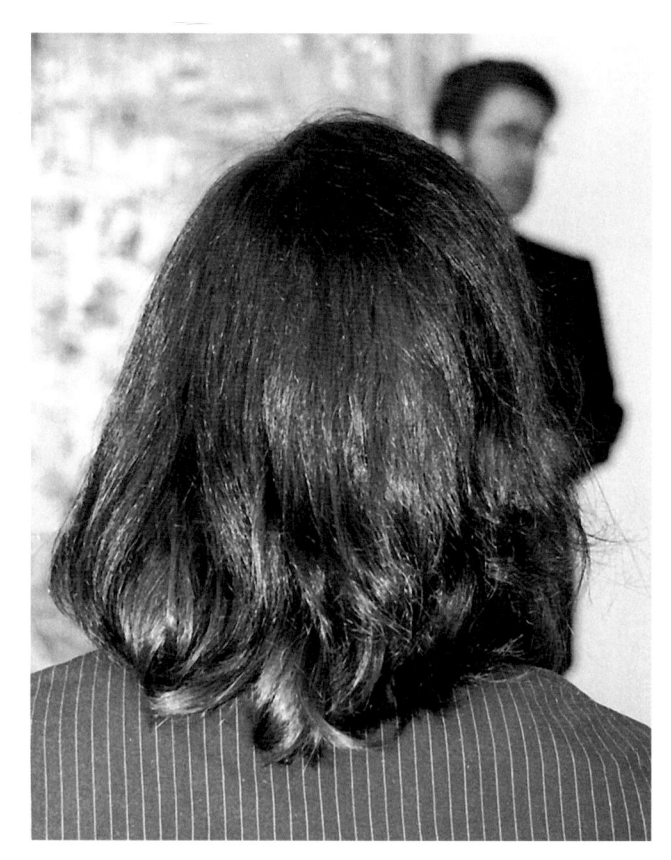

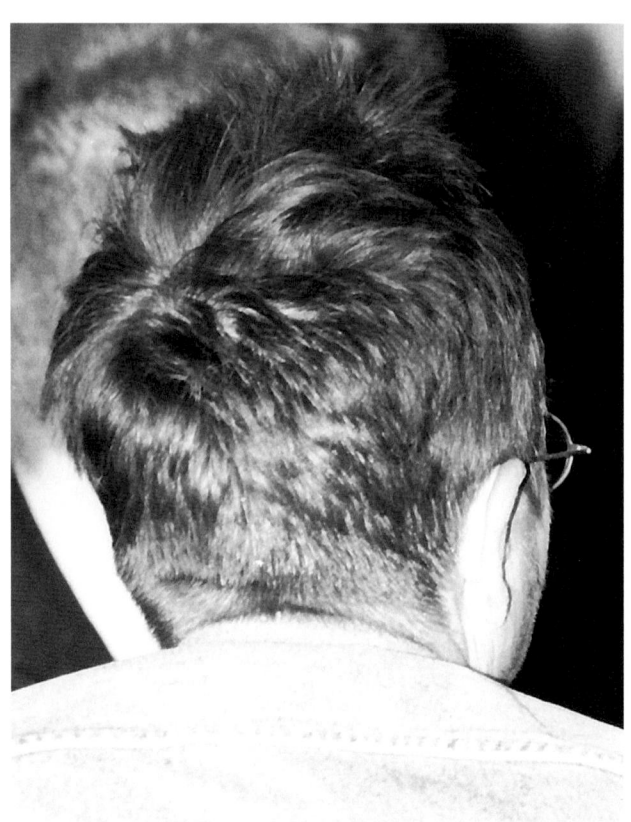

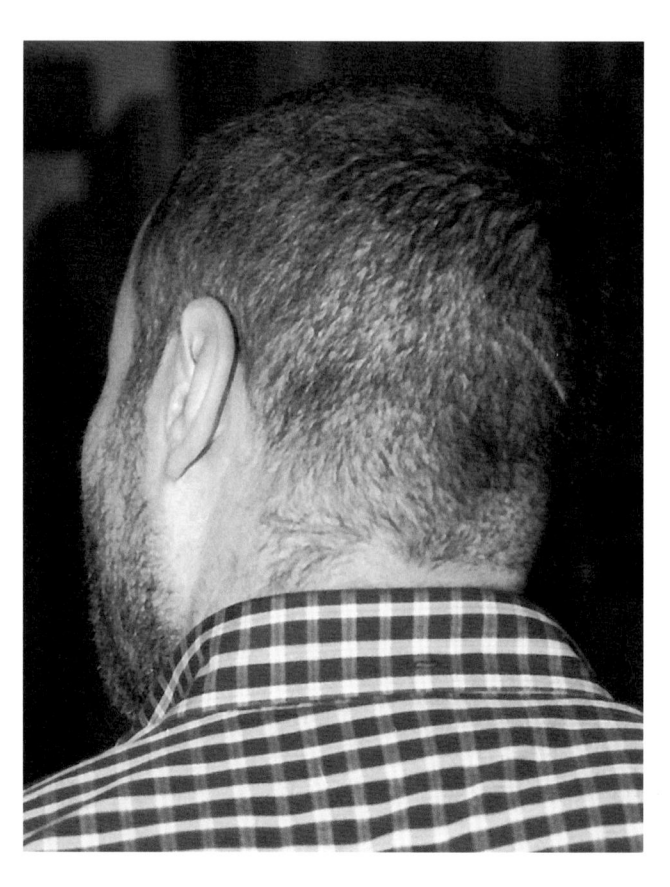

Katharina Sieverding, 2005 (oben links) | Corinne Wasmuth, 2006 (oben rechts) |
Martin Semmelrogge, 2002 (unten links) | Wolfgang Tillmans, 2007 (unten rechts)

Jub Mönster – Vita

1949	geboren in Oldenburg
1970–1972	Fachoberschule für Gestaltung, Bremen Bildhauerei und Malerei
1972–1975	Hochschule für Gestaltung, Bremen Malerei
1976	Film
1978	Kulturaustausch durch das Auswärtige Amt, Voss, Norwegen
1980	Gründungsmitglied der Gesellschaft für Aktuelle Kunst
1983	Stipendium der Stadt Wilhelmshaven
1983	1. Preisträger Wettbewerb »Radio Bremen« und Ausführung
1989	2. Preisträger Wettbewerb »Bremer Parkplatz GmbH« und Ausführung
1989	Guest-Teaching, Kunstakademie Trondheim, Norwegen
1991	3. Preis, Wandbemalung der Stadt Ibbenbüren
2000	Atelier-Stipendium, Vallauris, Frankreich
2005	2. Preisträger, »Imke Folkerts Preis für bildende Kunst«
2007	Atelier-Stipendium, Berlin, durch den Senator für Wissenschaft und Kunst, Bremen
2008	Atelier-Stipendium auf Elba, Italien, durch die Stiftung Dr. Robert und Lina Thyll-Dürr, Schweiz
2010	European Festival of Monumental Painting 2010, Danzig, Polen
2016	Mitglied im Deutschen Künstlerbund e.V.
2020	Stipendium durch den Senat für Kultur, Bremen
2022	Kultur-Stipendium der Stiftung Kunstfonds

www.jubmoenster.de

Dr. Yvette Deseyve

Studium der Kunstgeschichte in München, Volontariat am Bayerischen Nationalmuseum und der Neuen Sammlung. Von 2010 bis 2017 Kustodin am Gerhard-Marcks-Haus und Lehrbeauftragte der Universität Bremen. Seit 2017 als Kuratorin der Alten Nationalgalerie und Friedrichswerderschen Kirche zuständig für den Bereich Bildhauerei. Zahlreiche Publikationen zur Ausbildungssituation von Künstlerinnen sowie zur Bildhauerei des 19. und 20. Jahrhunderts. Die Autorin ist Vorstandsmitglied der AG Bildhauermuseen und Skulpturensammlungen e.V. sowie Fachbeirätin der Edwin-Scharff-Stiftung und Kuratoriumsmitglied des Georg Kolbe Museums.

Personenverzeichnis

Alechinsky, Pierre (*1927) – Maler | Emden, 2005   135
Arno (*1949, †2022) – Musiker und Sänger | Bremen, 1995   54–56
Arroyo, Eduardo (*1937, †2018) – Maler, Bildhauer und Grafiker | Paris, 1999   134 f.

Bach, Elivira (*1951) – Malerin | Bremen, 1996   46 f.
Baldessari, John (*1931, †2020) – Konzeptkünstler | Hannover, 1999   144 f.
Balkenhol, Stephan (*1957) – Bildhauer und Zeichner | Oldenburg, 1996   57
Baselitz, Georg (*1938) – Maler, Bildhauer und Grafiker | Bremen, 1998   122, 174
Becher, Bernd (*1931, †2007) & Hilla (*1934, †2015) – Fotograf & Fotografin | Düsseldorf, 2003   98 f.
Becker, Ben (*1964) – Schauspieler und Sänger | Berlin, 1998   123, 204–207
Becker, Meret (*1969) – Schauspielerin und Sängerin | Bremen, 1998   70 f.
Boltanski, Christian (*1944, †2021) – Installationskünstler | Bremen, 2004   168
Borremans, Michaël (*1963) – Maler und Filmemacher | Hannover, 2009   158 f.
Bowles, Paul (*1910, †1999) – Schriftsteller und Komponist | Tangier, 1997   19–22

Chapman, Dinos (*1962) & Jake (*1966) – Bildhauer und Installationskünstler | Hannover, 2009   172 f.
Colville, Alex (*1920, †2013) – Maler und Grafiker | Oldenburg, 1995   96 f.
Crumb, Robert (*1943) – Comic-Zeichner, Illustrator und Musiker | Köln, 2004   32 f.

David, Sylvette (*1934) – Modell und Malerin | Bremen, 2014   36 f.
de Broca, Philippe (*1933, †2004) – Regisseur | Oldenburg, 2003   182 f.
DeVille, Willy (*1950, †2009) – Gitarrist und Sänger | Bremen, 1996   14 f.
Di Matteo, Luis (*1934) – Bandoneonspieler und Komponist | Bremen, 1996   190 f.
Dion, Mark (*1961) – Zeichner, Objekt- und Installationskünstler | Köln, 1998   184 f.
Doig, Peter (*1959) – Maler | Köln, 2005   170 f.
Dokoupil, Jiří Georg (*1954) – Zeichner, Maler und Grafiker | Hamburg, 2005   166 f.
Droese, Felix (*1950) – bildender Künstler | Bremen, 1999   151

Eva & Adele – Gesamtkunstwerk | Köln, 1996   24 f.

Fabre, Jan (*1958) – Maler, Regisseur und Choreograf | Hannover, 1999   192 f.
Farlowe, Chris (*1940) – Sänger | Bremen, 1997   65
Fetting, Rainer (*1949) – Maler und Bildhauer | Oldenburg, 1998 & Bremen, 2009   128–131
Fischl, Eric (*1948) – Maler, Grafiker und Bildhauer | Wolfsburg, 2003   113
Fischli & Weiss: Fischli, Peter (*1952) & Weiss, David (*1946, †2012) – Künstlerduo | Wolfsburg, 1998   94 f.

Ganz, Bruno (*1941, †2019) – Schauspieler | Bremen, 1997   60 f.
Garbe, Gerd (*1935, †2019) – Konzeptkünstler und geistig Reisender | Kassel, 1997   10 f.
Gernhardt, Robert (*1937, †2006) – Schriftsteller, Dichter, Zeichner und Maler | Bremen, 1998   42–44, 123
Gertsch, Franz (*1930) – Maler und Grafiker | Kleve, 1999   203
Gilbert & George: Prousch, Gilbert (*1943) & Passmore, George (*1942) – Künstlerpaar | Hannover, 2005   152–155
Giorno, John (*1936, †2019) – Performancekünstler und Poet | Bremen, 1997   68 f.
Grass, Günter (*1927, †2015) – Schriftsteller, Maler und Grafiker | Bremen, 1997   100 f.

Graubner, Gotthard (*1930, †2013) – Maler | Bremen, 2006   136 f.
Greenaway, Peter (*1942) – Filmregisseur | Bremen, 1998   38 f.

Hahn, Friedemann (*1949) – Maler | Bremen, 1998   51
Hamilton, Richard (*1922, †2011) – Maler und Grafiker | Bremen, 1996   197–200
Hancock, Herbie (*1940) – Jazzpianist und Komponist | Hamburg, 1997   34 f.
Henscheid, Eckhard (*1941) – Schriftsteller und Satiriker | Bremen, 1997   142 f.
Hiseman, Jon (*1944, †2018) – Schlagzeuger | Bremen, 1997   105
Hockney, David (*1937) – Maler, Grafiker, Bühnenbildner und Fotograf | Köln, 1997 & Bonn, 2001   26 f.
Hopper, Dennis (*1936, †2010) – Schauspieler, Regisseur und bildender Künstler | Kassel, 1997   71–75
Horn, Rebecca (*1944) – Bildhauerin, Aktionskünstlerin und Filmemacherin | Düsseldorf, 2004   106 f.
Hornby, Nick (*1957) – Schriftsteller und Drehbuchautor | Frankfurt a. M., 2002   170 f.
Hoss, Nina (*1975) – Schauspielerin | Bremen, 2009   127

Immendorff, Jörg (*1945, †2007) – Maler und Bildhauer | Bremen, 2003   168

John, Gottfried (*1942, †2014) – Schauspieler | Bremen, 1999   158 f.
Julien, Isaac (*1960) – Maler, Filmproduzent und Hochschullehrer | Hannover, 2006   41

Kabakov, Ilya (*1933) – Maler und Konzeptkünstler | Bremerhaven, 1998   180 f.
Katz, Alex (*1927) – Maler | Bonn, 2002   112
Kentridge, William (*1955) – Regisseur und Zeichner | Düsseldorf, 2004   178 f.
Kier, Udo (*1944) – Schauspieler | Bremen, 2008   188 f.
Kirkeby, Per (*1938, †2018) – Maler, Bildhauer, Dichter und Architekt | Bremen, 1997   141

Lamprecht, Günter (*1930, †2022) – Schauspieler | Syke, 1998   47–49
Loach, Ken (*1963) – Regisseur und Drehbuchautor | Bremen, 2006   80
Longo, Robert (*1953) – Maler, Zeichner, Regisseur und Filmproduzent | Bielefeld, 1997   16 f.
Lüpertz, Markus (*1941) – Maler, Grafiker und Bildhauer | Bremen, 2004   169

Mahal, Taj (*1942) – Musiker | Bremen, 1997   135
Mayröcker, Friederike (*1924, †2021) – Schriftstellerin | Bremen, 1997   93
Meese, Jonathan (*1970) – Maler, Bildhauer und Performancekünstler | Hamburg, 2006   82 f.
Morrelet, François (*1926, †2016) – Maler, Bildhauer und Lichtkünstler | Bremen, 1996   23, 215
Müller-Stahl, Armin (1939) – Schauspieler, Musiker, Maler und Schriftsteller | Bremen, 2002   12 f.

Ofili, Chris (*1968) – Maler und Bildhauer | Hannover, 2006   80 f.
Ono, Yoko (*1933) – Filmemacherin, Komponistin und Sängerin | Bremen, 1995   76 f.
Outinen, Kati (*1961) – Schauspielerin | Bremen, 2004   28 f., 31

Penck, A. R. (*1939, † 2017) – Maler, Grafiker und Bildhauer | Bremen, 1999   188 f.
Pettibon, Raymond (*1957) – Zeichner | Hannover, 2007   154 f.
Peyton, Elizabeth (*1965) – Malerin und Grafikerin | Wolfsburg, 1998   6–9
Piccoli, Michel (*1925, †2020) – Theater-, Filmschauspieler und Regisseur | Bremen, 1997   52 f.

Rauschenberg, Robert (*1925, †2008) – Maler, Grafiker und Fotograf | Köln, 1998   196 f.
Reed, Lou (*1942, †2013) – Songwriter, Gitarrist und Sänger | Hamburg, 2000   175–177
Reich-Ranicki, Marcel (*1920, †2013) – Literaturkritiker, Autor und Publizist | Frankfurt a. M., 1997   102–104
Richter, Daniel (*1962) – Maler | Bremen, 2007   194 f.
Richter, Gerhard (*1932) – Maler, Bildhauer und Fotograf | Düsseldorf, 2005   160–163
Rowohlt, Harry (*1945, †2015) – Schriftsteller und Schauspieler | Hamburg, 1998   44–46
Rühm, Gerhard (*1930) – Schriftsteller, Komponist und bildender Künstler | Bremen, 2007   108 f.
Ruff, Thomas (*1958) – Fotograf | Hannover, 2003   18
Ruscha, Ed (*1937) – Maler, Fotograf und Filmemacher | Wolfsburg, 2002   132 f.

Salle, David (*1952) – Maler und Bühnenbildner | Hannover, 2009   201
Samel, Udo (*1953) – Schauspieler und Regisseur | Bremen, 1997   114 f.
Sander, Otto (*1941, †2013) – Schauspieler | Oldenburg, 1997   64 f.
Schnabel, Julian (*1951) – Maler und Regisseur | Frankfurt a. M., 2004   146 f.
Schnell, David (*1971) – Maler | Hannover, 2010   62 f.
Schwontkowski, Norbert (*1949, †2013) – Maler und Poet | Bremen, 2007   164 f.
Scofield, John (*1951) – Jazzgitarrist und Komponist | Hamburg, 1997   78 f.
Scully, Sean (*1945) – Maler und Bildhauer | Düsseldorf, 2003   116
Semmelrogge, Martin (*1955) – Schauspieler und Synchronsprecher | Frankfurt a. M., 2002   208
Shepp, Archie (*1937) – Jazzsaxophonist und Komponist | Oldenburg, 1998   110 f., 123
Sherwood, Gordon (*1929, †2013) – Komponist | Tangier & Bremen, 1997   86–92
Sieverding, Katharina (*1941) – bildende Künstlerin und Fotografin | Oldenburg, 2005   208
Sowa, Michael (*1945) – Zeichner und Maler | Oldenburg, 1998   52 f.
Spoerri, Daniel (*1930) – bildender Künstler und Regisseur | Paris, 1996   138–140
Stella, Frank (*1936) – Maler, Bildhauer und Objektkünstler | Berlin, 2007   186 f.
Szczesny, Stefan (*1951) – Maler, Zeichner und Bildhauer | Emden, 1998   156 f.

Tarrach, Jürgen (*1960) – Schauspieler | Oldenburg, 2003   40
Tillmans, Wolfgang (*1968) – Fotograf und bildender Künstler | Hannover, 2007   208
Tronzo, David (*1957) – Gitarrist | Bremen, 1998   60 f.
Trout, Walter (*1951) – Komponist, Gitarrist und Sänger | Bremen, 1998   66 f.
Tuymans, Luc (*1958) – Maler | Hannover, 2003   202

van Eeden, Marcel (*1965) – Zeichner und Maler | Hannover, 2006   117 f.
Vautier, Ben (*1935) – bildender Künstler | Bremen, 1998   123, 148–150
Verheyen, Carl (*1954) – Gitarrist | Bremen, 1998   50
Villers, André (*1930, †2016) – Fotograf | Bremen, 1997   30
Vilsmaier, Joseph (*1939, †2020) – Regisseur | Bremen, 1998   63

Wasmuth, Corinne (*1964) – Malerin | Hannover, 2006   208
Wenders, Wim (*1945) – Regisseur und Fotograf | Bremen, 1998 & 2009   58 f.
Wilson, Robert (*1941) – Maler, Bühnenbildner und Regisseur | Hamburg, 2000   84 f., 176